浙江省文化研究工程指导委员会

浙江文化名人传记精选修订丛书

原 主 编：万 斌

执行主编：卢敦基

千古人豪
刘基传

吕立汉 著

浙江人民出版社

图书在版编目（CIP）数据

千古人豪 ：刘基传 / 吕立汉著. -- 杭州 ：浙江人

民出版社，2025. 1. -- ISBN 978-7-213-11799-2

Ⅰ．K827=48

中国国家版本馆CIP数据核字第2025Q3S526号

千古人豪：刘基传

QIANGU RENHAO LIU JI ZHUAN

吕立汉　著

出版发行：浙江人民出版社（杭州市环城北路177号　邮编　310006）
　　　　　市场部电话:(0571)85061682　85176516
责任编辑:刘　华　　　　　　　责任校对:何培玉
责任印务:程　琳　　　　　　　封面设计:王　芸
电脑制版:杭州天一图文制作有限公司
印　　刷:杭州钱江彩色印务有限公司
开　　本:710毫米×1000毫米　1/16　　印　　张:21
字　　数:319千字　　　　　　　　　　插　　页:2
版　　次:2025年1月第1版　　　　　印　　次:2025年1月第1次印刷
书　　号:ISBN 978-7-213-11799-2
定　　价:79.00元

"浙江文化研究工程成果文库" 总序

　　有人将文化比作一条来自老祖宗而又流向未来的河，这是说文化的传统，通过纵向传承和横向传递，生生不息地影响和引领着人们的生存与发展；有人说文化是人类的思想、智慧、信仰、情感和生活的载体、方式和方法，这是将文化作为人们代代相传的生活方式的整体。我们说，文化为群体生活提供规范、方式与环境，文化通过传承为社会进步发挥基础作用，文化会促进或制约经济乃至整个社会的发展。文化的力量，已经深深熔铸在民族的生命力、创造力和凝聚力之中。

　　在人类文化演化的进程中，各种文化都在其内部生成众多的元素、层次与类型，由此决定了文化的多样性与复杂性。

　　中国文化的博大精深，来源于其内部生成的多姿多彩；中国文化的历久弥新，取决于其变迁过程中各种元素、层次、类型在内容和结构上通过碰撞、解构、融合而产生的革故鼎新的强大动力。

　　中国土地广袤、疆域辽阔，不同区域间因自然环境、经济环境、社会环境等诸多方面的差异，建构了不同的区域文化。区域文化如同百川归海，共同汇聚成中国文化的大传统，这种大传统如同春风化雨，渗透于各种区域文化之中。在这个过程中，区域文化如同清溪山泉潺潺不息，在中国文化的共同价值取向下，以自己的独特个性支撑着、引领着本地经济社会的发展。

　　从区域文化入手，对一地文化的历史与现状展开全面、系统、扎实、有序的研究，一方面可以借此梳理和弘扬当地的历史传统和文化资源，繁荣和丰富当代的先进文化建设活动，规划和指导未来的文化发展蓝图，增强文化软实力，为全面建设小康社会、加快推进社会主义现代化提供思想保证、精神动力、智力支持和舆论力量；另一方面，这也是深入了解中国文化、研究中国文化、发展中国文化、创新中国文化的重要途径之一。如今，区域文化研究日益受到各地重视，成为我国文化研究走向深入的一个重要标志。我们今天实施浙江文化研究工程，其目的和意义也在于此。

千百年来，浙江人民积淀和传承了一个底蕴深厚的文化传统。这种文化传统的独特性，正在于它令人惊叹的富于创造力的智慧和力量。

浙江文化中富于创造力的基因，早早地出现在其历史的源头。在浙江新石器时代最为著名的跨湖桥、河姆渡、马家浜和良渚的考古文化中，浙江先民们都以不同凡响的作为，在中华民族的文明之源留下了创造和进步的印记。

浙江人民在与时俱进的历史轨迹上一路走来，秉承富于创造力的文化传统，这深深地融汇在一代代浙江人民的血液中，体现在浙江人民的行为上，也在浙江历史上众多杰出人物身上得到充分展示。从大禹的因势利导、敬业治水，到勾践的卧薪尝胆、励精图治；从钱氏的保境安民、纳土归宋，到胡则的为官一任、造福一方；从岳飞、于谦的精忠报国、清白一生，到方孝孺、张苍水的刚正不阿、以身殉国；从沈括的博学多识、精研深究，到竺可桢的科学救国、求是一生；无论是陈亮、叶适的经世致用，还是黄宗羲的工商皆本；无论是王充、王阳明的批判、自觉，还是龚自珍、蔡元培的开明、开放，等等，都展示了浙江深厚的文化底蕴，凝聚了浙江人民求真务实的创造精神。

代代相传的文化创造的作为和精神，从观念、态度、行为方式和价值取向上，孕育、形成和发展了渊源有自的浙江地域文化传统和与时俱进的浙江文化精神，她滋育着浙江的生命力、催生着浙江的凝聚力、激发着浙江的创造力、培植着浙江的竞争力，激励着浙江人民永不自满、永不停息，在各个不同的历史时期不断地超越自我、创业奋进。

悠久深厚、意韵丰富的浙江文化传统，是历史赐予我们的宝贵财富，也是我们开拓未来的丰富资源和不竭动力。党的十六大以来推进浙江新发展的实践，使我们越来越深刻地认识到，与国家实施改革开放大政方针相伴随的浙江经济社会持续快速健康发展的深层原因，就在于浙江深厚的文化底蕴和文化传统与当今时代精神的有机结合，就在于发展先进生产力与发展先进文化的有机结合。今后一个时期浙江能否在全面建设小康社会、加快社会主义现代化建设进程中继续走在前列，很大程度上取决于我们对文化力量的深刻认识、对发展先进文化的高度自觉和对加快建设文化大省的工作力度。我们应该看到，文化的力量最终可以转化为物质的力量，文化的软实力最终可以转化为经济的硬实力。文化要素是综合竞争力的核心要素，文化资源是经济社会发展的重要资源，文化素质是领导者和劳动者的首要素质。因此，研究浙江文化的历史与现状，增强文化软实力，为浙江的现代化建设服务，是浙江人民的共同事业，也是浙江各级党委、政府的重要使命和责任。

2005年7月召开的中共浙江省委十一届八次全会，作出《关于加快建设文化大省的决定》，提出要从增强先进文化凝聚力、解放和发展生产力、增强社会公共服务能力入手，大力实施文明素质工程、文化精品工程、文化研究工程、文化保护工程、文化产业促进工程、文化阵地工程、文化传播工程、文化人才工程等"八项工程"，实施科教兴国和人才强国战略，加快建设教育、科技、卫生、体育等"四个强省"。作为文化建设"八项工程"之一的文化研究工程，其任务就是系统研究浙江文化的历史成就和当代发展，深入挖掘浙江文化底蕴、研究浙江现象、总结浙江经验、指导浙江未来的发展。

浙江文化研究工程将重点研究"今、古、人、文"四个方面，即围绕浙江当代发展问题研究、浙江历史文化专题研究、浙江名人研究、浙江历史文献整理四大板块，开展系统研究，出版系列丛书。在研究内容上，深入挖掘浙江文化底蕴，系统梳理和分析浙江历史文化的内部结构、变化规律和地域特色，坚持和发展浙江精神；研究浙江文化与其他地域文化的异同，厘清浙江文化在中国文化中的地位和相互影响的关系；围绕浙江生动的当代实践，深入解读浙江现象，总结浙江经验，指导浙江发展。在研究力量上，通过课题组织、出版资助、重点研究基地建设、加强省内外大院名校合作、整合各地各部门力量等途径，形成上下联动、学界互动的整体合力。在成果运用上，注重研究成果的学术价值和应用价值，充分发挥其认识世界、传承文明、创新理论、咨政育人、服务社会的重要作用。

我们希望通过实施浙江文化研究工程，努力用浙江历史教育浙江人民、用浙江文化熏陶浙江人民、用浙江精神鼓舞浙江人民、用浙江经验引领浙江人民，进一步激发浙江人民的无穷智慧和伟大创造能力，推动浙江实现又快又好发展。

今天，我们踏着来自历史的河流，受着一方百姓的期许，理应负起使命，至诚奉献，让我们的文化绵延不绝，让我们的创造生生不息。

2006 年 5 月 30 日于杭州

目
录

上篇　坎坷仕元路

上篇　坎坷仕元路

第一章　南田故里　家世溯源

南田故里

有一种非常有趣的现象：说起刘基，未必人人知晓；可刘伯温这个名字，却有极高的知名度，尤其在江浙一带的农村，可谓妇孺皆知。刘伯温就是刘基。所不同的是，在农村老百姓心目中，刘伯温是一个神，他能未卜先知，谶纬术数、扶鸾占卦无所不精，久而久之，便给刘基蒙上了一层神秘的面纱，而历史上的刘基却是一个有血有肉、实实在在的人！

刘基，字伯温，是元末明初著名的思想家、政治家、军事家和文学家。他生于元至大四年（1311），卒于明洪武八年（1375），一生历仕两朝，是一个充满悲剧色彩的传奇人物。

刘基故里，在当时江浙行省处州路青田县九都南田的武阳村，即今浙江省温州市文成县南田镇的武阳村。文成县是1948年由浙江省青田、泰顺、瑞安三县边区析置而成的一个新县，此县即以刘基的谥号来命名。①

元朝的江浙行省是天下粮仓，朝廷的赋税多半取于此地，括苍山脉横亘其间的处州路（今浙江丽水）却是穷乡僻壤。处州路，唐初称括州，后改缙云郡，又改处州，到了元朝的至元十三年（1276），始立处州路总管府，下辖丽水、龙

---

① 刘基去世之后于明正德九年（1514）被追赠太师，谥文成。

泉、松阳、遂昌、青田、缙云、庆元七县。①处州"连浙郡，控闽山"②，"湍流险阻，九十里间三十六滩"③，八百里瓯江源自江浙行省的第一高峰黄茅尖，流经龙泉、丽水，在万山丛中奔腾呼啸，几经迂回而至青田。

青田县"群山倚天，湍流据险"，"罗山为城，堑江为池；百盘栈石，险凿天梯"④，实为形胜之地。

瓯江，青田百姓俗称"大溪"，县境之内有条瓯江的支流就叫"小溪"。小溪白石素波，清鉴苗发，鱼翔浅底，浅濑萦纡百折，皆在瑶篸碧嶂之中，风光甚是宜人。舟行90里，过鹤口岭，舍舟登岸，即岭根村。乡谣云"九都九条岭，条条透天顶"，通往九都陡峭的山路就从这里开始。蹑足而上，岭岭如梯，步步入云。岭凡10里，道旁古松数百，大皆合围；修竹千枝，苍翠欲滴。至最高顶，名叫岭头。岭头有双峰，雄拔千仞，皆青石，无寸土，其峥嵘之势就像两匹奔腾的黑骏马，故名"铁马峰"。由此而入，山环路转，即至南田，这便是刘基的故里。

南田山位于青田县西南方150里处，平均海拔800米以上。《太平寰宇记》载："天下七十二福地，南田居其一。万山深处，忽辟平畴，高旷绝尘，风景如画，桃源世外无多让焉。"又《南田山志》⑤卷一云：是山北起大龙源，蜿蜒南行10余里至石圃山，方圆200余里。上有沃土，多稻田，岁旱亦稔。唐广德中袁晁之乱，邑人多避难于此。山中多奇峰异石，有石圃山、华盖山、金鸡山、亢五峰、三叠石、仙谈岩等。

南田生态景观最令人流连忘返的是百丈漈。南田之水，汇于篁庄村，落于峭壁而入飞云江。壁高百余丈，俗呼瀑布为"漈"，所以称"百丈漈"。瀑布如天绅下垂，随风曳练，荡漾空际，非烟非雾，瞥然而下，如雷霆之轰鸣，崩崖裂石，蔚为壮观！或飞流洒雪，如玉龙之饮于涧，阴阳变幻，莫可端倪。

---

① 《元史》卷六二。
② 乾隆《浙江通志》卷二二。
③ 《大清一统志》卷二三六。
④ 乾隆《浙江通志》卷二二。
⑤ 《南田山志》（14卷），刘基二十世孙刘耀东撰，民国24年（1935）启后亭刻本。

南田人物，唐以前已难以稽考。见之记载者，最早的当属唐工部郎中、松州刺史富韬。富韬于唐末避乱隐居于此，是宋太师韩国公富弼的高祖，卒后葬南华山无为观之东岇。《富氏族谱跋》谓富韬子处谦，为内黄令，遂籍河南。及韩国公之孙，宋承务郎金枢密院事富直亮，与弟富直清，由河南还居南田。[①]此后富氏就成了南田的望族。其后代富伟是宋嘉定丁丑岁（1217）进士，安庆教授；富宗礼是宋淳祐庚戌岁（1250）进士；富应高是宋咸淳年间乡贡进士，京湖制置使。刘基母亲就出于这个家族。

南田的钱氏家族也出了不少人物，这一家族从钱煦开始居于此地。钱煦，字乘基，宋拜节度使，太平兴国己卯岁（979）辞官，游至南田，遂居焉。其后代钱浩乃宋大理评事金部员外郎。

刘基的出生地武阳村在武阳尖之南麓，距今南田镇北10里处。自岭根而上，经铁马峰下坦，行10里许，即至武阳。小小村落，处于群山环抱之中，风景此处独好。青田县令吴捧日《刘文成故里诗》云：

> 一岭摩天上，风云拥古村。高疑通上界，俯可数中原。
> 地峻群山小，林疏老树尊。我怀诚意伯，犹有典型存。

又清人韩锡胙咏武阳诗云：

> 小溪百里巨涛翻，信宿轻艘溯岭根。
> 飞鸟悬崖疑蜀道，鸡鸣深树有桃源。
> 陇头水漱云千迭，雾脚生风雨一村。
> 祠屋武侯嗟异代，空山何处听微言？[②]

吴诗言武阳地势之高峻，韩诗则描绘了从青田县城至刘基故里南田山的行

---

① 〔明〕刘璟：《易斋集》卷下。
② 以上两诗均见于《南田山志》卷二。

路之难和武阳的独特景观。一代伟人刘基即生于斯，长于斯。

刘基一生在故里所待时间不多，但他热爱家乡的一山一水，一草一木，走南闯北，出处行藏，无不以家乡为念，对于生他养他的这一方水土有着难以言喻的眷恋之情。元至正十五年（1355）前后，刘基因建言严惩方国珍而被革职，避难于绍兴，因家乡"山寇"作乱，连青田老家都不能回。萧山友人富好礼以家藏的《村乐图》请他题诗，则自然地引发了刘基浓浓的思乡之情。诗人在《题富好礼所畜村乐图》一诗里很快就沉浸于儿时故乡的回忆之中：

> 我昔住在南山头，连山下带清溪幽。
> 山巅出泉宜种稻，绕屋尽是良田畴。
> 家家种田耻商贩，有足懒踏县与州。
> 西风八月淋潦尽，稻穗栉比无蝗蟊。
> 黄鸡长大白鸭重，瓦瓮琥珀香新篘。
> 芋魁如拳栗壳赤，献罢地主还相酬。
> 东邻西舍迭宾主，老幼合坐意绸缪。
> 山花野叶插巾帽，竹箸漆碗兼瓷瓯。
> 酒酣大笑杂语话，跪拜交错礼数稠。
> 或起顿足舞侏儒，或坐拍手歌瓯篓。
> 倾盆倒榼混醢酱，烂熳沾渍方未休。
> 儿童跳跃助喧噪，执遁逐走同俘囚。
> 出门不记舍前路，颠倒扶掖迷去留。
> 朝阳照屋且熟睡，官府亦简少所求。（卷之八）①

故里秀丽的山水、淳朴的民风皆跃然纸上，字里行间充溢着诗人绵绵的思乡之情。元至正十六年（1356）二月，刘基复为行省都事，承省檄回处州与元

---

① 本书所引刘基原文据明成化六年刻本《诚意伯刘先生文集》20卷，国家图书馆藏。引文只注卷次、篇名，总书名、各单行本书名皆从略。明显的文字错误则据别本在〔 〕内注明，原文脱字用（ ）注明。成化本未收作品，标明他本出处。

帅石抹宜孙（亦称舒穆噜宜孙）共谋"括寇"。这一年的十月，刘基再一次回到了青田老家。此时的南田山，已不是昔日的世外桃源了，战争的烽火已弥漫着这块高原平畴。诗人眼中所见已是满目荒凉，物是人非的黍离之悲油然而生，遂赋《丙申岁十月还乡作》组诗七首，以寄托内心的悲愁：

其一

溪上寒山淡落晖，溪边风送客帆归。

故家文物今何在？平世人民半已非。

华发老翁啼进酒，蓬头稚子笑牵衣。

自嗟薄质行衰朽，未睹明廷赋《采薇》。

其四

手种庭前安石榴，开花结子到深秋。

可怜枝叶从人折，尚有根株为客留。

枳枸悲风吹白日，若华高影隔青丘。

坏垣蟋蟀知离恨，长夜凄凉吊独愁。（卷之九）

字里行间都流露出诗人对故里乡亲生活疾苦的关怀和同情。

明洪武元年（1368），章溢奏定处州七县税粮，按宋制亩加五合。刘基言："处州青田山多田少，百姓多于山上垒石作田，耕种农事甚难。"太祖曰，"刘基有功于我国，本县田亩，止是一等起科五合，使百姓知刘基之心"，"使伯温乡里子孙世世为美谈也！"①这都说明了刘基对家乡以及家乡人民的热爱。

家世谱系

刘基这个家族并不是南田武阳的土著。刘耀东《南田山志》卷二云：

---

① 见《明史》卷一二八《刘基传》和〔明〕刘辰《国初事迹》、〔清〕梁维枢《玉剑尊闻》。

宋武僖王刘光世子尧仁，自临安徙居丽水竹洲。尧仁子集欲卜迁，祷于丽阳山神，梦见执羊头而舞者。旋游南田山，上岭至一处，问地名，或告曰"武阳"，恍然悟梦所示舞羊。遂自竹洲徙居此。集生宋翰林掌书濠，濠生元太学上舍庭槐，槐生遂昌教谕爚，爚生明诚意伯基。世称武阳为诚意伯故里。

这则记载明显带有神话传说的色彩，所谓刘集因梦"舞羊"而徙居武阳的说法，实不足信。不过，对刘基祖辈的迁徙路线还是勾勒得非常清晰，并且是可信的，即由临安①（今浙江杭州）迁徙到丽水竹洲，再由竹洲迁徙到南田武阳。竹洲即今丽水市莲都区太平乡的竹洲村。这个小村落如今居住的已经不是刘姓的后裔。当年刘尧仁三个儿子除刘集外，刘稔一支到刘叶迁居至附近的长濑村（今丽水市莲都区太平乡长濑村）以及处州城内，刘承一支到后来也迁居到了松阳县。②

刘光世是南宋初与张俊、韩世忠齐名的"三大名将"之一。其父亲是刘延庆，《宋史》有传。丽水、温州一带彭城郡、永嘉郡③刘氏后裔皆奉刘延庆为"一世始祖"。这样，由刘基父亲开始上溯到刘延庆，一共是七代（即刘基→刘爚→刘庭槐→刘濠→刘集→刘尧仁→刘光世→刘延庆），这就是南田刘基庙后殿（追远祠）所供奉的"上七代"，明张时彻《明开国翊运守正文臣资善大夫赠太师谥文成护军诚意伯刘公神道碑铭》（以下简称《神道碑铭》）和民国年间重修的《永嘉郡刘氏族谱》均有明确记载。南京大学周群博士据宋张嵲《紫微集》等史料又上溯了刘延庆之上三代，即刘延庆的曾祖父刘怀忠、祖父刘绍能、父亲刘永年。④这应该是可信的。《紫微集》作者张嵲，字巨山，襄阳人。宋宣和三年（1121）上舍中第，绍兴九年（1139）除司勋员外郎，累迁至敷文阁待制，

---

① 古今地名不同者，在书中首次出现时出注。

② 参见《彭城郡（丽水长濑）刘氏宗谱》，民国7年（1918）刊本。

③ 永嘉郡刘氏始自刘基，它是彭城郡刘氏的分支，郡名系明太祖朱元璋所赐，刘基祖父、祖母、父亲、母亲皆被追封为永嘉郡公、永嘉郡夫人，刘基文集中尚保存着相关封诰。

④ 周群：《刘基评传》，南京大学出版社1995年版，第20—28页。

知衢州，终于江州太平兴国宫。《宋史·艺文志》谓《紫微集》30卷，《郡斋书录解题》题作《张巨山集》，亦30卷。此书自明以降久无传本。四库馆臣据《永乐大典》辑录，且析为36卷，内容可信。是集卷一四载有《和众辅国功臣太保护国镇安保静军节度使刘光世故曾祖绍能可特追封鲁国公制》《故祖永年可特追封越国公制》《故父延庆可特追封楚国公制》等。如此，则刘基祖辈的世系为：刘怀忠→刘绍能→刘永年→刘延庆→刘光世→刘尧仁→刘集→刘濠→刘庭槐→刘爚→刘基。

据史料，将刘基上十代行状梳理如下：

刘怀忠　《宋史》无传。在他儿子刘绍能本传的记载中可知刘怀忠曾官内殿崇班、阁门祗候、保安军（治今陕西志丹）北番官巡检。天圣九年（1031），党项族首领明德死，元昊继位，积极准备称帝登基。1038年，元昊自称大夏皇帝，次年正月即上表宋朝，要求允准。刘怀忠以保安军北番官巡检之职，亲历了这一重大的历史事件。刘怀忠对元昊所为有所觉察①，故元昊叛宋伊始，便"厚以金币及王爵招之，怀忠毁印斩使，洎入寇，力战以死"②。其人可谓忠勇之至。

刘绍能　《宋史》卷三五〇有其本传。刘绍能字及之，保安军人。袭父职右班殿直，为军北巡检，击破西夏兵于顺宁寨。夏人围大顺城（今甘肃庆阳境内），刘绍能为军锋，毁其栅至秦王川，邀击于长城岭。熙宁中，又败西夏兵于破啰川。因军功累迁至洛苑使、英州刺史、鄜延兵马都监，深得神宗信赖。本传云："绍能世世边将，为敌所忌。每设疑以间之，帝独明其不然。手诏云：'绍能战功最多，忠勇第一。此必夏人畏忌，为间害之计耳。'绍能捧诏感泣。尝坐谗，逮对按验卒无实。守边圉47年，大小五十战。以皇城使、简州团练使卒。"卒后因曾孙刘光世而被追封为鲁国公。

刘永年　《宋史》无传。保安军人，刘绍能之子。据《续资治通鉴长编》卷二百四十四记载：熙宁六年（1073）四月，"洛苑使、英州刺史刘绍能为鄜延

---

① 〔宋〕司马光：《涑水纪闻》卷一二："又奏，六日（宝元元年，即1038）保安军北番官巡检殿直刘怀中（忠）状申，洞知山遇等于二日起兵，有众二千余人，劫掠村社族帐，只在宥州境内。"

② 《宋史》卷三五〇，《刘绍能传》。

路都监，子永年补本族巡检，并依汉官例衔谢"。换言之，刘永年是在其父刘绍能提升为鄜延路兵马都监时，接替其父原职成为本族巡检的，并以汉官除授谢恩之礼进行"正衔谢"。张嵲《紫微集》卷一四《（刘光世）故祖永年可特追封越国公制》谓其"少以勇闻，怀韬略之秘，晚为名将，有疆场之功"，显系武将出身。

一世始祖刘延庆 《宋史》卷三五七有传。北宋名将，雄豪有勇，数从西伐，屡立战功。历官相州观察使、龙神卫都指挥使、鄜延路总管、泰宁军节度观察留后、保信军节度使、马军副都指挥使等职。曾从童贯镇压方腊起义。为鄜延路总管时，破西夏成德军，擒其酋首。但延庆统军失误也时有发生。因治军不严且刚愎自用，抗辽时即因未纳郭药师之谏，终为辽将萧干所败，导致熙宁、元丰以来所储军队损失殆尽，使得契丹更加肆无忌惮。靖康之难，延庆分兵戍守京城开封。城陷，引秦兵万人夺开远门而出，至龟儿寺，被追骑所杀，为国捐躯。卒后因儿子刘光世被追封为楚国公。张时彻《神道碑铭》开篇即云："文成刘公，其先丰沛人也，后徙鄜延，名延庆者，宋宣抚都统少保。"《彭城郡（丽水长濑）刘氏宗谱》云，"其旧谱原有彭城、永嘉之分，延庆公为'一世始祖'"，可见刘氏彭城、永嘉二支皆奉刘延庆为其本族之"始祖"。

二世祖刘光世 《宋史》卷三六九有传。字平叔，延庆次子。初以荫补三班奉职，累升鄜延路兵马都监、蕲州防御使。北宋末参加镇压方腊起义，授耀州观察使，升鄜延路兵马钤辖。因从其父取易州（今河北易县）有功，授奉国军承宣使，寻除奉宁军承宣使。后在宋、金战争中因军事失误而降职，又因镇压张迪起义有功而复职，升鄜延路马步军副总管。靖康之难，戍城建功，擢侍卫马军都虞候。南渡初，任江淮置制使，建炎三年（1129）金兵进逼扬州，光世畏敌南撤。旋改江东宣抚使守江州（今江西九江），置酒高会，金兵渡江三日而不觉。绍兴七年（1137）被罢去兵权。历封荣国公、杨国公、赠太师，谥武僖，追封安城郡王、鄜王。《宋史》本传对其评价不高，谓光世"与时沉浮，不为秦桧所忌，故能窃宠荣以终其身，方之韩（世忠）、岳（飞）远矣！"但从家族发展史来看，到刘光世手上毕竟已算辉煌了一次，此后就家道中衰，开始走下坡路了。值得注意的是，刘基祖上是从刘光世开始因宋室南渡而迁徙至临安的，此后，其后裔便在浙江繁衍生息了。

三世祖刘尧仁　《宋史》无传。宋张扩《东窗集》卷八载《右承事郎直秘阁刘尧佐、右承事郎直秘阁刘尧仁等并转一官制》。制云："今光世已逝，深慨予怀，录其家人子弟中外姻党者，所以昭不忘也。"又《建炎以来系年要录》卷一四七载：绍兴十二年（1142），"刘尧佐、尧仁、正平并直秘阁，主管台州崇道观，三人光世子若孙也。"刘光世卒于绍兴十二年。以上两则史料说明刘尧仁于绍兴十二年步入仕途，且是皇帝的恩赐。秘阁是历代封建王朝宫中收藏珍贵图书之处（用今天的话来说，就是皇家图书馆），宋朝由直秘阁（官名）执掌其事，但刘尧仁等所得的是"贴职"①，真正的职责是主管台州崇道观。又《建炎以来系年要录》卷一五三载：绍兴十五年，"直秘阁刘尧佐、尧仁并升直敷文阁，主管台州崇道观"。敷文阁始建于绍兴十年，专藏宋徽宗圣制。官衔是大了，可具体职责仍然没变。又同书卷一八〇载：绍兴二十八年七月，"直敷文阁刘尧仁为秘阁修撰，主管佑神观"，稍后，又试军器少监。秘阁修撰这个官职始置于政和六年（1116），非馆阁之资深者莫能任此职，而对刘尧仁来说，则又是一个虚衔，真正的职责是主管佑神观。据《宋史》卷三八六《黄祖舜传》，知其曾"知池州"，并"升右文殿修撰"，具体时间不明。在刘基家族发展史上，刘尧仁可是个重要的人物。就是在他这一代，刘氏这一支才从临安迁徙至处州丽水的。张时彻《神道碑铭》谓其"过丽水而乐之，遂徙其邑之竹洲"。

四世祖刘集　处士。今刘基故里南田镇武阳村尚存"宋处士刘集墓"之墓碑，既然以"处士"称之，说明他平生没有做过官。有关他的事迹今未发现，故无从考据。算起来，他才是南田武阳刘氏的真正始祖，因为是他从丽水竹洲迁徙至南田武阳的。竹洲村依山傍水，地势平坦，宜于耕种，自然条件相当不错，可刘集何以要迁徙至南田武阳呢？有关刘集梦见"舞羊"者而迁徙武阳的传说自然不足为凭，但其迁徙的真正原因，我们也无从考据。

五世祖刘濠　即刘基曾祖父。周群博士对刘基世系发展概括为八个字：远世尚武，近世修文。而"修文"之显达者当数刘濠。据张时彻《神道碑铭》和

---

① 《宋史》卷一六二《职官志》：直秘阁直馆、直院则谓之馆职，以他官兼者谓之贴职。

徐象梅《两浙名贤录》，知刘濠官至宋翰林掌书。翰林院是官署名称，始置于唐初，本为各种文艺技术、内廷供奉之处。至宋改称翰林学士院，总领天文、书艺、图画、医官四局，并掌制诰、诏令撰述之事，下设翰林学士承旨、翰林学士、知制诰、直学士院、翰林权直、学士院权直、翰林侍读学士、翰林侍讲学士诸官职，《宋史》未见有"掌书"之官职，当为"掌书记"之简称，其官位并不显赫，但好歹是在皇帝身边供职的官了，给人的感觉是刘氏家族又出现了复兴的征兆。刘濠还是一个乐善好施之人，人品极好。《神道碑铭》谓刘濠"每淫雨积雪，登高而望，里中有不举火者，即分廪赈之"。刘濠已是宋元之交的人了。《神道碑铭》还有这样一则记载：

宋亡之后，林融聚众起兵，企图兴复宋室。元军出兵讨伐，将林融逮捕押送至京法办，元世祖却放了他。林融归里后到了瓯越间一个叫作牙阳四溪的地方，再次聚兵起事。至此，元廷终下决心要将其一网打尽，故命专使调查笔录所有林融之追随者。当地土豪劣绅因仇怨而陷害无辜，以致善良百姓鲜有脱漏，几乎全都成了元廷的搜捕对象。专使返程途经武阳夜宿，碰上天下大雪，就打发一村民去打酒，村民把此消息告知刘濠。刘濠即刻抄小道去谒见专使，而得知其"黑名单"上竟有成千上万之人，不免恻隐之心油然而生。该如何避免这场即将到来的腥风血雨呢？正在发愁之际，年仅10岁的孙子刘熵献上一计，刘濠顿开茅塞，为之大喜。于是马上邀请专使到家，热情款待，用酒将其灌醉，让其昏睡于自家楼上，从其行囊中找出"黑名单"，挑其中恶德败行者200多人笔录之，余皆付之一炬。然后放火烧楼，刘濠于火海中救出专使。事后，专使见行囊、名册概被烧毁而大为惊惧，坐立不安。失去名册何以向朝廷交差？岂止交不了差，这可是犯死罪要掉脑袋的呀！刘濠连忙劝慰道："我家不幸失火，烧了居室是小事；让您受惊，实在是罪不可赦！莫非您名册上所录之人有冤枉的，老天有意要给他们活路？"刘濠又说自己有亲戚在四溪，大概4天时间可以往返，重新列出罪犯的名单不成问题。专使无奈，只好听凭刘濠摆布。刘濠将已经准备好了的200余人名单给了他，专使感激不已。后来朝廷捕杀了这200余人，却使上万无辜者幸免于难。此义举让刘濠祖孙在乡里赢得了好名声。

《神道碑铭》评论道："祖孙同心，破家以沽万命，笃生文成，为一代元勋，子孙千百，世食其报，岂幸然哉！"张时彻的意思是善有善报，这自然有些唯心。不过，其祖辈的高风亮节对于后来刘基的为人处世则必然是有影响的。

六世祖刘庭槐　即刘基祖父。《永嘉郡刘氏族谱》谓其入元后曾入太学上舍。太学上舍是宋朝的叫法，元朝应称太学上斋。在封建社会，太学就是最高学府了。两宋时期，太学分为三舍：初入太学者为外舍，由外舍而升内舍，再由内舍升至上舍。元朝的国子学始建于至元二十四年（1287），规定生员的名额为200名，并仿照宋朝的太学三舍法分为下、中、上三等六斋。下斋分游艺和依仁；中斋分据德和志道；上斋分时习和日新。生员凡考试及格没有犯规者，则依次递升。如此看来，能入上斋者，自然是太学的高才生了，可见刘基的祖父也是一个有学问的人。《（祖）永嘉郡公诰》谓其"志乐诗书，义孚乡里"，是个极有品行的读书人。至于他后来有无出仕，家谱和史书均无记载，大概也是一个处士。

七世祖刘爚　即刘基父亲。刘爚曾任遂昌县教谕。教谕是文职小官吏，主管一县之士子读书科举事宜，相当于今天的教育局局长。遂昌、青田虽同属处州，然两地相隔颇远，从刘基老家南田出发到遂昌县城，约300里山路。"处州十县九无城。"遂昌县城亦然，四围皆崇山峻岭，老虎肆意闯入城中，居民不得安宁，地理环境恶劣。在这样的一个三等小县做个小官吏，俸禄之微薄是可想而知了。因此，刘氏家族到了刘爚手中，其家境已是颇为贫寒了。刘爚的人品是有口皆碑的，《（父）永嘉郡公诰》谓其"人服令名"。诰文又谓其"蕴设施之才而无求于时，贻文学之传而能善其子，是以其子行义方于古人，谋猷著于实用，朝廷所赖，士民所瞻，皆遗训之功，力善之征也"。说他"蕴设施之才而无求于时"，恐未必如此。在种族制度森严的元朝，大都是想有作为而难有作为，所谓英雄无用武之地是也。但刘基的成才自然与其父亲的教养很有关系。刘基14岁入括城（今浙江丽水）郡庠习举业之前的学业教育，主要是由其父亲刘爚来承担的。当然，刘基的德行也深受其父影响。关于刘爚的人品，在当地民间还流传着一个有趣的传说。

刘基出世之前两年，武阳村来了一位癞头乞丐，自称江右人，姓赖，名谷庵，字如鹤。此日中午，村里一陈姓的财主人家正大摆宴席做生日。这癞头老翁便上门行乞，财主家人非但不给饭吃，而且还奚落了他。癞翁忍饥挨饿愤愤然离去，来到刘燫的家门口行乞。刘燫见是要饭的，就招呼他妻子给他点吃的。他妻子端着半碗饭走到门口抱歉地说："对不起，没饭了。您若不嫌脏，这半碗就给您老人家充饥吧！晚上您若还在，就多煮一点，让您吃个饱，好吗？"癞翁不住点头称好，吃了那半碗剩饭。晚上癞翁又至，刘燫敬若上宾，酒肉款待，并用祖传秘方为他治癞头脓疮。癞翁感激不已，对刘燫夫妇说道："你们夫妻俩可是好人啊！好人当有好报。实话告诉你们，吾乃白鹤仙师，五仙降山脚下有一穴好墓地，在那结穴，日后你家必出将相之才！"刘燫摇头苦笑道："多谢仙师指点，可目前手头拮据，待日后再说吧！"时隔数月，白鹤仙师再到武阳，刘燫说那风水宝地已被陈姓财主占去，于明日午时，阴阳先生祭请山神后，就开挖了。赖翁笑笑说："无妨。此墓地的穴位在坟下首的小草湖，那是金锁玉匙地，届时会山崩土拥成阜。"接着又对着刘燫耳语一番只要如何如何去做。次日午时，阴阳先生正口中念念有词拜山神，此时刘燫披麻戴孝，手提先父尸骨罐，跪于香案前大呼："先生，搭葬！先生，搭葬！"财主见此情状怒火冲天，随口骂了声"搭你个娘！"就一把夺过尸骨罐，投进了小草湖。只听"轰"的一声巨响，山崩地涌，小草湖当真成了小山阜。后来，人们就把这座坟墓称作"天葬坟"。两年后，刘燫夫妇生下了一个儿子，这便是后来的大明开国元勋刘基。①

这纯粹是一个传说，不足为凭，笔者引用它无非是为了说明刘基善良品格形成的家庭因素而已。

纵观刘基世系，一条非常明晰的轨迹是：远祖尚武，近世修文。刘基不仅是一个文学家，同时也是一个军事家。其军事才能接武远祖，文学天赋绍继近宗，而功名、成就皆高乎祖上。尽管从刘基文集中我们看不见他对祖上的推崇，但他后来生命观念的形成多少与家世渊源有着一定的关系，这是不可否认的事实。

---

① 周文锋主编：《民间故事选》，1988年刊印。

第二章　颖异少年　进士及第

郡庠读书

刘基的启蒙教育，至今无从考据。明黄伯生《诚意伯刘公行状》（以下简称《行状》）仅有"年十四，入郡庠"的记载。《神道碑铭》谓其"神知迥绝，读书能七行俱下"，从小就显露出超乎常人的资质和天赋。此外，刘基毕竟出身于书香门第，加之他母亲富氏亦知书达理，早期的家庭教育谅必不错，为他后来的求学奠定了良好的基础。

泰定元年（1324），刘基14岁。这年春季，刘爚携其子刘基走出了南田山，来到了处州路治括城。这或许是少年刘基的第一次出远门。不过，此次出远门并非走亲戚，而是拜师求学。[①] 在那个时候，能入郡学读书并非易事。《大清一统志》载当时处州府学入学额数为25名，元时大致也不会超出此数。

刘基在郡学读书期间结识了名儒郑复初，并得到了他的赏识。

郑复初，玉山（今江西玉山）人，延祐年间进士，一生只做过德兴县丞、处州录事两任小官，郁郁而不得志。后来还因小人构陷而离职，不久即病故。其实，他是一个很有学问也很有才干的儒士。他"精通伊洛之学，望重当世"，

---

① 王馨一《刘伯温年谱》认为刘基是15岁读书括城；刘基后裔刘耀东《刘文成公年谱》认为刘基是19岁读书括城。二说均无实据，难以自圆其说。

"四方从之者号为'四经师'"。①元人鲁贞《桐山老农集》卷二《送郑道原之金陵序》云："往年玉山郑复初笃学力行，由进士为德兴丞，为处州录事。勇于行义，不畏强御，不顾利害，卒为豪有力者噬去。人无贤愚，闻者莫不为之扼腕。"可见其虽为文人，却有一身浩然正气，为人刚正不阿。

郑复初人品极好且交游很广，除萨都剌、宋濂之外，当时名人袁桷、丁复、胡翰、顾瑛等都是他的好友，这对刘基的成长很有影响。宋濂在元至正初年就与刘基成了好友，两人之结交恐怕与郑复初同金华学派的密切来往很有关系。

郑复初在处州任录事，是衙门里的行政职官。合理的解释应是刘基在郡学读书之余，再拜郑复初为师求学，类似于今天我们所说的"开小灶"。《行状》谓刘基"从师受《春秋经》，人未尝见其执经读诵，而默识无遗。习举业，为文有奇气……凡天文、兵法诸书，过目洞识其要"。看来郑复初之所以赏识刘基，大概主要还是看中了他资质的颖异。他跟郑复初学的是性理之学，《行状》有"讲理性于复初郑先生"之语。理学是传统儒学的变种，始于宋。宋代最早的理学家是周敦颐，人称濂溪先生。其弟子程颢，人称道明先生。另一弟子程颐，人称伊川先生。"二程"是兄弟，河南洛阳人。理学大师朱熹是程颐的四传弟子。故宋代理学又名"濂洛之学""伊洛之学""程朱之学"。理学是一种哲学思想，治经重义理之阐释，喜论心性，是一门深奥的学问。这对于一个年未弱冠的学童来说，并非易事。然《行状》谓刘基"闻濂、洛心法，即得其旨归"，感悟力极强。为此，郑复初十分器重他，并对他父亲刘爚说："吾将以天道无报于善人，此子必高公之门矣！"

处州路治虽说是一座山城，但它毕竟具有悠久的历史，是处州政治、经济、文化的中心，乃"万山丛中一都会"也。城四周环山，其城北有丽阳山、白云山，上有龙潭、石屋天井、冷泉亭、白云亭诸景观；城南有南明山，上有高阳洞、千里亭诸名胜，峭壁之上多摩崖石刻，东晋葛洪和宋朝沈括等名人于此皆有题刻；城东有少微山，山因郡应少微星名而得名，山脚有好溪之水潺潺流过，山麓的紫虚观在苍松翠柏掩映之中；城西有天王山、石僧山、桃山诸胜，历代

---

① 〔清〕王梓材、冯子濠：《宋元学案补遗》卷五二引宋濂语，四明丛书本。

文人墨客多有题咏。桃山在府城西5里处,山南弥望皆桃也,春月人多游赏,宋知州许尹曾作《游桃山赋》。城内有檿山、梅山。檿山之上南唐李繁建孔子庙,后人亦称庙山,而梅山之上则士大夫多居焉。①历代名人如南北朝的谢灵运,唐朝的高适、李邕、段成式、方干,宋朝的杨亿、秦观、陆游、姜夔、范成大等皆或任职或游历过此地。其风景、文物、气象,等等,小小的武阳村,自是难以与之相比的。刘基身处其中,自然是大开眼界,大长见识。

刘基在郡学读书期间,与同窗好友游历最多的是少微山麓的紫虚观,并与观中道士吴梅涧结成了忘年之交。刘基曾作《题紫虚观道士晚翠楼》:

> 晚翠楼子好溪南,溪水四围开蔚蓝。
> 微阴草色尽平地,落日木杪生浮岚。
> 岩畔竹柏密先暝,池中芰荷香欲酣。
> 闻说仙人徐泰定,骑鸾到此每停骖。(卷之九)

吴梅涧,名自福,字梅涧。据刘基《紫虚观道士吴梅涧墓志铭》,知其性慧敏,好清净,父母谓其有仙风道骨,稍长,即命入紫虚观,从叶邦彦为道士,此后学问、德行,皆与日俱增,声名渐著。天师正一真人闻其名,授其号为崇德清修凝妙法师,玄教宗师亦称其为教门高士、金阙紫衣,主领观事达50年之久。

吴梅涧卒于元至正十五年(1355)冬十月。至正十六年春,刘基承省檄自杭城回处州与石抹宜孙共谋"括寇"之时,吴翁业已作古。刘基满怀深情为其作墓志铭。在铭文中,作者忆道:

> 基年未弱冠时,读书栝②城中,闻紫虚山水之嘉,因从数朋友往游,之先生,先生即束带出与偕游。过一所,必指曰,"此某所,此旧为某所,今为某,作于某人,实某时",无不诚且悉。游毕,登肴速觞,主仆皆酣饫,

① 参见〔明〕李贤:《明一统志》卷四四。
② 古代文献中,"栝""括"混用,今人统一为"括"。

乃送至溪浒，无毫忽怠慢意。基后每与客往，先生辄相待如初。盖是时乡里之称仁德长者，莫不曰吴先生焉。丙子之岁，基宦游他方，不获复见先生。今年春归栝，而先生已矣。不亦伤哉！（卷之十三）

作者以质朴的语言深情地回忆着彼此之间的交往，可见两人感情之深厚。民间传说刘基曾入五台山为道士，与张三丰是道友。题署"抱犊山房填词"的杂剧《刘国师教习扯淡歌》也说张三丰是刘基的好友，并千里迢迢来到南田山拜访刘基。刘基与张三丰是否真有交往，还有待进一步考证。不过，刘基在元末至正九年（1349）前后就曾有过归遁入道的念头，倒一点不假。他在寄赠宋濂的《送龙门子入仙华山辞并序》中写道：

> 龙门先生既辞辟命，将去入仙华山为道士。而达官有邀止之者。予弱冠婴疾，习懒不能事，尝爱老氏清净，亦欲作道士，未遂。闻先生之言则大喜，因歌以速其行。先生行，吾亦从此往矣。他日道成为列仙，毋相忘也。（卷之五）

宋濂在至正九年被荐为国史院编修，但他没有赴任，却入龙门山做道士，著书立说去了。此时刘基正在江浙儒学副提举任上，他有此入道之念，自然是仕途受挫的反应。序文却谓早有归遁之意，这当与吴梅涧有一定的关系。

研习《春秋》

刘基在处州郡学读书的时间当在泰定元年至泰定四年（1324—1327），即刘基14岁到17岁期间。光绪《青田县志》和刘眉锡所撰《刘氏族谱》皆谓刘基16岁那年"举于乡"，而其他史料均认为是22岁中举。郝兆矩先生以为刘基16岁那年可能真的赴考，只是未中而已。[①]。周松芳则认为次年并非大比之年，刘

①郝兆矩、刘文峰：《刘伯温全传》，大连出版社1994年版，第28页。

基所应乡试应属于秀才试①。我赞同周松芳的观点。事实情况是刘基到22岁那年才得以中举，这是后话。

刘基当于泰定五年（1328）秋转学至青田石门洞的石门书院。

石门洞位于青田县西北75里的瓯江南岸，为天下名山三十六洞天之一。自江右弥望，其地双峰对峙，俨若门户；四周山崖拱卫，宛如城郭。荡一叶扁舟蜿蜒而入洞门，行里许，即抵银潭。洞背千丈飞瀑直泻而下，似银河直落九天。飞瀑随风飘洒，瀓蒙作雨状，近视如烟云聚散，有气无质，习习生寒。逢雨水充沛之时，隔江即可闻见其訇然之声。瀑布之下有喷雪亭、气泉亭、银河万古亭，崖壁镌刻及碑勒题咏甚多。

史载南北朝大诗人、永嘉太守谢灵运始蹑足来游，为其山水之秀丽，瀑布之壮观而流连忘返，以为游此乃"东南第一胜事"。然谢灵运此游，是在青田建县前300年，那时的石门洞榛莽丛生，猿啼虎啸，渺无人烟，一片荒凉，是一处天然林泉。继谢灵运之后，又有南朝的邱希范和唐代的邱丹、裴士淹等先后来游此地，但依旧是行径莫辨，人迹罕至。直到北宋皇祐年间，游人纷至沓来，石门洞才热闹起来，成为真正的名胜之地。

石门书院在洞西冈之麓，建于唐天宝三年（744）。南宋淳熙九年（1182），朱熹持常平节循行，曾想居此授徒讲学，不果，书院遂废。南宋初，邑人汤思退曾在此苦读。元至元三十一年（1294），廉访分司副使王侯游石门洞，进士刘若济请重建。王侯遂委事教授吴梦炎、县尹王麟孙召集当地耆老重建之。②至泰定四年（1327），又经修缮，有石门洞摩崖题刻可资佐证：

> 泰定丁卯秋七月，县尹曹用子成与本路所委录事郑原善复初奉檄修理石门书院，增复学田，竣事而还，勒此以记岁月。相是役者，司吏季事叶文炳也。③

---

① 周松芳：《刘基研究》，中山大学博士学位论文，第108页。
② 陈六琦：《石门洞古迹志略》。
③ 刘耀东编：《石门题咏录》。

据史料分析，石门书院似为官修讲学场所，并非私立。书院讲学之风，始于唐而盛于宋，元以继之，依然盛行。在处州，除青田石门书院之外，尚有松阳明善书院等。刘基转学至此钟灵毓秀清幽之地，攻读《春秋》，苦习举业达5年之久。

读书生涯是清苦的，非有志者难以到达成功的彼岸。在封建社会，有多少儒林士子因耐不住寂寞而前功尽弃！如今，我们当然已难以知晓当年刘基苦读之境况，但有一个传说却编得入情入理：

话说刘基于石门书院读书之时，一时静不下心来苦读经书，常因流连山水而放弃学业。先生拿出孔夫子"学而时习之，不亦乐乎？""学而不厌，诲人不倦"诸教条来开导他，他也听不进去。先生很是无奈。

一天，刘基又去鹤溪边玩耍，突然传来棒槌击打之声。循声望去，不远处有一位姑娘正在浣纱，那纱堆积得像山一样高。

刘基在想，这世外桃源石门洞，哪来这年轻女子？那么多的纱，要到什么时候才能洗完呢？正在思索之时，随风飘来那姑娘悦耳的歌声：

天下没有浣纱女，人间哪有衣暖身！

没有百温不厌者，哪有高深学问人。

铁杵磨针为至理，问君攻书可专心？

歌罢，那女子就倏然不见了。刘基听了，满脸通红，愧疚难当，掩面一路小跑回学馆读书去了。

从此之后，刘基再也不敢放松学业了，常常挑灯夜读，通宵达旦。为警戒鞭策自己，便自号"百温"。后人尊敬他，就称他"伯温"了。后人还在鹤溪边姑娘浣纱处建了一座石拱桥，就叫浣纱桥。[1]

元代科举程式规定：乡试和会试，都须考三场。首场考四书五经，分两部分拟题：一是明经经疑二问，题出《大学》《中庸》《论语》《孟子》，考生可据

---

[1] 罗哲文：《民间故事选》，1998年刊印，第24页。

《朱氏章句集注》释义，道明自身见解，作不少于300字的文章一篇；二为经义一道，专论五经《诗》《书》《礼》《易》《春秋》之一，论文字数要求在500字以上。第二场，考古赋、诏诰、章表内科一篇，古赋、诏诰用古体，章表用四六句，参用古体。第三场，考策一道，从经史时务中出题，文章在1000字以上。①

刘基读书是勤奋用功的。至今还保存着他当年的科举习作《春秋明经》共计40篇，收于《诚意伯刘先生文集》。这些文章皆在800字左右，最短也不短于500字，可谓篇篇中式。而且每篇文章都富有见解，皆为心血之作。需要指出的是，从《春秋明经》可见，刘基当时"天人感应论"思想比较严重。他认为"天道之应不可诬"，"善恶之事作于下，而灾祥之应见于上，此天人相与之至理也"。"天之于人，各以类应"，"天灾流行，必不于有道之国"，②并一再强调"天人感应之理不诬"③，"天人一理，有感则有应"，断言"非深明夫天人之理者，不可以言《春秋》"④。对此，郝兆矩、刘文峰两位先生在《刘伯温全传》中已详细论及，兹不赘。"天人感应论"在刘基的思想中是一种客观存在，我们不必为贤者讳。不过，等到刘基成年之后，这种思想就有了很大的改变。

刘基在石门洞苦读5年，后来他事业有成，关于刘基在石门洞读书的种种传说便流传开来，如《国师鱼》《六月笋》等等，连瀑布银潭边上的青石板也成了"国师床"。至清康熙年间，石门书院亦改称"诚意读书堂"了。这一切都寄托了当地百姓对刘基的无限爱戴之情。

科举连捷

经过数载寒窗苦读，刘基于元至顺三年（1332）秋八月走进了省城杭州贡院，参加了每三年举行一次的乡试，并高中第十四名举人。是科乡试刘基程文

①《元史》卷三一，《选举志》。

②《公会齐侯伐莱。公至自伐莱，大旱》，成化本《诚意伯刘先生文集》卷之十七。

③《筑郿，大无麦禾，臧孙辰告籴于齐，新延厩》，成化本《诚意伯刘先生文集》卷之十七。

④《三月癸酉大雨震电，庚辰大雨雪》，成化本《诚意伯刘先生文集》卷之十七。

《龙虎台赋》仍然保存于刘基文集当中，并见诸《新刊类编历举三场文选》和《御定历代赋汇》，兹录全文如下：

龙虎台赋①

　　龙虎台去京师相远百里，在居庸关之南，右接太行之东，地势高平如台，背山而面水，每岁车驾行幸上都，往还驻跸之地。以其有龙盘虎踞之形，故名耳。

　　猗欤！太行之山，呀云豁雾，结元气而左蟠。于赫！龙虎之台，摩乾轧坤，魁群山而独尊。其背崔嵬突聿，森冈峦而拱卫；其势则昆仑骇骁，仰星辰之可扪。白虎敦圉而踞峙，苍龙蜿蜒而屈盘。状昂首以奋角，恍飙兴而云屯。其北望则居庸巀嶭，烟光翠结，攒峰列戟，断崖立铁。竣鸟飞而不度，古木樛以相掔。其下视则涨海冲瀜，飞波洗空，风帆浪舶，往来莫穷。想瀛州之密迩，睟三山之可通。彼呼雁戏马，适足彰其陋；而眺蟾望屋，曷足逞其雄？岂若兹台之不事乎版筑，而靡劳乎土功也？想其嶔岑埼礒，曼衍迤逦；形高势平，背山面水。巨灵献其幽秘，归邪护其光昴。何嵩华之足吞，岂岱宗之可拟？此所以通光道于上都，揭神京之外垒。匪松乔之敢登，羌乘舆之攸止也。至若四黄既驾，卤簿既齐。方玉车之万乘，蔚翠华之萋萋。载云罕与九游，光彩绚乎虹霓。山祇执警以广道，屏号洒雨以清埃。朝发轫于清都，夕驻跸于斯台。明四目以遐览，沛仁泽于九垓。眇轩辕之梁甫，屑神禹之会稽。雄千古之盛典，又何数乎方壶与蓬莱？慨愚生之多幸，际希世之圣明。虽未获睹斯台之壮观，敢不慕乎颂声！遂作颂曰：

　　杰彼神台，在京之郊。金城内阻，灵关外包。

　　上倚天貌，下镇地轴。大行为臂，沧海为腹。

---

　　① 嘉靖本、隆庆本刘基文集题为《龙虎台赋》，下小字注"至顺癸西会试作"。按：至正元年刊《新刊类编历举三场文选》庚编卷七古赋第七科江浙乡试条下载是科第五名举人衢州江孚程文即为《龙虎台赋》，且录有考官叶岘等评语三则，此第七科乡试即至顺三年壬申乡试，刘基于此次乡试中第十四名举人，与江孚同科，又于次年即至顺四年癸西会试中进士。故此赋应为乡试程文。

崇台峨峨，虎以踞之。群山岧岧，龙以翼之。

于铄帝德，与台无穷。于隆神台，与天斯同。

崇台有伟，鸾驾爰止。天子万年，以介遐祉。（卷之十四）

龙虎台，又名审虎台，因有狄仁杰审虎的传说而得名。光绪《昌平州志》云："州西八里为旧县，又西北十里为龙虎台，又西北六里为居庸关南口。"乡试之前，刘基"未获睹斯台之壮观"，仅凭其广博的学识和丰富的想象，就把"魁群山而独尊"的龙虎台壮观之势描绘得气象万千，足见其对此文体的训练有素。《四库全书总目》称刘基此赋"以场屋之作为世所传诵者，百中不一二也"。

刘基中举之后，就取得了来年春闱的考试资格。会试地点在京城大都（今北京），时间定在春二月上旬。

一般来说，儒生进京赴考都得提前一两个月，以便在举业上与同道者有更广泛、深入的切磋，亦可利用此段时间经人引荐去拜谒硕儒、名师，做些"行卷"之类的准备工作。更何况青田与京城远隔千山万水，非一时半刻所能抵达。故刘基当在至顺三年（1332）年底，即与青田老乡、同科举人徐祖德（青田石帆人）一同启程赴京城会试去了。

会试于元至顺四年（1333）春二月初举行。三场考毕，刘基、徐祖德一并榜上有名。刘基中第二十六名进士，汉人、南人第三甲第二十名。元朝极端的民族歧视政策在科举上也是体现得淋漓尽致。当时春闱分左右两榜：蒙古、色目人为右榜，考两场；汉人、南人为左榜，考三场。每榜录取50人，共计100人。左榜50人中，一个小小的青田县居然有两人同时上榜，这在当时可是一个大新闻！刘基的会试佳作兹录于此，以飨读者：

至顺癸酉会试《春秋》义

荆人来聘〇时楚屈完来盟于师〇时楚使宜申来献捷〇时楚使椒来聘。

春秋待［时］中国之变于夷者，嘉其慕义，而罪其猾夏，所以与人之为善，而惩人之怙恶也。夫荆楚，中国之变于夷者也。我庄公之二十三年来聘，而以"人"书者，以其能慕义而聘鲁也。僖公四年，来盟于师，而书其"大夫"者，以其能服义而从齐也。是皆所以与之也。自是而后，楚日以强。至僖二十一年之献捷而称"人"以使者，非与之也，恶其恃强而猾夏也。迨夫文九年之使椒来聘，书其君之爵、其臣之名，视夫二十三年之来聘，均为与之，而书法有异者，则以其始见于经，于夫浸强于后之不同也。呜呼！楚也僻处于荆山，桃弧棘矢以共王事，筚路蓝缕以启山林。我庄公之十年始以败蔡书，十四年以入蔡书，十六年以伐郑书。彼其怀封豕长蛇之心，以荐食上国者，未有纪极也。况敢望其敬共币帛，以修聘于秉礼之邦乎？又敢望其刑牲诏神，以从惠于诸侯之会乎？一旦思善悔过，向慕中华而来聘于我，圣人以其礼义之交好，甚愈于干戈之相寻也，于是进而人之，与人为善之德宏矣。及齐桓之伐楚而次于陉也，屈完实来将服齐而求盟也。问昭王之不复则辞，责包茅之不贡则诺，徼与同好则承以寡君之愿，语其战攻则对以用力之难，于此见其有悔罪之心，有服义之善。《春秋》书曰："楚屈完来盟于师。"则与之者至矣。天祸中国，齐桓即世，宋襄嗣兴，不知安夏攘夷之义，而求诸侯于楚盟鹿会盂，开门延盗，遂使楚执宋公以伐宋。为鲁侯不从于伐宋也，而使宜申献捷以震恐鲁国，圣人安得而不深恶之乎？是故称"人"以使柳其暴也。甚矣！书名著其强也。不曰"来献宋捷"，为鲁讳也。盟宋以后，楚使不通于鲁者十又四年。至文九年之使椒来聘，则楚人之再聘于鲁也。是役也，视夫来聘于庄者无以异，较之献捷于僖者为不同。于是爵其君而名其臣，遂与中国无以异，则进之而又进也。

噫！《春秋》谨华夷之辨，楚则中国之变于夷者，故上不使与诸华等，下亦不使与夷狄均。来则嘉其慕义，而接之以礼；去则罪其猾夏而灭之以刑：圣人之情见矣！抑尝反复而考之，荆自庄公十年始见于经，继是入蔡、伐郑，皆以号举，独二十三年之来聘乃以"人"书，故知《春秋》之与之也。二十八年之伐郑复以号举，至僖元年伐郑则改书"楚"而称"人"者，非与之也，所以著其浸强也。明年侵郑，又明年伐郑，次陉之师为是而起。屈完来盟，而称名氏，则岂非以其能服义而从齐乎？然而完不称使，是其美独在完而不在楚子，此圣人之特笔也。自是楚人不敢窥中国者八年。至僖十一年而始伐黄，十二年灭黄，十五年伐徐而败娄林，十九年之盟齐，二十年之伐随，二十一年之盟鹿上，莫不黜而书"人"。至二十一年之秋会于盂，而书"子"于陈蔡之上者，非与之也，所以著其大张也。宜申，楚之大夫，献捷而称"使"，是楚子使之也。名大夫而人其君，故《春秋》之贬人也。明年之战泓，二十三年之伐陈，二十五年之围陈，二十六年之伐宋，二十七年之围宋，二十八年之救卫而战城濮，以至文三年之围江，九年之伐郑，皆以"人"书者，即败蔡、入蔡之书"荆"也。狼渊起师，而后有来聘之举。晋君少懦而不恤国事，大夫救郑而不及楚师。当是时也，楚之强盛骎骎乎有不可遏，来聘而称子，虽以嘉楚人之慕义，实所以伤中国之衰微也欤。

嗟夫！楚自庄公之时固已强矣，犹幸齐桓创伯，有以张中国之势，而屈完来盟，有以服蛮荆之心也。宜申献捷，横逆莫甚，使僖公能请于天王而讨之，以继召陵之绩，不亦美乎？奈何会盟于薄，反求楚子以释宋公？于是《春秋》望鲁之心绝矣。厥后城濮大战，虽有以挫其锋于一时，而厥貉次师，卒无以抑其暴于他日。因循至于宣、成之时，夷夏强弱由是大判。盟宋之役，晋楚之从始交相见，而玉帛之使，反自曲阜达诸鄢、郢之都矣。襄三十年，蘧罢来聘，以报鲁侯之朝。回视向日越椒之不书氏者，又何如耶？读经至此，太息而止。（卷之十四）

兹作两点说明：

一、当年会试《春秋》义考题居然与刘基《春秋明经》中的《楚人伐郑，公子遂会晋人（云云）救郑。楚子使椒来聘》（卷之十八）和《郑人侵宋，宋人、齐人、卫人伐郑。荆伐郑。会齐侯、宋公（云云）同盟于幽》（卷之十七）部分相同。这进一步证明了《春秋明经》是早年习举业之作，而非步入仕途之后所作，同时也说明刘基当年对科举的准备非常充分。

二、元代科举制度规定，参加会试的考生，其年龄必须在25岁以上。而当年刘基年仅23岁，按规定则不能参加科举考试。但当时执行这一制度并非十分严格，考生在年龄上常有虚报，年少的多报，年老的则少报，这种现象并不少见。

金榜题名，春风得意。刘基在京城多盘桓几天是在情理之中，拜谒座师，同年相庆，自然是少不了的。再者，大都为古幽燕之地，左环沧海，右拥太行，北枕居庸，南襟河济，形胜甲于天下，诚所谓天府之国也。元至元四年（1267）建大都城，城方六十里，开十一门，城内布局严整。至元九年迁都于此，名大都，遂成全国政治、经济、文化中心，其规模、气象自是省城所不能比拟的，因此要四处转转，尽情地观赏一番。《行状》谓刘基"在燕京时，间阅书肆有天文书一帙，因阅之，翌日，即背诵如流。其人大惊，欲以书授公。公曰：'已在吾胸中矣，无事于书也。'"。其博闻强记之能力于此又见一斑。

在京之时，刘基还可能拜访过文坛泰斗揭傒斯，并得到了他的赏识。揭傒斯，字曼硕，龙兴富州（今江西丰城）人，"元诗四大家"之一。延祐初年荐授翰林国史院编修，官至翰林侍讲学士。至正初，诏修辽、宋、金三史，为总裁官。揭傒斯十分重视人才的培养和使用。丞相脱脱（亦称托克托）曾问方今致治以何为先？他回答说："储材为先。养之于名位未隆之时，而用之于周密庶务之后，则无乏材废事之患矣。"主修辽、宋、金三史之时，脱脱又问修史以何为本？他回答说："用人为本。有学问文章而不知史事者不可与，有学问文章知史事而心术不正者不可与，用人之道，又当以心术为本也。"①

揭傒斯是当年廷试的考官之一。②或许是揭傒斯读到刘基所对策文，为其反应之敏捷、思路之清晰、见解之独到而欣慰不已，赞赏有加，说他是"魏征之流，而英特过之，将来济时器也"（《神道碑铭》）。如果说后来的刘基是一匹千里马，那么，揭傒斯就是一位慧眼识英才的伯乐了。初出茅庐的刘基能得到望重当世之名流的赏识，这自然是一次莫大的鼓励和鞭策。

①《元史》卷一八一，《揭傒斯传》。
②《湖广通志》卷五五载："李祁，茶陵人。元统廷试，揭傒斯等读祁所对策，拟冠是科，启缄则南士也。"据此知揭傒斯为此科廷试官。

第三章　初入仕途　不避强御

为官高安

刘基于元至顺四年（1333）中进士之后并没直接进入仕途，个中原因不得而知。郝兆矩先生认为有两种可能：一是丁父忧，谓基母卒有记载，然不知其父卒于何年。且天历二年（1329）诏有"官吏丁忧，各依本俗"之规定。二是除高安县丞之后，注官守阙，等候铨选。《元史·选举志》载："凡注官守阙：至元八年议：'已除官员，无问月日远近，许准守阙外，未奏未注者，许注六月满阙，六月以上不得预注。'二十二年诏：'员多阙少，守阙一年，年月满者照阙注授，余无阙者令候一年。'大德元年，以员多阙少，宜注二年。"丁父忧之说，证据不足，后一种推测可能性更大。

刘基注官守阙，等待铨选的时间虽说只有短短三年，可人世间不知又发生了多少翻天覆地的变化！就在刘基中进士那年十月，元廷年号由至顺改为元统。这年二月，中书右丞相雅克特穆尔因荒淫体羸，溺血而死。六月，明宗长子托欢特穆尔（亦称妥懽帖睦尔）即帝位于上都（今内蒙古闪电河北岸），是为顺帝。元顺帝命巴延（亦称伯颜）为太师、中书右丞相。当时有明宗亲信阿鲁辉特穆尔向元顺帝进言："天下事重，宜委丞相决之，庶可责其成功。若躬自听断，则必负恶名。"①元

---

① 《元史》卷三八，《顺帝本纪》。

顺帝深以为然，从此深居宫中，凡事皆由丞相做主，而己无所专焉。次年五月，江浙一带严重灾异，饥民凡590564户。九月，广西瑶人攻陷贺州，朝廷发河南、江浙、江西、湖广诸军及八番军前往镇压，大规模的农民起义风起云涌。元统三年（1335）六月，左丞相腾吉斯及其弟塔剌海因谋逆被诛。此后，巴延专权日甚。十一月，改年号为至元，史称后至元。就在这样的形势之下，刘基于后至元二年（1336）踏上了坎坷不平的仕元之路。①

刘基的仕元之路从担任江西行省瑞州路的高安县丞开始。赴任时间当在后至元二年（1336）的秋季。当时去江西高安赴任的路线似自青田出发，途经丽水、龙游、衢州、沙溪、铅山、弋阳、安仁、南昌，而至高安。刘基一路行去，诗兴颇浓，作《发龙游》《早行衢州道中》《发安仁驿》《铅山龙泉》《弋阳方氏寿康堂》等诗以记途中见闻和感受。如《早行衢州道中》：

> 草际生曙色，林端收暝烟。露花泫啼脸，风叶弹鸣弦。
> 农家喜铚艾，行歌向东阡。大道无狭邪，平原多稻田。
> 宦行良不恶，敢曰从事贤？（卷之七）

又如《发龙游》：

> 微飙献轻凉，客子中夜发。秋原旷无际，马首挂高月。
> 草虫自宫商，叶露光可掇。狭径非我由，周行直如发。
> 扬鞭望南天，晴霞绚闽越。（卷之七）

看来诗人是不知疲倦，扬鞭催马，日夜兼程，而且心境有如清风朗月，对前途充满希望和憧憬。

元朝将诸县分成上、中、下三等。高安县在元时属江西行省瑞州路，是一

---

① 刘基《紫虚观道士吴梅涧墓志铭》有"丙子之岁，基宦游他方，不获复见先生"一语，丙子岁即后至元二年（1336），见成化本《诚意伯刘先生文集》卷之十三。

个拥有3万户以上人口的上等县，位于赣江支流锦江的中游，为瑞州路治所。城郭据凤山、面锦水，锦水之南曰南城，锦水之北曰北城。县署在凤山之东，宋水北先锋营旧址。开宝九年（976），县令顾元龙即其地创建县治，元代仍之。刘基在任时，曾将县署修葺一新，未几而毁于兵。

县丞的品秩不高，只是一个八品官。在其上还有县尹和达鲁花赤（亦称达噜噶齐）。在元朝，路、府、州、县各级地方政府都专设由蒙古人担任的达鲁花赤。叶子奇《草木子》卷三释："达鲁花，犹华言荷包上压口撩子也，亦犹古言总辖之比。"元制规定由达鲁花赤"掌印信，以总一县一府之治"。他们大多世袭而不学无术，却是一方水土的"太上皇"，事情是下属去做，功劳则记在他们头上。况且当时天下形势已是"山雨欲来风满楼"，可见刘基想有所作为是难乎其难。但作为一名少年进士初登仕途，毕竟是雄心勃勃，想干一番事业的。故上任伊始，即作《官箴》上、中、下三篇以自勉自律。其上篇云：

治民奚先？字之以慈。有顽弗迪，警之以威。

振惰奖勤，极〔拯〕艰息疲。疾病颠连，我扶我持。

禁暴戢奸，损赢益亏。如农植苗，夙夜孜孜。

涝疏旱溉，无容稗秕。如良执舆，顺以导之。

无俾旋汙，强策以驰。慈匪予爱，帝命溥时。

威匪予憎，国有恒规。弱不可陵，愚不可欺。

刚不可畏，媚不可随。无取我便，置人于危。

无避我谤，见义不为。天鉴孔昭，民各有思。

惠之斯怀，推之乃离。誉不可骄，器恶满欹。

谤不可怒，退省吾私。人有恒言，视民如儿。

无反厥好，以暴予知。是用作箴，敢告执羁。（卷之十）

振惰奖勤、拯艰息疲、禁暴戢奸，是为官之要务；弱不可陵、愚不可欺、刚不可畏、媚不可随、誉不可骄、谤不可怒，乃为人之品格，也是刘基一生为官的准则。《行状》称刘基任高安县丞以廉节著名，"发奸摘伏，不避强御。为政严而有惠爱，小民自以为得慈父"（《神道碑铭》亦有类似记载），初登仕途便显示出良好的素质和非凡的才干。然而，这种"视民如儿"、刚正不阿的清官自然是不受欢迎，因而当地"豪右数欲陷之"，幸亏"上下咸知其廉平，卒莫能害也"。

元代的瑞州路（治今江西高安），下辖二县一州，除高安县外，还有上高县和新昌州（今江西宜丰）。高安与临江县（今江西清江）比邻。刘基在《送月忽难明德江浙府总管谢病去官序》中云：

> 余昔宦游高安，高安与临江邻。临江故多虎狼之卒，凡居城郭者，非素良家，咸执鞭以为业。根据蔓附，累数百千辈，以鹰犬于府县。民有忤其一，必中以奇祸，官斥弗任，则群构而排去之，狱讼兴灭，一自其喜怒。有诉于官，非其徒为之所，虽直必曲；获其助者反是。百姓侧足畏避，号曰"筘鼓"。人莫解其意，或曰："谓其部党众而心力齐也。"余每闻而切齿焉，无能如之何也。（卷之十一）

文中所说的虽为临江县的"黑社会"势力，但由此亦可推想到瑞州路的社会治安状况。

史载新昌州有桩人命官司，初审业已裁定结案，而原告不服，上诉至瑞州路。因为此案的原告乃平民百姓，而被告一方为地方豪强，有蒙古人做靠山，所以谁也不愿去理这样的"瘌痢头"！故瑞州路总管抽调高安县丞刘基去复审此案。刘基原本对"黑社会"势力"每闻而切齿焉"，因此并不推让，痛痛快快地接受了这一案件的复审。他不畏强御，取证调查，秉公执法，把案子翻了过来，导致初审官被革职。其结果自然是得罪了初审官和被告一方，当然也损害了蒙古当权者的利益。为此，高安、新昌两地豪右联手状告刘基，欲置之于死地。结果，刘基于后至元六年（1340）被免去高安县丞之职，幸亏行省大臣素知刘基为人，而将他调到省城，改任行省职官掾史。

为官一任，造福一方。刘基宦游高安仅5个年头，他的离任是无奈的。任职期间，虽有用世之高志，而时势环境却难以使其充分施展才干。刘基后来回忆起这段经历，说是"满怀荆棘无人锄"，看来心境确实不佳。也就是在这个时候，好友郑希道启程赴京师谋职①，刘基不无感慨地作《梁甫吟送郑希道入京》一诗为之送行：

> 老翁生长平原里，但见平原路如砥。
> 谓言路平无崄巇，车轮不摧马如飞。
> 今日驱车上梁甫，回头却忆平原路。
> 《梁甫吟》，愁我心。（卷之六）

《梁甫吟》为乐府旧题，唐李白曾作《梁甫吟》一首，以表现其抱负难以实现的悲愤。刘基于此诗中除了表达自己对朋友前途的担忧之外，也同样抒发了自身有志难骋的苦闷。即便如此，他在当地百姓心目当中还是留下了极好的印象。《高安县志》卷八"名宦"谓刘基"丞高安，以廉节著，发奸摘伏，不避强御，为政严而有惠，百姓安之"。其清正为官的高风亮节，为后世所景仰。

据说，高安县堂厅前的一株何首乌，是当年刘基亲手栽种的，后人认此为刘基宦游高安之遗迹。300年后，清朝江既人赋《刘青田先生遗迹》诗云：

> 英雄不以卑栖耻，先生当日为臣此。
> 神龙屈信自因时，时未至兮且止此。
> 厅前一树何首乌，先生手植今荣枒。
> 本草谓之何翁食，发白变黑颜转朱。
> 先生抱负期有待，岂欲借之永精采。
> 呼以先生尊其能，此物至今三百载。
> 人是开天帝者师，鬼神呵护曾于斯。
> 累累微物亦遭遇，不杂荆榛受斧劙。

---

①〔元〕王沂《伊滨集》卷一四录《送郑希道之杭府幕官序》，序文谓于至元四年结识希道之兄郑以道，又云"后四年，以道之弟希道来京师"，由此知郑希道入京时间当在后至元六年。

桑田沧海今更变，先生已谢朝廷春。

何翁原是世外人，因时随世聊自善。

物久通灵或有神，斗大之根春复春。

莫须长抱依刘志，焉知青田无后身？[1]

江既人认为刘基宦游高安是"英雄悲栖"，志士蓄势，说得还是有一定道理的。

高安5年，对于刘基的从政实践来说，或许是不可或缺的，同时也使他体味了人生的磨难和仕途的艰辛。

这5年，也是元王朝多灾多难的5年。地方灾异频繁姑且不论，光是百姓造反，就让朝廷头疼不已。后至元三年（1337）二月，"棒胡"于汝宁（今河北汝南）、信阳州（今属河南信阳市）起事，破归德府（今河南商丘）鹿邑，焚陈州（今河南淮阳），屯营于杏冈。四月，合州大足县韩法师起事，称南朝赵王。同月，惠州归善县（今广东惠州）民聂秀卿等造军器，奉戴甲为"定光佛"，起事与朱光卿应。五月，西番杀镇西王子丹巴。次年六月，袁州（今江西宜春）民周子旺起事，称周王，改年号。同月，漳州路南胜县（今平和县）民李志甫起事，围漳州，攻龙溪，诏发江浙、江西、湖广等省兵讨之，不克。后至元五年十一月，开封杞县人范孟端杀平章等官起事，等等。此外，朝廷政局也有重大变故，后至元六年，也就是刘基离开高安的这一年二月，因巴延"不能安分，专权自恣"而被革职，次月诏徙巴延于南恩州（今广东恩平）阳春县安置，行至龙兴路（今江西南昌）驿舍，病死。同年十月，脱脱为中书右丞相。

就在这样的形势下，刘基不得已而离开了高安县。

调任南昌

江西行省治所在南昌。南昌汉时为豫章郡治，隋为洪州治所，五代南唐为南昌府治，宋初复为洪州，隆兴元年（1163）改称隆兴府，为江南西路治所，

---

① 同治《高安县志》卷二六。

元至元十四年（1277）置总官府，次年改为隆兴路，至元二十一年因避裕宗讳又改为龙兴路，明初为洪都府，寻改南昌府，属江西布政司。南昌水路四通，山川特秀，襟三江而带五湖，控蛮荆而引瓯越，处于江、湖之间，乃东南一都会也。

自古以来，南昌风俗即"士好经学"，故多青史留名的硕儒、名士，当朝文坛泰斗揭傒斯即为南昌人，两宋江西诗派的创作中心也在南昌。置身于具有如此深厚文化积淀的人文地理环境，为刘基增长见识和锻炼才干无疑是大有裨益的。

行省职官掾史也是八品官，故刘基的品秩没变，所做之事也无非是抄抄写写。关于掾史一职，元人赵汸有一段精彩的论述：

> 国朝以科目取士，参用于中外百司，其秩八品。而以才名称者，则行中书得辟为掾。掾之员，多者数十，命士半之，由进士来，每不过四五人。公卿大夫，好恶旨殊，则获上之道难；刀笔绮纨，品流趣异，则取友之义阙……众簿书期会，米盐杂集，月更季谢，虽俊杰无所置才，以儒者为之，动无不宜，仅能免过。一毫发□，吏则群言鼎沸，蹙蹙不得安视。夫栖身末僚，掣肘下邑者，尤难居矣！①

从赵氏的论述可知，这栖身末僚的"簿书役"不太好做，事实上，刘基在行省职官掾史任上也只待了两年时间，就辞职不干了。辞职的原因刘基本传、《行状》、《神道碑铭》均语焉不详，只说是"与幕官议事不合，遂投劾去"。现在分析起来，其辞职的原因大致有以下几点：

一是前途迷茫，当时的境遇与自身的人生价值定位相去甚远。客观地说，刘基的人生价值定位要比当时的一般文人高出许多。其高定位的用世之志，在《题太公钓渭图》中就有明确的流露：

---

① 〔元〕赵汸：《送葛元哲还临川序》，《东山存稿》卷三。

璇室群酣夜，璜溪独钓时。浮云看富贵，流水澹须眉。

偶应非龙兆，尊为帝者师。轩裳如固有，千载起人思。（卷之九）

明吴明卿说此诗"可为磻溪题像，亦可为青田写影"[1]。沈德潜《明诗别裁集》亦谓"通首格高，隐然有王佐气象"。他们都从中体悟到了刘基不同凡响的俊才鸿调。

又刘基《琴清堂诗》云：

亭亭峰阳桐，斫为绿绮琴。缅之朱丝弦，弹我白雪音。

虚堂夜迢迢，华月耿疏林。凤凰天上来，虬龙水中吟。

曲罢起太息，无人知此心。（卷之七）

此诗显为言志，曲高和寡之意溢于言表，那种才高八斗，却无人赏识的心情是谁都能体会到的。刘基宦游江西前后7年，论才干不可谓不高，且恪尽职守，效忠朝廷，可无论如何就是得不到升迁的机会，能不让他感到寒心吗！

二是秉性使然。刘基疾恶如仇，眼里容不得沙子，看不惯官场的污浊、黑暗。此次辞职，刘基在9年之后写给钱士能的赠序当中是这样表述的："岁余，士能与幕官论事不合，拂衣去；未几，余亦以朽钝辞归。"所谓"朽钝"，也就是办事坚持原则，不讲圆通，如此难免会得罪地方豪右，并招致同僚的构陷和排挤，看来，刘基辞职亦属不得已而为之矣。

三是好友钱士能的离去。钱士能与刘基同时调任行省职官掾史，后来就成了他的知交。其人秉性耿直，品行端方，识见高远，才干不凡，很得刘基的敬重。任职一年过后，钱士能就因"与幕官论事不合"，拂衣而去了。同道知交的离去，使刘基更感孤寂，周边环境的改变，不能不说是刘基投劾而归的重要原因之一。

不管怎么说，一位血气方刚且极具事业心的年轻进士，就如此万般无奈地

----

① 〔明〕李于鳞、陈卧子编选：《明诗选》，圣雨斋藏版。

结束了江西7年的宦游生涯，总让后人为之扼腕叹息！但高山流水的白雪之音弹奏于豫章江畔，知音者还是不少。7年间，他结交了不少朋友，刘基与他们结下了用金钱难以买到的深情厚谊。在往后的岁月中，刘基还时常回忆起自己在落魄失意之时，伸出友谊之手的朋友们。

在诸多朋友当中，除钱士能之外，最值一提的就是葛元哲。

葛元哲（喆），金溪人。弱冠有文名，元至正七年（1347）乡试中举，次年春闱连捷，登进士第，辟掾于江浙行省，充簿书役。时苏天爵、樊执敬等行省大臣皆待葛元哲以宾友礼。至正十四年，以大臣荐为金溪县令。葛元哲博学工文，有英气，居官以善绩称，明崔亮、苏伯衡都曾拜他为师，门人私谥之曰"文贞先生"，有《葛元哲遗稿十卷》行世。葛元哲且工书法，与赵孟頫并称于世。刘基与之结交当在高安5年期间。当时葛元哲虽科举仕途未通，但其文名已誉满江南。其文"传于京师，众谓元哲之文宜为天子粉饰太平，铺张鸿业，以传于后世"①。两人心志相同，性格类似，自然一拍即合，在高安5年的宦游生涯中，文友间的学问切磋和诗赋相酬，是对刘基心灵的最大慰藉。至正十年刘基于《送葛元哲归江西》一诗中深情地回忆道：

> 我昔筮仕筠阳初，官事窘束清事疏。
> 风尘奔走仅五稔，满怀荆棘无人锄。
> 明堂大开壮梁栋，散木不遗橡栌用。
> 豫章江上一逢君，矫矫鸡群一孤凤。
> 城头月出明星稀，开门望月露沾衣。
> 文章绣衣郎，谈屑天葩飞。
> 得句即高歌，惊起乌鹊穿林霏。
> 星流云散隔吴楚，有时梦君诗上语。
> 坐中百谷含清晖，窗外飘风度疏雨。
> 我住青山耕晚霞，君去蟾宫折桂华。

---

① 〔元〕余阙：《青阳集》卷二。

　　别来八见秋雁过，忽然会合增长嗟。

　　江南二月草未秀，雪阵如涛衮清昼。

　　投壶命觞尽文友，此乐百年何日又！

　　一朝复一朝，三岁如过电。

　　四牡彭彭子独贤，江东山水看将遍。

　　人间万事苦不齐，我马向南君向西。

　　海门日照渔浦白，骊歌欲断吴云低。

　　栝苍山，临川水，相思迢迢一千里。

　　山高高兮水深深，极望不见愁人心。

　　应将魂梦化为鹤，永夜月明怀好音。（卷之八）

从诗中可见，刘基非常敬重在江西结识的友人的才华，也十分珍视与他们之间的友谊。

　　刘基还有一位朋友名叫张质夫，大概是在高安任上结识的。他是高安人，年岁比刘基要大，元至顺年间已活跃在文坛之上，与虞集、周伯琦、揭傒斯、欧阳原功诸名流皆有交往，无疑是当地的一位文化名人。[①]刘基离开江西后，与他还有诗文酬答。元至正十年（1350）前后，时刘基任江浙行省儒学副提举，曾作《寄台郎张质夫》一诗：

　　春愁忽得故人书，喜极成悲泪满裾。

　　冀野驽骀虚伯乐，鲁门钟鼓骇鸡鹕。

　　全家荡析饥寒切，病骨支离志虑疏。

　　敢以浮名误知己，缄辞写意愧何如！（卷之九）

得故人书信，激动不已，转思自身之遭际又喜极成悲。

　　他对江西是有感情的。他赞扬"西江大藩地，卓荦多豪英。文能绚云汉，

---

① 参见《钦定日下旧闻考》卷八八。

武能壮干城"。那种对"第二故乡"及其友人的思念在其诗文当中是时常见到的。如《寄江西黄伯善兄弟》：

> 我思美人，乃在洞庭之阳、彭蠡之阴。
> 冲波亘天三百里，离恨比之应更深。
> …………
> 望不见兮悲莫任，江水湛湛愁枫林。
> 西来文鱼到东海，愿寄笔札逾兼金。（卷之八）

12年后，刘基于江西仍不能忘怀，他在《送孔世川赴江西儒学提举》一诗中写道：

> 我辞西江归，倏忽十二秋。每望西江云，思心怅悠悠。
> 恨无排风翼，安能凌虚游？故人渺天末，可梦不可求。（《覆瓿集》卷之七）

20年后，江西故友仍时常入梦来，其《临江仙》并序云：

> 予在江西时，与李爞以庄善，以庄尝赋诗有曰："泪如霜后叶，摵摵下庭柯。"郑君希道深爱赏之。今郑君已卒，以庄与予别亦二十年。梦中相见，道旧好，觉而忆其人，不知今存与亡。因记其诗，属为词，以写其悲焉。
> 街鼓无声更漏咽，不知残夜如何。玉绳历落耿银河。鹊惊穿暗树，露坠滴寒莎。
> 梦里相逢还共说，五湖烟水渔蓑。镜中绿发见无多。泪如霜后叶，摵摵下庭柯。（卷之十七）

李爞，字以庄，进士出身，工诗文，与江右诗派刘嵩等人多有接触，也是刘基的好友。当年朋友聚会的场景以及朋友所赋诗句，20年后仍铭记在心，且于多事之秋，尚牵挂着昔日朋友的安危存亡，其感情之深是不言而喻的。

至此，我们有必要来探讨一下刘基在江西的为官年限了。

王馨一《刘伯温年谱》（简称王《谱》）、刘耀东《刘文成公年谱》（简称刘《谱》）、郝兆矩《增订刘伯温年谱》（简称郝《谱》）皆认定在后至元六年（1340）辞官，依据是刘基《送葛元哲归江西》一诗。此诗开篇即云："我昔筮仕筠阳初，官事窘束清事疏。风尘奔走仅五稔，满怀荆棘无人锄。"由此，三种年谱一致认定刘基在江西为官时间是5年。刘基于后至元二年赴江西高安任职是确定无疑的，以此推算，自然是后至元六年离开江西了。

但问题恰恰就出在对《送葛元哲归江西》一诗的理解上。在文本的解读上，三种年谱的编者犯了相同的错误，都将刘基任高安县丞"五稔"，误解为在江西为官"五稔"。

其实，该诗开篇"我昔筮仕筠阳初"之"筠阳"，其所指并非江西，而是江西行省瑞州路高安县。筠阳即筠州，唐武德十年（624）改米州置，以地产筠篁故名，治所在高安，旋废。五代南唐保大十年（952）复置，至宋宝庆元年（1225）因避理宗讳而改称瑞州。元为江西行省瑞州路，治所仍在高安。是诗所言的"筠阳"之所以不能理解为江西，是因为"筠阳"不足以指代江西全省。借代手法的运用在修辞学上是很有讲究的，所用于借代的借体必须与本体有着密切的关系。即以"部分、整体互代"而言，亦非随便哪个部分都可替代整体。拿江西来说，南昌古称豫章，为江西治所，故可用于称代全省，《送葛元哲归江西》："豫章江上一逢君，矫矫鸡群一孤凤。"其豫章即为江西之借代；而同诗中"栝苍山，临川水，相思迢迢一千里"，其中"栝苍山"是指江浙行省处州路之青田县，却不能理解为江浙行省。同理，"临川水"是指葛元哲之故里江西行省抚州路金溪县，却不能理解为江西行省。而刘基《送孔世川赴江西儒学提举》："西江大藩地，卓荦多豪英"，"我辞西江归，倏忽十二秋"（《覆瓿集》卷之七），诗中"西江"则为江西之借代。综观刘基文集，凡言及江西，或直称之，或以"豫章""西江"借代，概无例外，自古至今之文学作品，就笔者所见，亦绝无以"筠阳"或"筠州"指代江西的例子。故"我昔筮仕筠阳初"之"筠阳",就只能理解为瑞州或瑞州路的高安县,"风尘奔走仅五稔"无疑是指刘基于瑞州任高安县丞5年,而不是在江西为官5年,亦即刘基是于后至元六年(1340)庚辰岁转任江西行省掾史的。刘基谓己与钱士能乃"同日辟掾江西行省",而"岁余,士能与幕官论事不合,拂衣去;未几,余亦以朽钝辞归",说明刘基是于元至正二年(1342)离开江西的。

又《送孔世川赴江西儒学提举》一诗有"我辞西江月,倏忽十二秋"之句。正如郝《谱》所言,是诗显系作于避地绍兴之时,因诗之开篇即云:"镜湖荷花发,耶溪菱叶生。送君何所之?去作西江行。"若认定刘基是于后至元六年(1340)离开江西的话,那么,此诗当作于至正十二年(1352)夏季。而刘基避地绍兴的时间是元至正十四年二月到至正十六年正月,说明至正十二年夏季刘基根本就不在绍兴。为此,郝《谱》臆测为"系刊误"所致。[①]其实并非刊误,屈指一算,刘基于至正二年投劾归里,到至正十四年因建言捕斩方国珍而避地绍兴恰好是12个年头。故"十二秋"非但没错,反而进一步说明了刘基在江西为官是7年,而不是5年。

---

① 郝兆矩:《增订刘伯温年谱》,中州古籍出版社1990年版,第91页。

第四章 隐居力学 遨游海内

归隐桐江

元至正二年（1342）秋季，刘基结束了在江西长达7年的宦游生涯，再登仕途当在元至正九年。此期间前后7年，刘基在野详情，不见史籍。《明史·刘基传》和《神道碑铭》均付诸阙如，唯《行状》有"隐居力学，至是而道益明"的记载。《行状》所言，大致可信。然刘基这7年间到底"隐居"于何处？"力学"哪些学问？这都有待于后人考证。

刘基自江西辞官踏上了归浙之路，是在菊黄蟹肥的深秋时节。他迎着稍带寒意的秋风，经衢州而到兰溪，适逢九九重阳佳节。刘基离开官场，大有羁鸟出樊笼的感觉，所以在归浙途中心情特别好，秋郊微雨，玄蝉寒吟，凡入眼之物，进耳之声，无不触发诗人的灵感，激起创作的热情。《自衢州至兰溪》诗云：

> 秋郊敛微雨，霁色澄人心。振策率广路，逍遥散烦襟。
> 疏烟带平原，薄云去高岑。湛湛水凝碧，离离稻垂金。
> 荞麦霜始秀，玄蝉寒更吟。幽怀耿虚寂，好景自相寻。
> 心契清川流，目玩嘉树林。歌传沧浪调，曲继白雪音。
> 仙山在咫尺，早晚期登临。（卷之七）

兰溪隶属婺州（今浙江金华），与处州接壤，王《谱》、刘《谱》、郝《谱》三种刘基年谱皆以为刘基自赣回浙到兰溪之后，就取道金华、永康、丽水，回归青田故里南田山，"隐居力学"去了。其实不然。从上所引诗中，我们看不出诗人有些许急于回归故里的行色匆匆之感，倒是悠游之兴未尽，似欲继续寻访"仙山"，以散"烦襟"。"仙山"在何处？近在咫尺，即桐江畔的严子陵钓台。

严子陵，名光，字子陵，东汉时人，刘秀即位后归隐于桐江。又，宋末诗人谢翱，尚气节，入元后不仕，卒后葬钓濑南。刘基初登仕途，便屡屡受挫，荣进之心锐减，归隐之意萌生，故此时心境与严光正相契合，便欲速前往凭吊先贤，以期得到心灵的慰藉。因此，自衢州至兰溪稍事休整之后，即于九月九日重阳节这一天，弃车马而就舟楫，自兰溪直抵桐庐，寻访严子陵遗迹去了。有《九日舟行至桐庐》一诗为证：

> 杪秋天气佳，九日更可喜。众人竞登山，而我独泛水。
> 江明野色来，风淡波鳞起。苍翠观远峰，沈寥度清沚。
> 沙禽泛悠飏，岸竹摇蘿靡。溯湍怀谢公，临濑思严子。
> 紫萸空俗佩，黄菊漫妖蕊。落帽非我达，虚垒非我耻。
> 扣舷月娟娟，濯足石齿齿。澄心以逍遥，坻流任行止。（卷之三）

此诗所传递的信息是非常明确的，即刘基拟仿效谢翱、严光，打算归隐了。归隐于何处？就在桐江之畔。

桐江是钱塘江自建德县梅城至桐庐段的别称。乾隆《浙江通志》称其源有三：一出徽州，一出衢州，一出金华，三水合而向东北流去，远注90里，至桐庐县郭之南称桐江。

桐江是秀丽的。柳永《满江红》词云："桐江好，烟漠漠，波似染，山如削。绕严陵滩畔，鹭飞鱼跃。"舟行其中，但见两岸锦峰秀岭，峻峭回互，山川清丽如在图画之中。

溯桐江而上，即七里滩。《严陵志》称此滩"与严陵濑相接，两山夹峙，水驶如箭"。谚语云："有风七里，无风七十里。"盖舟行其中，艰于牵挽，速度之快慢视风而定。唐方干诗云："一瞬即七里，箭驰犹是难。樯边走岚翠，枕底失风湍。但讶猿鸟定，不知霜月寒。前贤竟何益，此地误垂竿。"①

过七里滩，就是严陵濑了。《水经注》云："濑带山，山下有一石室，汉光武帝时严子陵所居也。故山及濑皆即人姓名之。山下有盘石，周回十数丈，交枕潭际，盖陵所游也。"那盘石，后人就称它为严子陵钓台。钓台之下有一眼泉水，味甚甘美。陆羽《茶经》谓此泉位居天下第十九，故名"十九泉"。钓台对岸有谢翱墓，墓之右是许剑亭。谢翱生前曾作《许剑录》，其友方凤因此建亭以从谢翱之志也。

此前刘基未曾到过桐江，这次自赣回浙，连老家也不回，就水陆兼程去瞻仰先贤遗迹，并在此过起了他的隐居生活。

那么，刘基到底隐居于桐江的哪个地方呢？

以下两则史料为我们回答了这个问题：

> 刘基元末流寓桐庐数年，设馆于翔冈华林寺，与李近山、李宁之及徐舫交游，写有《虎镇山记》等诗文。②
>
> 华林寺北之寺弯里，昔时曾设学馆。元末刘基曾在此寓居数年。③

翔冈在何处？翔冈也作晦冈，就是现在的凤川乡凤冈，位于桐庐县西20里处。其地南面重峦叠嶂，群峰竞秀；西北面桑竹阡陌，一马平川；内里伏些许馒头土丘，远望如星罗棋布，错落有致。大源、小源两溪从重峦峡谷中蜿蜒而出，于翔冈东南角合流后逶迤北去，汇于富春江。

晦冈历来是桐江南岸的重镇，有诗这般描绘晦冈的地理形势：

> 彩凤对峙舞翩跹，双龙戏珠汇一川。

---

① 〔唐〕方干：《暮发七里滩，夜泊严光台下》，《玄英集》卷二。
② 光绪《桐庐县志》。
③《桐庐县地名志》，未公开发行，第96页。

北靠春江结两镇，南依群山通三源。

"双龙"是指大源、小源两溪；"两镇"是窄溪镇和桐庐镇。此地的交通也比较方便，南可出浦江，东可达富阳、杭州，西行则可经桐江去睦州、金华。缘于这独特的地理位置，这方水土便具有了深厚的文化积淀。建于五代时期的华林寺，位于香泉山麓，传说其鼎盛之时，有僧人五百之众。可以想象，那时寺院在华林掩映中流光溢彩，佛经的诵读声如阵阵松涛，从那香火缭绕的庙宇传出，净化着成千上万佛教信徒的心灵。据说，连名闻遐迩的杭州灵隐寺，也是依此寺的样式仿造的。

　　刘基寓居于此设馆授徒，就住在"李氏之家"。这有刘基作于元至正十年（1350）的《赠桐江临溪西庄华氏宗谱序》为证："予为中原不靖，遨游海内，寄迹于桐江晦冈李氏之家。"①这"李氏之家"非同小可，是当地的名门望族。据清光绪十七年《凤冈李氏宗谱·姓氏源流》记载，翙冈李氏系出陇西，与李唐李氏血脉连枝，其嫡祖是彪炳史册的南宋丞相李纲。南宋淳熙年间（1174—1189），李纲曾孙李瑶议迁居翙冈，遂繁衍成族直到如今。于元季，翙冈出现了一个以李氏宗亲为主体的隐逸群体，主要代表人物有李骧、李康、李文、李恭等。他们都绝意仕途而致力经史，广交同道而寄迹林泉。

　　查阅光绪《桐庐县志》《凤冈李氏宗谱》，发现李骧、李文、李康与刘基皆交往甚密。

　　李骧，字仲骧，号南华老人［生年无考，约卒于至正五年（1345）前后］，是李氏隐逸群体的核心人物。他辈分高，李文是其族弟，李康、李恭等都是他下辈。更重要的是李骧才华横溢，工诗文，是桐庐县的俊彦翘楚，著有《南华百拙集》传世。此人交游甚广，大梁班惟志、钱塘叶祯、桐庐徐舫等文化名流与他都有密切交往。刘基寓居翙冈时，就曾与他诗歌酬唱，李骧《南华百拙集》诗集中留有一首《和刘伯温来韵》，诗云：

---

①序文见绍文堂刊本《桐江华氏宗谱》卷二。

> 自爱山中隐者家，杖藜随分踏江沙。
>
> 岁时野老频分席，朝夕山僧共分茶。
>
> 旅雁随阳寒有信，轻霜点染菊垂花。
>
> 青山翠岫半秋色，清簟疏帘落照斜。

李文，字仲章，号近山，李骧族弟，性爱林泉，元末曾任桐庐县主簿、江浙行省都事等职务。刘基寓居翔冈时，与李文交。元亡后，李文遁迹山林，终日吟咏，以布衣而终。李文去世后，其子还千里迢迢来到金陵向刘基报信，其时刘基已是誉满天下的开国元勋，他在《追悼李君近山》悼亡诗序言中说："桐庐李君近山，儒士旷达者也。与仆为知心友，契阔十余年，风尘颠沛，音问杳绝。忽其子来京师，始知李君亡矣，悲感成诗，聊以写其情耳！"序中，刘基直接表述了他与李文的深厚情谊，沉痛地表达了对故人去世的哀悼之情。

李康，是当地的文化名人，字宁之，号梅月处士，事母笃孝，是个青史留名的孝子。从师永康胡长孺，以古学自鸣。"书画琴弈，冠绝一时。"元至正三年（1343），郡守马九皋遣使币迎，李康力辞不就。至正九年，张奉使索闻其贤，又想请他出山，复辞。至正十六年，宰臣达实勒刚到任，"即致币遣令，诣请议事"，李宁之不得已而往。"欲官之，以母老恳辞归。"[1]李康交游甚广，浦江诗人戴良、号称"铁牛翁"的淳安诗人何景福、自号"句曲外史"的方外诗人张雨，等等，都是他的文坛好友，有诗歌唱和。其遗著有《杜诗补遗》《梅月斋永言》《看山青暇集》各若干卷。所绘《伏羲像》今藏北京故宫博物院。

刘基寓居于李家，与李康的交情自然又更深一层。《凤冈李氏宗谱》今存刘基写给李康的两首古风，可见两人的深厚友情。其一为《题梅月斋宁之先生读书处》：

> 乾坤清气不可名，琢琼为户瑶为楹。
>
> 轩窗晓开东井白，帘拢暮掩西山青。

---

① 乾隆《浙江通志》卷一九三。

玉堂数枝春有信，银汉万顷秋无垠。

夜深步同踏花影，梅清月清人更清。

罗浮不独具闲春，广寒不独天上人。

人间天上有如此，何时载酒来敲门。

其二为《留别李君宁之》：

群山雪消江水宽，主人情重别欲难。

我今自向玉岛去，短日斜倚春风寒。

满楼山色几时醉，永夜月明何处看。

人生有心无远近，频将书札报平安。

李康的家境想来不错，庭院中有"煮茶亭""雨香堂"等亭台楼阁，刘基寓居其家在情理之中。乾隆《浙江通志》称，至正十八年（1358）李康去世，刘基从处州奔赴桐庐，亲临其丧，并作诗以诔之，[①]足见彼此友情深厚。

刘基归隐桐江期间的另一好友就是徐舫。

徐舫，字方舟，桐庐人。约躬有道，喜怒不形，年轻时喜好习武，既而悔之，转而从师习科举业，操觚为文，辄烂然成章，已而又悔曰："人生贵适意，奈何局蹐章句中？"于是游江汉淮浙间，以诗歌自娱。元至正年间，江浙行省参政苏天爵表荐之，舫笑曰："吾诗人耳，可羁以章绂哉？"竟逃去，筑室于江皋，每遇天雪，即放舟钓于江中，终日不返，自号"沧江散人"。元至正二十六年（1366）丙午岁，徐舫病逝，享年68岁，有《瑶林》《沧江》二集，今无存。[②]

我们虽然在刘基文集中没发现当时刘基与徐舫有交往的记载，但从其他史料中可以认定他俩在当时确实是同道好友。苏天爵任江浙行省参政期间表荐徐舫出山，这恐怕与刘基的推举不无关系。刘基文集当中有一篇散文《樵渔子

---

① 乾隆《浙江通志》卷一九三。

② 参见〔元〕宋濂《故诗人徐方舟墓铭》和乾隆《浙江通志》卷一九三。

对》，盖作于隐居桐江之时①，文中之"隐者"相貌奇伟，神气盈宇，却以樵渔为业，或有劝其出山，"隐者"笑曰："学古入官，试用有司，责任何弘，俸禄何微？苟虚名之曰著，亦奚救于寒饥？若夫高屋大厦，百鬼所阚，妖服贾祸，先哲时鉴，是岂野人之所愿欲哉！采山林以食力，钓清泠以自适；日高而起，日入而卧；目不接市肆之尘，耳不受长官之骂；俯石泉以莹心，搴芳兰以为藉；荣与辱其两忘，世与身而相谢。若是者，吾庸多矣，吾又何所求哉？"文中"隐者"的生活原型很有可能就是徐舫。

光绪《桐庐县志》谓刘基于晦冈"设馆授徒"，然语焉不详。他在桐庐到底有多少弟子，这些弟子们姓甚名谁？史书都没确切的记载。刘基在《赠桐江临溪西庄华氏宗谱序》中提到"李氏之家"之"懿亲"，家住临溪西庄的华大昭，或许是刘基的弟子，然亦未敢断言，因刘基于赠序中也只是说与他"相契稔"。

刘基寓居翙冈期间还写了一篇《虎镇山记》。虎镇山即现在翙岗村南侧的大庙山。山不高，却被刘基描绘得气象万千，谓此山"如虎作威，而有静以镇之之象"，故名之曰"虎镇山"。《记》曰：

是山之发脉，远自红羊尖午峰飞舞而下，蜿蜒磅礴，委蛇迤逦而来。抵此则势忽昂藏，崇隆嵌钦，如虎作威，而有静以镇之之象，故以虎镇名，形似矣。

登是山之巅，可以俯视一切：烟火康衢，而瓦缝参差，宛如泼墨，人言、鸡犬嘈杂之声，哄然莫辨；南望，则三峰插天，列戟于后，而华林香水垂手可把；东眺，则两水滢回，溪流涓涓，狮山如吼，亭山屹立，野花与草树，杂发点缀；北览，则近若梅山松林，其烟村云树与苍松翠竹，天然画图。更遥望对岸，叠巘重峦，云蒸霞蔚，爽然入我襟怀；西顾，则平畴绿野，一望千顷，铁岭、马鞍、鸡笼诸山，形势起伏，跌宕顿挫，宛如城郭。登临之际，不觉豁我凝眸，畅我幽情，而虎视眈眈之念，与山同一

---

① 《樵渔子对》结语云："隐者居桐江，不知其名，人谓之渔樵子云。"

镇静矣。①

据史料记载，刘基寓居翙冈期间，还留下了许多墨宝，如"嘉会堂"匾额、"凤翙高冈"匾额等，惜乎不存。

刘基在桐庐、富阳一带的名声很大，至今尚有许许多多有关刘基的故事散落在富春江的两岸。

民间流传的故事说刘基是在桐庐遇上真命天子朱元璋的，巨人常遇春也是刘基在桐庐发现的。还说当年刘基在桐庐晦冈财主李阿禹家做过账房先生，原以为李阿禹有帝王之相，可万没想到他是个小气鬼，于是就失望地离开了，并说晦冈这地方是"水流青龙背，只出富，不出贵"，当地人说，刘基的话可灵验了，600年来，凤川还当真没出过大官！

桐庐、富阳两县毗邻，刘基到过富阳是完全可能的。民间传说谓刘基还到过富阳县城西的皇天畈鹿山村，在鹿山村一财主家当管家。说刘基破天荒地将谷种播在山顶上，让当地百姓大惑不解。原来，刘基神机妙算，早已料到此处近日将有水涝，结果他人的秧苗全烂了，刘基光卖秧就为东家发了一笔不大不小的洋财，至今当地尚流传着"拔不完的鹿山秧，种不完的皇天畈"这一谚语呢！②

刘基对桐江的朋友是有感情的。元至正十年（1350），时刘基任江浙儒学副提举，华大昭索序，即慨然予之。至正十八年，李宁之病逝，刘基还千里迢迢从处州前往奔丧，并作诗文祭奠，这都说明了刘基难以忘却寄迹桐江的日日夜夜。

游学江东

刘基何时离开桐江，我们已不得而知。种种迹象表明，刘基在元至正九年

---

① 此文见光绪《桐庐县志》。
② 转录自周天放、叶浅予合著《富春江游览志·第十三 沿江古迹名胜》。

（1349）任江浙儒学副提举之前，尚有一段"遨游海内"的经历，郝《谱》称之为"游学江东"，但所考定的"游学"线路事实上是不成立的，笔者对此已作专题研究①，兹不赘。

江东地域甚广。魏禧《日录杂说》："江有南北而无东西。金陵、豫章俱在江南，对豫章言，则金陵居江南之东。对金陵言，则豫章居江南之西。故宋以金陵、太平（今安徽当涂）、宁国、广德为江南东路。以今江西全省为江南西路。"其实，所谓金陵、太平、宁国、广德的江东地域，在元朝均在江浙行省的辖区之内。刘基于元季游学江东是肯定的，可惜少有记载，以致今人难以详细描述其游学线路。笔者所能确定刘基于此期间游学的地方仅有四处：一是湖州，二是嘉兴，三是镇江丹徒，四是金陵。时间大约在元至正四年（1344）到至正六年（1346）期间。

清人吴承谋《吴兴旧闻录》卷一引《西吴里语》云：

> 刘伯温元季馆于花城沈氏，每夜有妖化一女子来就，伯温知而绐之曰："汝既欲与我为夫妇，必择日成礼乃可。"因与定期。伯温一日谓其徒曰："今夕客来，可具酒肴待之。然其人踪迹甚奇，勿窥。"至夜，妖果至。伯温与其共酌，强之痛饮。妖醉，先就枕酣睡，口中吐出一物，精光照耀室内，伯温取而吞之。妖惊觉，泣曰："我养此丹已八百年，欲得子精气为上仙耳。今为子所食，必为王者师。我逝也，然我与子有恩，明日可至某处吊我。"伯温次日依其言往，有一雉死于草莽间。伯温为瘗之，自是精神智虑倍常，卒佐明主定天下。

此传说纯属无稽之谈，不足为信。但是，说刘基曾设馆于"花城"，则完全有这可能。

花城在哪里？其实，花城就是湖州的花溪。明万历《湖州府志》、清乾隆《浙江通志》均谓花溪在归安县（今浙江湖州）东南70里，又名"花城"。刘基

---

① 见拙著《刘基考论》，中州古籍出版社2000年版，第22—27页。

在《梅颂》序中提及花溪：

> 吴兴章仲文筑室花溪之上，环植梅焉，命之曰"梅花之庄"。予与仲文交，敬其好学而知德也，知其有取于物不徒矣，乃效屈子颂橘之体，而作颂曰……（卷之十）

《梅颂并序》写于元季无疑，是为吴兴章仲文的"梅花庄"而作，而此庄又在花溪之上，乾隆《浙江通志》卷四二亦有类似记载。

《吴兴旧闻录》谓刘基"元季馆于花城沈氏"，那么，这"沈氏"又为何人？

其实，这"沈氏"就是元末明初的沈梦麟。沈梦麟，字原昭，吴兴人，精易学，举后至元五年（1339）己卯岁乡荐，授婺源州学正，迁武康令。因元至正初天下多故，沈梦麟解官归湖州路归安县花溪故里。明人彭韶谓"时诚意伯刘公游宦闽浙，与世龃龉"，每与沈氏"相依溪上"，感情非常融洽。沈梦麟与赵孟頫为姻家，四库馆臣谓沈梦麟得赵氏诗法真传，而工七言律体，时称"沈八句"，有《花溪集》3卷传世。刘基有诗称赏他："杜陵老去诗千首，陶令归来酒一樽。"可见沈氏不仅诗好，而且人品也不错。明初起岩穴之士，盖因刘基之荐举，朝廷以"贤良"征沈梦麟入仕，辞不就。"后应聘入浙闽校文者三，为会试同考者再，太祖称他为'老试官'"，年九十而卒。[1]入明后，彼此间仍有交往，《花溪集》卷三录《和刘诚意伯韵》一首：

> 八景盘中事事宜，刘侯怪我懒题诗。
>
> 自惭倚马才情尽，无奈濡毫制作迟。
>
> 药里每因贫病日，衣冠喜遇圣明时。
>
> 多君肯说先公旧，令我重挥堕泪碑。

---

[1] 参见〔明〕彭韶《花溪集原序》和四库馆臣《花溪集》提要，两文均见四库本〔元〕沈梦麟《花溪集》卷首。

从诗中可见两人之间的感情仍很融洽。

又湖州方志录刘基《岘山晚眺》诗一首：

> 湖上清溪溪上山，山亭结构俯人寰。
>
> 窗中树色宜晴雨，门外滩声自往还。
>
> 吸月樽深浮玉近，采莲舟去碧波闲。
>
> 春兰秋桂年年好，憔悴风尘满厚颜。①

岘山在乌程县（今浙江湖州）南五里处，原名显山，唐时因避显宗讳而改为今名，上有李适之石樽和颜真卿、苏轼、王十朋三贤祠。诗写于岘山之巅晚眺碧浪湖之景观。从诗的末句看，当作于元季无疑。

综合分析以上材料，刘基曾游学至湖州一带可成定论。

刘基文集中还录有《苕溪皇甫秀才幽居》二首：

> 玄宴先生一草庐，万竿修竹五车书。
>
> 日高无客来惊梦，自谓公侯总不如。
>
> 天目山前苕水流，野华啼鸟自春秋。
>
> 沧浪清浊吾何预？坐听松风笑许由。（卷之十六）

苕溪发源于天目山，涉於潜（今属浙江临安）、临安两县界，流经湖州而汇于太湖。诗载刘基《犁眉公集》，此集所收作品皆为入明后作，所以，这首诗应为刘基于明初途经湖州时所作，说明刘基对湖州还是挺有感情的。

嘉兴与湖州毗邻，刘基游学嘉兴亦并非没有可能。嘉兴路通越门内有座水西寺，刘基曾赋诗《水西寺东楼晓起闻莺》：

---

① 见同治《湖州府志》卷一九，刘基文集诸版本皆题作《宗上人溪山亭》，诗中第五句作"炼药井寒玄鹤逝"。

日上高城柳影齐，风轩临水看莺啼。

初来木杪鸣相应，稍入花间听却迷。

芳草自深句践国，行人犹隔御儿溪。

思家每恨无轻翼，可对莺华不憯凄。（卷之九）

诗中透露的信息是诗人已有相当长的一段时间在外过着羁旅生活，正因为此，才会有"思家每恨无轻翼，可对莺华不憯凄"的心理感受。

刘基作于嘉兴的还有一篇《定慧院三塔铭》，铭文中有"师居崇德州之定慧院"一语。崇德州（今浙江桐乡）为嘉兴路的辖州，此铭文也极有可能写于刘基游学嘉兴、湖州期间。

王《谱》谓刘基至正六年（1346）隐居丹徒，而郝《谱》则定在至正五年。到底是至正五年还是六年，这很难说，但刘基曾隐居于镇江丹徒是有据可查的。

首先，刘基文集当中录《蛟溪诗》：

蛟乃龙之徒，隐显异凡质。屈蟠深弯环，灵变不可悉。

清溪漱百湍，漱涤见冽溧。寒飙黯离晶，阴电炀幽室。

超腾云雷後，诃禁鬼神谧。应龙翔中天，涣汗湿箕毕。

大江扬浊澜，鼍鼋恣狂谲〔谲〕。闭藏当有待，保养慎无失。

搜奇凛精魄，蹢躅迷故术。磘岩生长风，林木暮萧瑟。（卷之七）

在"大江扬浊澜，鼍鼋恣狂谲"的动荡年代，诗人表示要像蛟龙一样深潜于水底，做到"保养慎无失"，以待来日有所作为，这跟刘基当时游学江东的心态是相契合的。问题是所写的蛟溪到底是丹徒的还是另有所指？《丹徒县志》自然是载录此诗的，只不过已将诗题改作《蛟溪书屋赠欧阳文亮》而已。但清人张廷玉等编撰的《御定骈字类编》在卷二一九中则以为此诗是写惠州海丰县的蛟溪。

刘基平生是否到过惠州是值得怀疑的，仅因海丰县有蛟溪即认定此诗作于该处，则未免过于武断。

其次，光绪《丹徒县志》卷七云："元蛟溪书屋在巨村欧阳氏之西，元末刘基初隐此，后归青田应聘。"其记载可谓言之凿凿。

再次，清人欧阳苏《蛟溪书屋怀刘青田先生并序》云：

先生以元季弃官，隐于我里，居村西蛟溪书屋。十二世祖太守公，遣子弟受学先生。每与人言，凡事皆由前生定。一日，逢重九，太守公开筵赏菊。先生以是年春因事他适，席将终而始至。止余酒一杯，鸡头半个耳，太守公命重整肴核。先生曰："此前生定也。"太守公曰："有说乎？"先生命观户后题句云："去时三月三，来时九月九，半个鸡头一杯酒。"读毕大笑，至今传为佳话。今书屋虽岿然尚存，而先生不可复识矣！凭轩怅望，感而成章：

危檐何高高，下瞰长溪水。烟景足山川，收入窗户里。
大河从北来，依村环逦迤。春至桃花浪，洋洋浮百里。
茅峰峙西南，当轩屏障起。岭树翠欲挹，山光满案几。
歌咏愧凡才，前贤今杳矣。缅怀蚪潜时，诗酒逢知己。
重九与上巳，前定识妙理。从龙谢诗人，指挥定明纪。
兹楼久寂寞，凭眺怀彼美。高风不可攀，举首徒翘企。
朗吟题壁诗，悠然接容止。

我们姑且不论欧阳苏诗序有关刘基传说的可信程度，但欧阳苏作为欧阳氏之后裔，三四百年之后尚津津乐道刘基归隐丹徒巨村之"故事"，说明刘基有此经历并非捕风捉影。另，欧阳苏序中所提到的"十二世祖太守公"是否就是欧阳文亮？惜史无明载。

据以上材料分析，刘基在至正初游学镇江丹徒是完全可能的。

金陵怀古

江东之游，自然少不了去金陵走一遭。"江南佳丽地，金陵帝王州"，它是我国历史上最早的城邑之一，建于春秋战国时期。春秋属吴，战国属越，后属楚。《明一统志》云：楚威王初置金陵邑，因其地有王气，埋金以镇之，故名。秦始皇以金陵有都邑之气，而改称秣陵。三国时代，吴自京口迁都于此，更名建业。晋平吴，又改建业为秣陵。不久，又分秣陵北为建邺。建兴初，又称建康，晋元帝复以此为都，宋、齐、梁、陈因之。作为六朝古都的金陵，自有其非同寻常的地理优势，其东以赤山为城皋，其南以长淮为伊洛，其北以钟山为曲阜，其西以大江为黄河，外连江淮，内控湖海，江南形势莫重于此也。汉献帝建安十三年（208），蜀相诸葛亮为了联吴攻魏，出使东吴，在石头城上纵观天下，赞叹金陵山川形势是"钟阜龙蟠，石城虎踞，真乃帝王之宅也"。此后人们便常用"龙蟠虎踞"来形容金陵。

元朝的金陵，至元中为建康路，元贞初立江南诸道行御史台，天历初又改为集庆路，元至正十六年（1356），朱元璋改称应天府。

刘基当于某年"紫桂吹香"的九月[1]，从镇江溯江而上至金陵。面对金陵古都，诗人追昔抚今，每历一处皆感慨系之。

到金陵，钟山是必游之地。钟山，古称金陵山，山周围60里。东汉秣陵尉蒋子文逐盗山中，伤额而死。蒋曾说自己骨贵，死当为神。及东吴孙权定都建业，蒋子文常乘白马执羽扇显圣，遂立庙于钟山，封蒋侯，改钟山为蒋山。东晋时，因山之北坡露出大片紫红色页岩，在阳光下紫色生辉，所以又称紫金山。民间传说谓钟山是一条紫色的巨龙，因触犯天规，被天帝撵下凡尘，化为此山，此即诸葛孔明"钟阜龙蟠"的出典。

巍巍钟山，兀立于长江之滨，饱览风云变幻，阅尽人世沧桑。登上山巅，

---

[1] 刘基《钟山作十二首》其一有"紫桂吹香媚小山"之句，其三有"九月江南叶未黄"之句，故可认定游金陵是于某年秋九月。

环视远眺，扬子江、玄武湖、秦淮河、栖霞山皆历历在目，金陵景观尽收眼底。时值多事之秋，刘基的观感是深沉的，其《钟山作十二首》云：

其四
玄武湖中草自秋，石头城下水长流。

繁华过眼成今古，更与牛羊竞一丘。

其五
春去秋来荣复衰，花残叶落总堪悲。

谁能句曲山中去，乞取茅君一虎骑？

其九
白雁萧萧柿叶红，野花开尽六王宫。

空余一道秦淮水，着意西流竟向东。

其十一
袅袅西风散白蘋，冥冥落日起黄尘。

青娥不分秋容寂，故染枫林似老人。（卷之十）

金陵秋景，在诗人笔下都染上了浓烈的主观感情色彩，即便是丹叶红枫，一旦与毕竟已成历史的六朝遗迹连在一起，也就失去了原有的亮丽色彩。昔日之繁华，已成过眼云烟；如今之金陵古都，则是花残叶落，了无生机。

钟山之上，名胜古迹很多。仅其南坡独龙阜玩珠峰下，就有蒋山寺、宝公塔、吴王坟。如前所述，蒋山寺因东汉秣陵尉蒋子文而得名。后来，阴阳先生声称此处紫气蒸腾，乃风水宝地，明太祖朱元璋即此营造陵墓，将蒋山寺、宝公塔东迁5里，蒋山寺遂赐名灵谷寺。唯吴王坟未徙，按朱元璋的说法，孙权也是好汉一条，就留着他看守大门吧！

刘基游钟山蒋山寺，作《蒋山寺十月桃花》诗一首：

王母桃花此地栽，风霜摇落为谁开？

琳宫玉座同黄土，绛〔绛〕蕊丹跗自绿苔。

度朔烟霞违梦想，武陵云水怨归来。

残蜂剩蝶相逢浅，黄菊芙蓉莫浪猜。（卷之十）

又作词《蝶恋花》（蒋山寺十月桃花）一阕：

度朔移来天上种。绛蕊丹跗，王母亲曾弄。青女素娥为侍从。婵娟独擅三千宠。　　回首欢娱谁与共。荒草残烟，吟［冷］落秦源洞。阆苑风高迷彩凤。断魂飞入韩凭梦。（卷之十七）

桃花盛开于阳春三月，而蒋山寺桃花绽放于风霜摇落之时，也算得上是一处奇观了。可在诗人的笔下，这王母娘娘亲手栽种，曾"得宠"于一时的蒋山寺桃花，如今却是冷落于"荒草残烟"之中，唯有"残蜂剩蝶"与之相依相伴，所抒发的仍然是古都昔日繁华如过眼云烟的抚今追昔之感。

在金陵，刘基还游览了半山寺。半山寺是北宋王安石的故宅，出东门去蒋山必经此地，刘基游此亦作绝句《半山寺二首》：

王家废寺旧闻名，荆棘花开鸟自鸣。

深夜狐狸穿破冢，佛灯争似鬼灯明。

奸时变法事多端，气焰兴妖胆自寒。

漫道谄谀堪媚佛，竟将佛作么人看。（卷之十）

第一首诗无非是对王安石故宅的荒凉抒发一己之慨，并没特别引人之处；第二首诗称王安石变法为"奸时变法"，倒可看出刘基思想观念之正统和保守。

在金陵怀古之作当中，还有《无题三首》，第二首格调最为低沉：

玉树沉沉结夜愁，金陵蔓草没荒丘。

谁言锦缆江都去，不见金陵蔓草秋。（卷之八）

在诗人眼里，古都之繁华已不见踪迹，触目之处，唯蔓草而已。

刘基文集中还有《绝句九首》《绝句漫兴十一首》，亦当作于漫游金陵之时。《绝句漫兴十一首》的最后一首还写到了采石矶，说明刘基此行有可能沿江而上，到过太平路（今安徽马鞍山）一带。其中有几首诗谈到了身体状况，值得我们注意，《绝句九首》其一云：

> 异乡风景不知春，满地苍苔一病身。
>
> 睡起无人问幽独，杜鹃声在绿杨津。（卷之十）

又《绝句漫兴十一首》其七云：

> 病客无钱试药方，出门聊复信行藏。
>
> 争知头上萧萧发，却与游丝较短长。（卷之十）

刘基从小体弱多病，为此曾萌生入道之念，如今已到中年，身体每况愈下，着实令其担忧。

北上京师

刘基北游京师是在元至正六年（1346），这有他本人所作《丙戌岁，将赴京师，途中送徐明德归镇江》一诗为证。我们知道，刘基于元至正二年（1342）自赣回浙，花开花落几度春，眨眼间又过去了三四个年头。

这三四年期间，元王朝的日子真不好过。至正元年（1341），滨州（今山东滨县）、河间、莫州（今河北任丘）、沧州、晋州（今河北晋县）等处饥，两浙大水。至正二年，顺宁（今云南凤庆）、广平（今河北永年县东南）、彰德（今河南安阳）、卫辉、大同、冀宁（今山西太原）等处饥，大同出现人相食的惨状。至正三年五月，河决白茅口；十二月，河南等处饥，卫辉、冀宁、忻州

（今山西忻县）大饥，人相食时有发生。至正四年正月，河决曹州（今山东菏泽），又决汴梁（今河南开封）；四月，淮北大旱，继以瘟疫；五月，大霖雨，河决白茅堤、金堤，曹州、濮州（今山东鄄城）、济州（今山东济宁）、兖州皆受灾。是岁，巩昌（今甘肃陇西）、山东、河南、保定、庆元（今浙江宁波）、抚州等处饥。至正五年七月，河决济阴（今属山东菏泽），漂官民庐舍殆尽。是岁，京畿、巩昌、兴国、汴梁、济南、瑞州（今江西高安）等处饥，徐州、东平等路尤甚，人相食惨状频发。

民饥直接导致百姓铤而走险。据史料记载，至正元年（1341），山东、燕南饥民群起，多达300余处。同年四月，道州（今河南道县）"土贼"蒋丙等起事，破江华县，略宁远县；十一月，瑶人攻湖广边境，寻败；十二月，道州民何仁甫等起事，与蒋丙合，瑶人乘之亦起。至正二年七月，庆远路（今广西宜山）莫八等起事，下南丹、左右江等处，寻败。至正三年二月，辽阳沃济（吾者）野人以捕海冬青扰民反，延及数年，硕达勒达（水达达）亦应之；八月，山东"贼"焚烧兖州；九月，蒋丙称顺天王，破连州（今广西连县）、桂州（今广西桂林）。至正四年八月，益都（今山东青州）盐民郭火你赤起事，上太行，由陵川入壶关（太行山口），至广平，杀兵马指挥，复还益都；十二月，湖广、广西瑶民攻靖州（今湖南靖县）、浔州（今广西桂平）。

至正五年（1345）春，朝廷以陈思谦参议中书省事。先是，陈思谦建言："所在盗起，盖由岁饥民贫，宜大发仓廪赈之，以收人心，仍分布重兵镇抚中夏。"[1]朝廷置若罔闻。

就在这样的形势之下，刘基于元至正六年（1346）春启程北上京师。此次远游京师，刘基基本上是沿大运河北上，途经扬州、济州、汶上、寿张（旧县名，在山东西部，今并入山东阳谷和河南范县）、东昌（今山东聊城）、景州（今河北景县）等地，而入大都。

宋以前的大运河，主要是以洛阳为中心的一条南北水上运输线。元朝移都北京之后，因"百司庶府之繁，卫士编民之众"，京城的粮食不得不仰仗于江

---

① 《元史》卷四一。

南。而当时南北之间无直达的水路，因此，漕运只能先从苏北黄河故道逆河而上，到中泺（今河南封丘）后，改由陆运至淇门（今河南浚县），再由淇门入御河（卫河）北上至通州（今北京通县），再起岸转陆路运至大都，运费很高自不待言，而且颇费时日。另外的运输线，就是新开辟的一条海上航线，自苏州刘家港开航，从海道运粮至直沽（今天津），再由陆路至大都。海上航线较由黄河故道漕运至大都自然要省时节费得多，但风险大，舟覆人亡时有发生。为此，朝廷于元世祖时代开始，就花巨资着手对大运河的开凿与疏浚，使大运河成了以大都为中心的新型运河。至元二十年（1283）和至元二十六年，由兵部尚书李处巽主持，先后开通了从济州到须城安山（今山东东平县西南）的济州河和从东平路须城安山到临清，与旧运河相连接的会通河。会通河全长250余里，中建坝闸31处。至元二十九年，在都水监郭守敬的倡议和主持下，导昌平白浮泉水注入瓮山泊，经高梁河直通大都城的积水潭，再引水东南流，从大都至通州开凿一条新的河道，与旧运河相连接，全长164里，置坝闸21处。元世祖过积水潭，见舳舻蔽水而大悦，名之曰"通惠河"。济州河、会通河、通惠河这三条河道的开通，就从当时黄河所经的徐州，向西北直达御河上的临清之间，打通了一条水上捷径，使漕运缩短了六七百里的路程；并且无论是南起杭州的大运河，或由海道至通州的水路运输，都可经通州直达大都城内的积水潭。这样，濒临废弃的古代京杭大运河便又焕发出勃勃生机，成为元明清三代600余年间南粮北运、商贾往来的水上运输主干线。

刘基北赴京师的启程时间是在元至正六年（1346）的初夏，始发地应为漫游江东之时的某一处，极有可能就是从丹徒巨村出发。出发时作《丙戌岁，将赴京师，途中送徐明德归镇江》：

> 疲马怀空枥，征衣怯路尘。那堪远游子，复送欲归人？
> 月满西津夜，花明北固春。论文应有日，话别莫愁［悲］辛。（卷之十四）

徐明德当是刘基游学镇江、丹徒时结交的文友，具体情况不详。四月中旬过长江，到达扬州，然后沿运河水路北上，作《四月十二日发扬州》：

几见明月满，犹嗟行路难。时平耻无用，身贱敢偷安？

天地山河阔，风沙道路寒。旅人元有泪，不必雍门弹。（卷之十四）

"时平耻无用"并非事实，如上所述，当时的国家形势已十分严峻，正是国家用人之际，刘基的情况是有才而不为朝廷所用。"身贱敢偷安"？这倒是诗人内心思想的流露，说明刘基于国家多事之秋，不想再做一个"旁观者"了。

济州是京杭大运河的必经之地，刘基当于此盘桓数日。济州即古任城，其地东盘琅琊，西控钜鹿，北走厥国，南驰牙乡，居当时兖州13县之要冲。唐朝大诗人李白曾寓居于此。那时的任城就已相当繁华，"万商往来，四海绵历，实泉货之薮篇，为英髦之咽喉"。①自元初京杭大运河东移之后，济州更成了南通江淮、北连燕冀的水上交通枢纽，于高处俯瞰，运河南北，帆樯往来如织，四方商旅云集，一片繁华景象。

济州之南城，为古任城地。史书记载李白当年初游任城，县令贺知章觞之，后人因建"太白酒楼"于此，并塑二公像为"二贤祠"，以志李、贺两位先贤之幸会也。元至元二十二年（1285），太白楼修葺一新，秘书监陈俨作《重修李白酒楼记》云：

济州，古任城也。任城，古秦县也。废兴相寻，城复于隍，人非而鹤亦非，邑改而井不改，所谓太白酒楼又突兀在目中。孰谓世人之阅人多者，独鲁灵光邪？抑太白有不亡者存，固不与物之成坏相为隆替也邪？②

太白楼虽几经兴废，但李白之英魂永存！登上斯楼的刘基或许也有此同感吧。他在《济州太白楼》中不无感慨地吟哦道：

---

① 〔唐〕李白：《兖州任城县令厅壁记》，转引自《古今事文类聚外集》卷一四。

② 乾隆《山东通志》卷三五之一九上。

> 小径迂行客，危楼舍酒星。河分洸水碧，天倚峄山青。
>
> 昭代空文藻，斯人竟断萍。登临无贺老，谁与共忘形？（卷之十四）

置身酒楼之中，缅怀一代伟人的流风遗韵，刘基自然是感慨万千。当年李白客游到此，有贺知章与之畅怀共饮；而今独上斯楼，谁与之一醉方休？如此一想，那种落寞孤独之感就不免袭上心来。

游罢济州，继续北上，舟行至东平路汶上县之南望（即南旺）而受阻。原来，南望有两处坝闸，上闸名柳林闸，下闸名十里闸，两闸相距10里，汶水自东而来，行二闸之中，由分水口南北分流入运河。元代新筑运河的一个共同特点，即"度势建闸，层层节水"，以闸坝斗门调节水位，以使船只能从低处通往高处。为此，刘基舟行至此，因闸门未启而停泊。舟中无聊，愁绪顿生，遂吟《过南望时守闸不得行》诗一首：

> 客路三千里，舟行二月余。壮颜随日减，衰鬓受风疏。
>
> 薰草须句国，浮云少昊墟。愁心如汶水，荡漾绕青徐。（卷之八）

刘基于诗中所抒发的并非一种百无聊赖的莫名惆怅，而是一位仁人志士对功名未就的生命感叹！壮颜日减，鬓发渐疏，诗人有一种时不我待的紧迫之感。

过了南望，行不多远，便是赫赫有名的梁山了。梁山位于东平路寿张县东南70里，本名良山，因梁孝王游猎于此，故名梁山。

众所周知，梁山之名闻遐迩，主要是因为传说宋江等一批英雄好汉以此为农民起义的大本营。到了元末，有关"宋江起义"的故事通过说书、戏剧等文艺形式，几乎达到了家喻户晓的程度，施耐庵的英雄传奇小说《水浒传》就成书于元末明初。

刘基作为元朝为数不多的进士之一，其思想观念是非常正统的，对于叱咤风云一时，搅得宋王朝不得安宁之"梁山好汉"的认识，与今人是相距甚远的。故此行刘基顺路"上梁山"，恐怕并非出于对以宋江为首的"梁山好汉"的钦佩而前往。"梁山好汉"在此留下的遗迹为数不少，耐人寻味的是刘基偏在"分赃台"抒发感慨，写了《分赃台》一诗：

> 突兀高台垒十［土］成，人言暴客此分赢。
> 饮泉清节今寥落，可但梁山独擅名。（卷之八）

称梁山好汉为"暴客"，是褒是贬，不言而喻。但此诗的创作目的并不是为了评价宋江辈的功过是非，而是感叹当时政界廉洁者穷愁潦倒、贪浊者却踌躇满志的反常现象。唐人李涉有《赠盗诗》曰："相逢不用相回避，世上如今半是君。"其对社会黑暗的讽喻可谓婉切之至。明诗人杨慎认为，刘基的《分赃台》与李涉的《赠盗诗》是同一主旨，并发出如下疑问："元末贪吏亦唐末之比乎？"杨慎又说："《汉书》云：'吏皆虎而冠。'《史记》云：'此皆劫盗而不操戈矛者也。'两诗之意皆祖此。宋末有俗诗云：'众人做官都做贼，郑广做贼又做官。'又《解贼》一诗云：'解贼一锣三棒鼓，接官三鼓两声锣。锣鼓听来无二样，官人与贼不差多。'"[1]杨慎从李涉《赠盗诗》一路说来，旁征博引，认为包括刘基的《分赃台》诗在内，都是对衙门贪官污吏的冷嘲热讽，这样理解无疑是正确的。

如上所述，元至正初，山东一带黄、淮决口频发，灾异连年不断，庄稼颗粒无收，而朝廷不予赈恤，以致民饥"盗"起。在连年不断的灾异当中，尤以元至正四年（1344）夏季的那次水灾为甚，《元史》卷六六作如下记载：

> 至正四年夏五月，大雨二十余日，黄河暴溢，水平地深二丈许，北决白茅堤。六月，又北决金堤，并河郡邑济宁、单州（今山东单县）、虞城、砀山、金乡、鱼台、丰县、沛县、定陶、楚丘（今山东曹县东）、成武，以至曹州、东明、钜野、郓城、嘉祥、汶上、任城（今山东济宁）等处，皆罹水患。民老弱昏垫，壮者流离四方。水势北侵安山，沿入会通运河，延袤济南、河间……

---

[1]〔明〕杨慎：《丹铅总录》卷一二。

刘基此次北上大都，途经淮河、黄河流域，目睹了淮、黄流域大灾之后的荒凉景象，其感受是非常深刻的，而且是愈靠近黄泛区，其感受就愈加深刻。最后，他终于按捺不住激动的情怀，写下现实主义杰作五言长诗《北上感怀》，回途中又作《过东昌有感》①。这两首诗都继承了杜甫对社会现实、政治时局和个人经历作综合性、大规模纪实的表现特征，对大灾之后黄泛区的惨状作了如实的客观记录，《北上感怀》写道：

> 逾淮入大河，凄凉更难视。黄沙渺茫茫，白骨积荒蕑。
> 哀哉耕食场，尽作狐兔垒。太平戢干戈，景物未应尔。
> 意者斯人徒，纵欲扰天纪。鬼神共〔赫〕震怒，咎戾良有以。
> 去年人食人，不识弟与姊。至今盗贼辈，啸聚如蜂蚁。
> 长戈耀白雪，健马突封豕。岂惟横山泽，已敢剽城市。
> 途行绝稀少，空车但墙倚。身行须结集，一寐四五起。（卷之七）

在这样的情况下，朝廷官府本应以苍生为念，及时赈灾，安抚百姓。可事实又是如何呢？刘基在《北上感怀》中作如下议论：

> 陈红太仓米，丰年所储偫。为民备乏困，朝廷岂私此？
> 推余补不足，兹实王政始。臣子宜奉承，天威不违咫。
> 奈何簿书曹，暴慢蔑至理。苟云出纳吝，当闵穀缿死。
> 呜呼草莽露，惨恻沟渎委。闻之犹鼻酸，见者宜颡泚。

有粮而不赈，坐视百姓饥寒交迫甚至死亡，这无疑是逼着他们铤而走险。对此，诗人在回程诗作《过东昌有感》中作了进一步的分析：

---

① 或以为《过东昌有感》作于"北上"之时，其实是作于南归途中。诗开篇有"夜发高唐湾，旦及东昌郭"之句，高唐在北，东昌在南，其意自明。

圣道县日月，斯人非虺蜮。教养既迷方，欲炽性乃凿。

展季骨已朽，清风散藜藋。弦歌灭遗音，茧丝尽笼络。

鸱啸魍魉凭，螽鸣草虫跃。遂令一变姿，化为跖与蹻。

况闻太行东，水旱荐为虐。饥氓与暴客，表里相倚着。

赈恤付群吏，所务惟刻削。征讨乏良谋，乃反恣剽掠。

坐令参苓剂，翻成毒肠药。（卷之七）

朝廷委以赈灾重任的地方"群吏"，不事"赈恤"，唯事"刻削"，去征讨"暴客"的将官，平乱无谋，"反恣剽掠"，致使朝廷的"参苓剂"反而成了"毒肠药"，并认为"民饥"是"盗起"的重要原因。在《北上感怀》中，诗人还希望朝廷"勿云芥癣微，不足成疮痏"，应防微杜渐，不要掉以轻心，并把自己比作汉时的贾谊，目睹惨状，痛哭不已，长叹道："何当天门开，清问逮下俚！"

离开黄泛区，诗人的心情暂为平静，过了景州，已是"神京看渐近"（卷之八《发景州》）了，夜间行舟，林间众鸟栖息，两岸芦叶萧萧，淡淡的夜风扑面而来，让人神志清爽。

刘基此行目的何在？这是我们所要关注的一个重要问题。

刘基是一个志存高远、想干一番事业的有识之士，他归隐也好，漫游也罢，归根结底还是为了能够再度出山，以实现个体生命的价值。他在《招隐五首》其二中说得再明白不过的了："于时苟无用，安事空攒颜？"（卷之六）因此，我以为刘基此次北上京师的真正目的，恐怕还是为了自身的政治前途。他试图通过干谒京师在位的朋友们，包括座师、同学，以期得到他们在仕途上的某种照应。

刘基最想拜谒之人，大概是揭傒斯了。当年进京科考，刘基得到了揭傒斯高度赞扬，说他是"魏征之流，而英特过之，将来济时器也"（《行状》）。对于这样一位敦厚善良又能奖掖后进的长者，刘基当然十分敬重。如今，仕途不顺，他期望着这位德高望重的老人能伸出热情的双手，助己一臂之力，也就非常自然了。遗憾的是，揭傒斯已于至正四年（1344）与世长辞了！这可能是长期在野的刘基始料未及的，令他大失所望。这就难怪刘基在游白塔寺①之后会发出"物换星移事已迷，重来旧处惑东西"的感慨了。这虽然只是一种猜想，却应该是在情理之中。

不过，他在京城期间，找到了一位"同年"，这就是普达世理原理。在刘基返程至通州时，作《自都回至通州寄普达世理原理》二首：

其一

旦辞文明门，回首望宫阙。长云拥蓬莱，烟雾中溽郁。

相去不崇朝，杳若隔溟渤。扁舟指吴云，离梦萦燕月。

虽怀归乡欢，复怆知己别。裁诗寄悠悠，感念深至骨。

其二

西风吹青冥，征鸿暮萧萧。一辞都门去，便觉京国遥。

轻霜入秋鬓，落英馨寒条。念我同年友，高谊薄九霄。

恨我处遐远，不得陪晨朝。绵绵久要心，万里匪为辽。

鳣鲔赴清渊，孔翠依兰苕。飞潜各有适，分得无外徼。

伫立望阊阖，倾耳聆萧韶。（卷之十四）

据诗意理解，普达世理原理是刘基的同年进士，而且彼此间感情颇深。"恨我处遐远，不得陪晨朝"，说明普达世理原理是在朝廷供职，究竟居于何职，史无记载。"普达世理"当为"布达实哩"的别译，也译作"不答失里"等。《钦定辽金元三史国语解》卷九谓"布达实哩"系宗室诸王之姓，据此可知刘基所称的普达世理原理应为王室之后裔。有这样的"同年"鼎力襄助，自是比一般的"同年友"更为有用，这与刘基后来的再度出山看来是有一定的关系的。

刘基于京师会过同年之后不久，便打道南归了，时间在至正六年（1346）的秋季。这次南归是经通州至直沽，再转由界河口走海路至莱州大洋（莱州湾）

---

① 据《钦定日下旧闻考》卷五二：白塔寺又名妙应寺，旧名大圣万安寺，在阜成门街北，建于辽道宗年间。

上岸到益都昌乐。途中作五言律《泛海咏雾》。

　　昌乐，元初为益都路领县，至元三年（1266）并入北海县，明初复置县，属青州府。刘基经此，赋《伯夷叔齐祠》：

> 　　商业昔沦季，豕蛇逮逸民。廉来且柄国，播弃乃斯人。
> 　　殷德苟可终，归周竟何陈。叩马止干戈，万世严君臣。
> 　　薇歌苦且怨，孔子贤其仁。落日西山蕨，清风北海滨。
> 　　平生仰高躅，兹拜恻心神。①

　　周武王灭商后，伯夷、叔齐归隐首阳山，不食周粟而死，刘基对两位先贤的气节钦佩之至。商王朝之覆亡，其原因在于蜚廉、恶来等奸臣当道，助纣为虐，对于这些奸邪之辈，诗人自然是深恶痛绝的。此诗无疑影射了元季朝纲紊乱的社会现实。

　　游毕益都昌乐，刘基当取道济南而至东昌，再由东昌沿大运河回归江浙。返程过东昌之时，则已届"霜飞"之秋季②，回江浙自然已是深秋季节了，而且有可能还是回到丹徒巨村。

---

　　① 是诗刘基文集诸版本皆不录，唯见于《山东通志》卷三五，诗题下小字注"昌乐"两字，说明"伯夷叔齐祠"应在昌乐境内，但昌乐方志未见有关记载，唯同书卷九谓潍县之西45里孤山下有"伯夷待清处"，并注明"孟子、伯夷避纣居北海之滨即此"。潍县，汉为平寿县，隋置北海县，为潍州治，明废北海县入潍州，后改潍县。"伯夷待清处"当在昌乐辖区之内。史载伯夷、叔齐饿死于首阳山，一般认为首阳山即雷首山，位于河东蒲坂县南。然以"首阳山"命名之山有多处，故伯夷叔齐祠宇及遗迹遍布各地就不足为奇了。四库本《山东通志》谓《伯夷叔齐祠》一诗乃刘基所作，当属可信。

　　②《过东昌有感》有"霜飞月将落"和"今年秋租登"二句，说明返程至东昌已是秋季了。

第五章 再度出山 提举儒学

提举儒学

沉寂多年的刘基，终于又复出了。此次复出，是任江浙儒学副提举。提举司有提举、副提举各一人，还有吏目一人，司吏二人。提举是从五品官，副提举就只有从七品了。

复出的时间，学术界是有分歧的。王《谱》定于至正三年（1343），刘《谱》定在至正九年，郝《谱》定在至正八年，而笔者曾将其定在至正五年[1]。现在看来，刘《谱》的观点是正确的。我原先的观点是基于刘基所作的《句曲外史张雨墓志铭》。铭文曰：

> 至正乙酉，基以提举儒学备员江浙，始获与外史一见，即如平生欢。明年七月，而外史卒。呜呼，世之拔流俗而独行者鲜矣！得斯人焉而弗获久与之游，宁不深可惜哉！外史既卒……而基适迫棘闱事，弗能与执绋。及出为访外史遗躅而为之铭。

张氏，名雨，字伯雨，自号句曲外史，钱塘（今浙江杭州）人，道士，与

---

① 见拙著《刘基考论》，第16—20页。

元末名士多有交往。此铭文见之于四库本《句曲外史集》附录，虽然刘基文集诸版本皆不录，但为刘基所作是毋庸置疑的。"至正乙酉"即元至正五年（1345），"备员"是居官者的自谦之词，理解上都不成问题，故笔者将刘基起用为江浙儒学副提举的时间定在元至正五年。

按铭文的说法，张雨是卒于元至正六年（1346）。但最新发现张雨的作品中，不仅有至正七年、八年之作，而且还有至正九年、十年的诗文存世。如《石渠宝笈》卷四四《宋元人合卷》中有张雨次扬无咎《柳梢青》的咏梅词，落款就为"大元至正己丑后学张雨"，"至正己丑"是至正九年；又明人郁逢庆《书画题跋·续题跋记》卷七录张雨《邓文公临急就章》跋文，亦明言"至正庚寅夏五月二十又四日方外张雨……"至正庚寅，是至正十年，说明张雨在至正十年五月还健在。

那么，张雨到底死于何年？元人顾瑛回答了这一问题。顾瑛所编《草堂雅集》卷五为张雨诗作，在《赠郑明德》诗后顾瑛注云："伯雨，至正十年秋殁于钱塘开元宫，葬南山灵石坞，予偕杨廉夫、袁子英祭墓下，复得其诗，用刊于左。"顾瑛也是张雨的好友，他说的话，应该是可信的。

以上材料的发现，否定了张伯雨是卒于至正六年（1346）之说。如此一来，刘基所作墓志铭中关于他本人就职儒学副提举的干支纪年必然是不准确的了。

问题到底出在哪里呢？南京师范大学程杰教授在《刘基〈张雨墓志铭〉及相关问题》①一文中为我们揭开了谜底：原来，四库本《句曲外史集》附录所载的《张雨墓志铭》只是一个删节本！其全本存录于明人朱存理编撰的《珊瑚木难》卷五之中。《珊瑚木难》所录《张雨墓志铭》，刘基自谓"提举儒学，备员江浙"的时间是"至正乙丑"。至正无乙丑岁，显然是因"乙丑"与"己丑"形似而误书。《句曲外史集》将其妄改为"乙酉"，就更加离谱了。至正己丑即至正九年（1349），就是在这一年，刘基开始任职江浙儒学副提举。

如上所述，刘基之复出，跟在京都朝廷任职的同年普达世理原理有一定的关系，当然，也极有可能还有其他朋友的鼎力襄助。当时江浙行省参政是苏天

---

① 见《浙江社会科学》2005年第2期。

爵，在此之前，刘基与之并无交往。我们姑且不论刘基之复出是否有人荐举，不管怎么说，是苏天爵看中了刘基，这也算得上是慧眼识英才了。

苏天爵，字伯修，真定（今河北正定）人，《元史》有传。苏天爵以国子学优等生授大都路蓟州判官，升江南行台监察御史，至湖北查案，平反冤案多起。后历任刑部郎中、御史台都事、礼部侍郎、淮东道肃政廉访使、枢密院判官、吏部尚书、山东道肃政廉访使等职。因操劳过度，须发尽白。为学博而知要，长于记载，曾著《国朝名臣事略》15卷，《文类》70卷。其为文长于叙事，平易温厚，成一家之言，而诗尤得古法，有《诗稿》7卷，《文稿》30卷行世。在中原前辈凋谢殆尽之际，苏天爵独身任一代文献之寄，讨论讲辩，虽老不倦，晚岁复以释经为己任。学者因其所居，称之为"滋溪先生"。

苏天爵于元至正七年（1347）出任江浙行省参知政事，至正九年冬离浙迁大都路总管。当时江浙财赋，居天下大半，事务最为繁剧，而苏氏条分目别，细巨不遗，政绩卓著。尤为可贵的是，他非常重视人才的培养。他说："人材乃邦家之本"①，"善言治天下者，不患法度之不立，而患人材之不成；善言人材者，不患气质之不美，而患师学之不明。"②所以，苏天爵上任伊始即四处物识人才，有识之士亦趋之若鹜，皆乐于在其手下供职。据杨维桢称：苏天爵首得属掾沙可学，再得高明，又得葛元哲，三人皆进士出身，真可谓人才济济。③

沙可学，永嘉（今浙江温州）人，元季登进士第，行事不详，诗文仅存《咏怀》诗一首，见于朱彝尊的《明诗综》。高明，字则诚，号菜根道人，瑞安人，就是后来南戏代表作《琵琶记》的作者。高明于至正五年（1345）乙酉榜进士及第，苏天爵即为至正五年春闱的考试官之一，所以，他们两人之间还有师生关系。而葛元哲于至正八年以"乡贡第一人"举进士，为江南名士之一，属难得的人才。他们在行政上与苏天爵是长官与幕僚的关系，在文坛上是宿将元老与后生晚辈的关系，又因苏氏人品好，具才干，有惠政，所以，他们都十分敬重他。《滋溪文稿》30卷是苏天爵任职江浙行省参政期间编定的，编者即

---

① 〔元〕苏天爵：《乞增广国学生员》，《滋溪文稿》卷二六。
② 〔元〕苏天爵：《新乐县壁里书院记》，《滋溪文稿》卷三。
③ 〔元〕杨维桢：《送沙可学序》，《东维子集》卷五。

高明和葛元哲。

值得一提的是，高明、葛元哲都是刘基的好友。葛元哲与刘基的交情，我们在前面已作介绍，他们在江西高安的时候就已经成为至交好友了。而高明于至正五年（1345）中进士之后，即到了刘基的老家处州，任处州路录事。在那里一干就是3年，直到至正七年才辟掾江浙行省，在其老师苏天爵麾下做幕僚。高明在处州任录事期间，即已崭露头角，显示出了他的行政才干，而且口碑极好，当他离任之时，处州百姓要为他树碑立传，"去思碑"的碑文，就是刘基写的。①所以，刘基之复出，或许也与以上两人的荐举有着一定的关系。

刘基出任江浙行省副提举，其工作环境已如上述，上有开明的上司，下有情趣相投的同事，虽然职位依旧卑微，但心情毕竟是舒畅的，因而工作也特别尽心。对于刘基的表现，谅必苏天爵也是首肯的，因此，苏天爵就成了刘基一生最为敬重的上司之一。

刘基特别佩服苏天爵不避强御、明察秋毫、秉公断狱的大无畏精神。史载苏天爵充京畿奉使宣抚之时，"究民所疾苦，察吏之奸贪，其兴除者七百八十有三事，其纠劾者九百四十有九人，都人有包、韩之誉。"如此难得的能员，却为当时丞相阿鲁图所忌，"竟坐不称职"而罢归。②

此前，一位黄姓的国子监博士曾作了一篇《苏伯修御史断狱记》。刘基读罢，深有感触，遂作《书苏伯修御史断狱记后》，盛赞苏公之秉公执法。他在跋文中揭露了所谓衙门"简讼"的假象，痛斥吏治之腐败。他诘问道："夫以一湖北之地，公一巡历，而所平反者八事，所摘豪右之持吏而尼法者又数事。岂他道之无冤民耶？无苏公而已矣。"最后，他写道：

> 呜呼！舆图广矣，不皆得苏公。彼上报于朝廷者，又将获备事之赏矣。然后怨愤之气，拗而为斗杀，激而为盗贼，郁而为灾沴，上应乎天，谁之咎哉？呜呼！使人人如苏公，刑期于无刑不难矣！明天子在上，庶其见之，

① 嘉靖《瑞安县志》。
② 《元史》卷一八三，《苏天爵传》。

则求诸老成，以为典刑。舍是编，其奚适哉？（卷之十一）

刘基作此跋文，自然寄寓了他当年在高安"发奸擿伏"的亲身感受，更重要的是，出于对苏公的钦佩以及对国家吏治的关注。

至正九年（1349）冬季，苏天爵调任大都路总管，其幕僚好友相率为诗与之饯别，刘基作《送苏参政除大都路总管序（并诗）》：

> 至正九年冬，江浙行省参知政事苏公奉旨入为大都路总管，浙士民咸叹惜，愿留而不可得。夫浙于江南为大藩，租赋所入，羊〔半〕四海内；京师辇毂之下，为治莫难焉，其尹亦必极天下之选。朝廷之意，固不必有所偏重矣。京城之内，密迩清光，明试考绩，不待询于岳牧。京尹冠冕守令，远近之所观式，得其人则由中达外，四方将以之而化，不亦伟哉？以公之宏才大德，与其施之于一方，孰若达之于四海也？然则惜公之去者，其私情；而乐公之行者，天下之公心也。故相率为诗以饯公，且以"霖雨思贤佐，丹青忆老臣"为韵，所以思公之德，而不忘愿公之泽溥及于天下也。诗曰：
>
> 　　凤凰集梧桐，和声协虞琴。神蛟跃天池，四海仰为霖。
> 　　圣人握金镜，哲士仪朝簪。辉光照中野，声价重南金。
> 　　昔佩使者符，献纳申官箴。再参藩垣务，清风净氛祲。
> 　　煌煌京城内，连袿成春林。剸剧傒长才，天春赫照临。
> 　　王畿一以正，万国罔不钦。克符皋夔业，垂名耀来今。（卷之十）

刘基任儒学副提举3年，其业绩可圈可点。元朝于地方教育设督学之制，始于翰林学士承旨王鹗的建议，选举博学老儒，分道置"提举学官"，到至元二十四年（1287），始设江南诸道儒学提举司。行省儒学提举司的职责是"统诸路、府、州、县祭祀、教养、钱粮之事，及考校进呈著述文字"，[1]其职能相当

---

[1]《元史》卷九一。

于现在的省教育厅。从其文集记载来看，刘基的业绩大致有以下几个方面：

一、呼吁天下守令都关心、重视教育

刘基对人才的重视绝不亚于他的上司苏天爵，他在后来所著的《郁离子》和《拟连珠六十八首》中，有一系列关于人才的培养、选拔、任用、考核、升迁的精辟论述。他认为，未来当国者要实行"王政"，关键在于吏治和人才，而人才培养的主要途径是振兴教育，"夫教，政之本也；知本，斯知政矣"。（卷之十二《杭州富阳县重修文庙学宫记》）

刘基认为地方学校的功能除了为国家培养高素质人才之外，还承担着"教民明人伦"的重要职责，以提高国民的道德水准。他一方面认为元朝"立官设教，以作成贤能"，"人才之出，不让于古，而王化之广，古莫及也"（卷之十三《诸暨州重修州学记》），"国家以武定九有而守以文，故京有胄监，郡县皆有学，至于海隅，日月之所出入，罔不知尊孔子之道，皇皇烈烈，照映天地，亘古所未有也"（卷之十二《杭州富阳县重修文庙学宫记》）；另一方面，又深感地方政府对教育的敷衍了事。他觉得朝廷对教育是重视的，"今天子始以六事责郡县，以兴举学校为之先务，虑至审也"（卷之十一《送常山县达鲁花赤乐九成之官序》），故兴办学校，责在守令，"学校兴替，居考绩之一，为守令者可不夙夜钦承之哉？"（卷之十二《杭州富阳县重修文庙学宫记》）而事实上不少守令对学校"往往不暇顾而视为文具，至考满，不能备六事而阻其仕进者不少"（卷之十一《海宁州贾希贤义塾诗序》），"政教之官不巧于相植［值］，而所谓能其职者，大抵不过绚土木，备课讲，以应故事而已矣，于化民何有哉？"（卷之十一《送常山县达鲁花赤乐九成之官序》）对此，刘基的感触是非常深刻的。所以，当至正十一年（1351）秋八月，听好友李宗表（常山县教官）说即将上任的常山县达鲁花赤乐九成是文人出身，对地方教育向来重视，他是那么高兴，遂欣然命笔，作《送常山县达鲁花赤乐九成之官序》相赠，希望李、乐能"同德相符，同心相济，教者道之，政者齐之，教者培之，政者翼之"，有如"霜飞而钟应，云沛而雨集，将见德礼之化流动浃洽，而远近皆取法矣"。

至正十年（1350）冬，泰兴丁良卿出任富阳县尹，上任伊始，即着手文庙、学宫修缮，至次年六月，就百废备举，使"庙有新室，学有新舍，教官有厅，文昌有祠，垣廊庑门，靡不中度，奕奕如也"（卷之十二《杭州富阳县重修文庙学宫记》）。对县尹丁良卿之所为，刘基深为赞许，并希望天下守令皆仿效之，"使教化之行，由一邑而达于远，上以副朝廷之委任，而下以发高贤之潜德，不亦伟哉！"（卷之十二《杭州富阳县重修文庙学宫记》）

二、鼓励兴办义学

元朝的地方学校有官学、社学及书院等公、私立学校，同时还设有医学、阴阳学、蒙古字学等专科学校，见于史籍记载的为数甚多。至元二十三年（1286）政府曾有一次统计，全国学校有20166所；至元二十八年再次统计是21300余所。官学、私学之比，自然是以官学为主，但私学亦不在少数。所谓义学，自然是地方绅士慷慨解囊，振兴教育之义举，不论在哪个朝代，这种行为都为执政者所提倡。

刘基作为提举儒学的行省官员，振兴教育，兴办学校，他自然认为是责无旁贷。所以，每当地方上出现兴办学校之义举，他总是感到由衷欣慰，并予以鼓励和表彰。

至正九年（1349），海宁州（今浙江海宁）地方绅士贾希贤，念邑中子弟多不知学，或因贫穷无力延师，遂出资建校买田，聘名儒为帅，使乡里俊秀、闾巷童儿都能入学。学生的饮食器用，概由贾氏供给。刘基好友刘显仁亦被聘就教于贾氏义塾。刘基作《海宁州贾希贤义塾诗序》，以资鼓励，认为贾氏此举"不惟有功于其州之人，而为之司牧者，亦有赖焉，其为利岂不博哉？使人人效之而不见三代之化，吾不信也。"（卷之十一）

至正十年（1350）夏五月，同乡洪应求告知刘基，在青田湖山（今青田高湖镇），也兴办了一所义学。办学者姓季，名谦，字伯益，其人好学尚义，颇具资产。季谦算得上是当时地方的开明人士。他说，任何人都关爱其子孙后代，就是不懂得怎么去关爱，往往只将良田美宅、万贯家资留于后人而已。而他却认为"制产以建读书之所，延名儒为师，以训子弟以及族姻之人，咸知所学"，则为"爱"得其所。兴办义学"大则修身齐家，以用于时，小亦不失为乡里之善士"，故出资办学，并买田若干亩，以供给先生、弟子之食用。刘基闻悉故里乡亲也如此重视办学，自然格外高兴，遂应洪氏之请，作《季氏湖山义塾记》①予以表彰，并感慨系之：

> 呜呼！若季氏者，真知爱其子孙哉！由是达于一乡一邑，以播于天下，使人人闻而效其所为，则将见比屋皆为贤士大夫，而愚不肖者寡矣。（卷之十四）

至正十一年（1351）三月，杭州沙班子中来找刘基商量兴办义学之事。他说杭城虽为大郡，然民多儒少，其原因在于不重视教育。方今杭城，官学、书院虽多，但仅"主以文墨为教，弟子上者华而鲜实，下者习字画以资刀笔官司，应酬廪粟之外，无他用心"，这不是真正的为学之道。他所要办的是"学成而以措诸用"，"德成而不失其则"，能使学生品学兼优的学校。如今地盘已有，就缺资金和建材了。刘基闻而壮之，书其言而为《沙班子中义塾诗序》。序文结语云："予闻湖浙之间多富而好礼者，有与子中同志，尚能为子中成之。"（卷之十一）

三、奖掖后进

刘基在至正初元季文坛虽然还算不上是一个领军人物，但在吴越一带也可以说是小有名气了，加之刘基身居行省儒学副提举之职，与各地儒士、学子有着广泛的接触，从而使其在文坛的知名度进一步提高。

有一个事实很能说明问题。元至正十一年（1351）秋，杭州福严寺院的修缮扩建，历经多任住持的不懈努力终于告竣。寺院住持崇行师欲立碑以志修缮扩建的始末经过。那碑文自然得请文章高手来作，崇行师马上想到了刘基，可惜又素无交往，就托人向刘基求文。当时刘基已经辞去副提举之职，卧病于浙江之滨，那人畏路途遥远，就随便请人假托刘基之名写了一篇敷衍了事。崇行师见碑文写得实在一般，怎么看都不像是文章高手所为，心里很不高兴，但又

---

①《季氏湖山义塾记》之元末碑刻，保存在今浙江省青田县高湖镇季氏祠堂之内，今已移至青田县城刘府祠。

不好说出口，既然请人家写了，也只好将就着用，于是就请了一位书法高手把碑文书写一遍，以便刻在石碑之上。事有凑巧，所请书法家名叫褚奂，是刘基的朋友，对刘基的文风可谓知根知底，他一看，就断言是假冒的。于是，褚奂偕崇行师一道去刘基住处登门求文，不巧刘基正准备回归故里，仓促间未能成文。事隔一年之后，崇行师听说刘基因事至杭，即闻风造访，声称那碑文还等着他写呢！刘基见他如此至诚，自然也很感动，就作了《杭州实庵和尚福严寺记》。这一事实说明刘基在当时文坛确实已有了一定的知名度，否则，那崇行师也就大可不必苦苦等上一年以求刘基之真文了。

也正因为刘基在文坛上声名鹊起，诗朋文侣请其赐文者就接踵而至。我们在刘基文集当中，发现刘基在江浙儒学副提举的任职期间，有不少序跋是为名不见经传的晚生后学而作，这正好体现了刘基奖掖后进的长者风范。如《送高生序》，是刘基为一姓高的燕南学子所作的。高生年甫弱冠，即去乡里，违家室，以求师于千里之外，造访刘基并乞序以助其行，刘基慨然应允而作序勉之。序文嘉许"高生"之苦读精神，并循循善诱，阐明了为学之目的是"明道"，而不是逞其文辞之美，以夸耀于后世也。他认为，如果一个人学富五车，"问之无不知也，言之无不通也，验之于事，则偭焉而背驰，揭揭焉不周于宜"，那么，即便有班、马、扬、韩之文，其于社会又有何用呢？

《章秀才〈观海集〉序》也是为名不见经传的后生所作。一般来说，为诗文集作序，少不了要对所序之诗文集下几句评语，此序没有评语，说明文集水平一般，但刘基又何以要为其作序呢？我以为其目的在于肯定其好学之精神，称许其立志之宏大，正如序文结语所云："予既嘉章子之志，故为序以勉之。"（卷之十一）

刘基在杭期间结识的朋友当中，有两位是江西青年学子，一位是郑士亨，另一位是熊文彦。刘基先认识郑士亨，又因郑士亨而结交熊文彦。

郑士亨游学至杭州，刘基与之相识后，"察其人，玩其文，遂与为忘年交。日相过谈文章，剧昼夜如不及。有所得，则各相自庆慰，呼酒共饮至醉"，可见交情不浅。刘基与之结交，首先是觉得他为人不错，其人秉性刚正，并非那种趋附于达官贵人的阿谀奉承之辈。他擅长博弈，也爱好写诗作文，并得到了刘基的肯定，可他自己却不敢以之示人，因为在当时社会除了名人文章和阿谀奉承之作之外的作品，是很难得到社会认可的。而牛谅、闻正两人却非常欣赏士亨的文章，愿出资为他刊刻文集。刘基很受感动，欣然而作《郑士亨东游集序》，序曰：

> 余尝谓郑子之文独予识之，而不意复有二子。彼二子者好为文，则不取诸时人之所趋，而独慕居下位之郑子，何耶？予既喜郑子之文获传于世，而又喜有二子能识世人之所不识，而自拔于流俗，以为之传也，于是乎序。（卷之十一）

熊文彦为人端庄持重，"且年方壮，气方锐，学业方日新，识见方广，如泉之始出，鸿之始发，勾萌之方达也"。刘基觉得跟这样的年轻人交朋友，能够取长补短，彼此都有好处，因此与他也成了忘年交。至正十一年（1351）岁暮，郑士亨、熊文彦相率归于豫章，刘基也已辞却儒学副提举之职，打算回归故里。临行之前，刘基"命酒以别"，鼓励他们：

> 古人之为学也，未尝自谓已至。仲尼大圣也，曰："假我数年，卒以学《易》。"卫武公大贤也，九十犹陈《抑戒》，而况于吾侪也乎？岁月如流，时不再得。耨之不勤，其实不粟；筑之不多，其基不巩。……幸相逢于未耄，而学业俱若是焉，朋友之心遂矣。（卷之十七《送熊文彦归江西序》）

他如为郭子明诗集作序、为医者王养蒙诗卷题跋，等等，皆属此类。

广交朋友

刘基由于工作之便，在杭数年中交了不少朋友。在他的朋友当中，自然以诗朋文侣居多，也不乏社会各界人士，三教九流，无所不包。

刘基至正八年（1348）寓居杭州，同年喜得贵子刘琏①，而举家迁居杭城，生活上已无后顾之忧。至正九年，刘基再登仕途，因为工作环境良好，所以有较多的余暇并以较好的心情与社会各界频繁交往。刘基在《刘显仁墓志铭》中说："至正八年，予初寓临安，交友未尽识也。"所以，他想在尽可能短的时间里熟悉周边环境，也尽可能多地结交朋友。他说刘显仁是其寓杭期间最早所交的朋友之一，而这位朋友是通过天台的陶凯认识的。

陶凯，字中立，临海人，领至正七年（1347）丁亥乡荐，除永丰县教谕，不就。洪武初，征修《元史》，书成，授翰林应奉，教习大本堂，授楚王《经》。明洪武三年（1370），升礼部尚书，与崔亮等酌定诸礼仪典章制度，为有明一代首次开科取士主考官。洪武四年，出为湖广参政致仕；洪武八年，起为国子监祭酒；次年改为晋王府左相。陶凯曾自号"耐久道人"，太祖恶之，遂被杀。陶凯博学，懂音乐，善属文，尤工诗。

元至正九年（1349）前后，陶凯与刘基等交往频繁。刘基《寄陶中立、郭秉心叙旧言怀》诗云，"忆昔相逢俱壮年，钱唐柳绿花含烟"，"春城飞雪满一月，立马敲门马蹄没。铜壶骁箭三十六，易坐更投镞相抈。仰天大笑催命觞，酒多雪急天茫茫。论文握手到尔汝，知有胶漆无参商"（卷之八），说明刘基是在杭州期间与之相识的，而且志趣十分相投。大约在至正十年，陶凯离杭去江东游学，此后彼此间有长达5年时间没有见面。至正十四年，陶凯致函刘基，时刘基避地于绍兴，正值家事、国事、天下事，事事不顺之际，接朋友函札而异常激动："今年飘泊越城里，重见手书悲且喜"，并说"为别未五载"，却有"恍如生死隔"的感觉（卷之八《寄陶中立、郭秉心叙旧言怀》），可见彼此间有着非同一般的深情厚谊。刘基在《刘显仁墓志铭》中称：刘显仁平生之最相知者，有陶凯、贾希贤和刘基本人。刘基与刘显仁关系至为密切，感情至为深厚。至于入明以后彼此之间的交情，那是后话。

刘显仁，名子青，其家世居奉化黄甘里，其父为乡里私塾先生。显仁秉性

---

① 梁廷灿《历代名人生卒年表》谓刘琏出生于元至正七年（1347），苏伯衡《故参政刘公墓志铭》虽仅记其卒年为明洪武十二年（1379）六月三十日，年32岁，但由此推及其生年为元至正八年，兹从苏伯衡之说。

耿介，寡所与交。时杭学教导一职无合适人选，郡守令教官选人品端正的文学之士担当此职，显仁有幸中选。可上任伊始，显仁即曰："吾心实不乐为此，今郡守以礼招予，予当为斯文一出，然不能久也。"没出数月，就果真辞职了。至正九年（1349），以《诗经》领乡贡，后馆海宁州贾希贤之义塾，至正十年夏七月病逝，刘基为他作墓志铭。铭曰："行成而不诡，学成而不及仕。犹有老父，而无弱子。呜呼其死！自古有此，命也匪咎。"（卷之十三《刘显仁墓志铭》）

贾希贤，名执中，海宁州黄冈人，其弟名用中，皆为当时海宁之富豪。兄弟两人，任侠好施，元至正九年（1349），可能是在刘基的鼓励之下，贾希贤割赡田800亩，出资兴建了一所有相当规模的义塾（后改名黄冈书院），其邑之子弟及邻郡之士闻风而来，相与讲义。其弟贾用中亦捐田百亩入州儒学。贾氏兄弟慷慨解囊、振兴教育之义举得到了地方政府的充分肯定，至正十八年（1358），贾希贤被授予书院"山长"之职。

刘基与贾希贤的关系非常密切，交往相当频繁。刘基文集当中有《晚泊海宁州舟中作》《二月七日夜泊许村遇雨》《二月二十三日自黄冈还杭途中作》等诗。此外，嘉靖《海宁县志》尚录《寄长安章子智》《过海昌赠李侯》二诗在刘基名下，说明海宁是当时刘基常去的地方。至正十一年（1351）夏五月，刘基还应贾希贤之约请，作了两篇赠序《送海宁张知州满任去官序》《送海宁尹知州之官序》。去海宁州五十里，有一条河流称楝溪（环溪多楝树，因以名溪），宋安化王之后裔筑室其上，名"楝花轩"，乾隆《浙江通志》谓此轩亦由刘基命名。

嘉靖《海宁县志》卷九有如下记载：

元季（刘伯温）先生未遇主，来游海宁，寓黄湾贾万户家，见其富而好礼，依之，盖亦有意于贾也。久之，知其无成，遂不言，但为其择一牛眠地于尖山之麓。兴土之日，忽大风起，吹一片金箔止其梁上。先生曰："汝家世世金带，与国同休。"后高皇帝龙兴，贾之子以汗马功一于河南，一于临山卫，各为指挥，子孙世袭迄今焉。

这则记载只能说是个民间传说，不可全信，但刘基在杭期间常去海宁，则是事实。至于"贾万户"是否就是贾希贤？亦有待考证。

陶凯有两位非常要好的同乡文友，即朱右和郭公葵，他们后来都成了刘基的好友。

朱右，字伯贤，临海人，自号邹阳子。少为学甚力，读书无所不究，博通群书，应进士举不第，遂刻意为诗歌、文词，动以古人为法。至正年间，历任慈溪县、萧山县教谕，后擢萧山县主簿。至正二十年（1360），除江浙行省照磨、左右司都事转员外郎。洪武三年（1370），荐召修《元史》，洪武九年卒于官。史载朱右躯干端雅，美须髯，顾盼有威仪，在翰林时，辞章奏对精密，朱元璋很器重他，每称"老朱"而不名，有《白云稿》5卷传世。曾选韩、刘、欧、曾、王、"三苏"为"八家文选"，八家之目，实权兴于此。

郭公葵，初名复，字秉心，黄岩人，少负才气，积学缵言，笃志不倦。元统末徙居钱塘，至正中，诏求天下遗逸，被荐授为翰林编修。明初，以元故官徙临濠，病卒。公葵平生以文学称名于江浙，文高古缜密，诗雅趣绝俗，有风人深致。进士唐肃谓其诗"清若元酒，雅若朱弦"，天台徐一夔好为古文，自矜少所推许，独称公葵。刘基与之结识当在杭州期间。刘基对郭公葵卓异的文学才华也是十分欣赏的，他在《寄陶中立、郭秉心叙旧言怀》一诗中称公葵乃"璞中之玉可照车"，评价可谓高矣。

刘基与朱右结交也当在至正八年（1348）之后。大致于至正九年春季，刘基与朱右、郭公葵同游浙西淳安，作《茶园别朱伯言、郭公葵》一诗：

> 细水吹烟送客舟，离情恰似水东流。
> 此时对酒难为乐，何处寻春可纵游。
> 去雨来云天渺渺，轻蜂乱蝶日悠悠。
> 绝怜短发无聊赖，一夜如丝白满头。（卷之九）

从诗意看，朱、郭两人似将入皖，刘基赋诗依依惜别。刘基避地绍兴期间，朱右在萧山县主簿任上，彼此过从甚密，有诗文唱和。

刘基在杭期间，还结交了一位具有仙风道骨的音乐家，他就是冷谦。

冷谦，字启敬，一字起敬，本武陵人，侨居嘉兴。其多才多艺，琴棋书画无所不会，尤精音乐，善鼓瑟，元季以黄冠隐于杭州吴山之上。洪武初，召为协律郎，郊庙乐章，皆其所撰，其入明为朝廷乐官，当与刘基、宋濂等之荐举有一定的关系。刘基入明后有两首诗是为冷谦而作的，一为《秋夜听冷协律弹琴分韵得夜字》，另外一首诗前有一序："旧在杭时，为冷起敬赋《泉石歌》，乱后失之。今起敬为协律郎，邀予写旧作，已忘而记其起三句，因更足之"（卷之十六）。这一序言说明刘基与冷谦相识于刘基在杭寓居期间，入明后，两人都在朝廷供职，关系仍然密切。刘基对他的音乐天赋和精湛绝伦的弹奏技巧非常佩服。他在序中写道：

> 君不见吴山削成三百尺，上有流泉发苍石。冷卿以之调七弦，龙出太阴风动天。初闻涓涓响林莽，悄若玄宵鬼神语。泠然穿崖达幽谷，竽籁飕飕振乔木。永怀帝子来潇湘，瑶环琼珮千鸣珰。女夷鼓歌交甫舞，月上九疑啼凤凰。……倏然神怪归寂寞，殷殷余音在寥廓。鲛人渊客起相顾，江白山青烟漠漠。（卷之十六）

刘基于此以形象的诗歌语言描绘了冷谦鼓瑟的音乐效果，认为他是伯牙、稽康一类人物，其弹奏技巧是"绝伦之艺不常有，得心应手非人传"。在诗中，刘基还回忆了当年在杭之时两人的交谊，说冷谦常独自徜徉于泉石之间，或于长日松荫之下置一书几，潜心读书。晨暮时分，筝笛之声荡漾于湖山之间，引来过往路人驻足聆听。刘基登门造访，冷君每每取琴为之弹上一曲，总让客人大有掬沧浪之水洗却尘耳之感觉。

明人王鏊《震泽长语》卷下记载冷谦曾作《蓬莱仙弈图》，是张三丰于永乐年间作的题识，言此画是冷谦于后至元六年（1340）端午节为张三丰而作，可见他们之间的关系非同一般。如果说，刘基与张三丰之间真有什么交往的话，通过冷谦是最有可能的。

刘基在杭期间，与方外人士接触也很频繁。关系最好的当数前面已经提及的张雨。张雨初为茅山道士，后住持西湖福贞观，延祐七年（1320）归杭，至正二年（1342）仍提点开元宫。他虽然是个道士，却有很高的文学修养，诗写得相当不错，与当时名士多有交往。刘基在为他所作的墓志铭中叙说了张雨与著名诗人范德机结交的经过，说张雨至京师登门造访范德机，适逢范氏外出。张雨见书案上有范氏诗集，遂取笔赋诗一首于其书后。"守者"见此大怒，连忙出门告知主人。范德机知情后惊喜不已："吾闻若人不得见，今来，天界我友也！"范氏当即回访张雨而成好友。由此张雨"名震京中，一时贤士大夫，若蒲城杨仲弘、四明袁伯长、蜀郡虞伯生争与为友，愿留之京师"①。可见他与一般僧道自是不同。

刘基是在至正九年（1349）任江浙儒学副提举时始交张雨，他在张雨墓志铭中说"始获与外史一见，即如平生欢"，大有相见恨晚之感。遗憾的是，时隔一年，张雨即与世长辞了。刘基为失去这样一位方外友人而深感痛惜："呜乎，世之拔流俗而独行者鲜矣！得斯人焉而弗获久于之游，宁不深可惜哉……外史已矣，有友而弗铭，咎将谁归？"②遂为之铭。

讥刺朝政

行文至此，我们有必要对刘基在杭期间的天下形势作一交代了。

至正八年（1348），是有元一代非同寻常的一个年份。就在这一年，大规模的农民起义终于拉开了帷幕。是年十一月，瑶民吴天保率众6万攻掠全州；十二月，台州方国珍为乱，聚众海上。至正十一年五月，韩林儿、刘福通利用白莲教组织反元，起事颍州（今安徽阜阳）；八月，邳县人李二（芝麻李）联络赵均用、彭大等人攻占徐州城；以彭莹玉、徐寿辉、邹普胜为首的西系红巾军，置莲台省，立国号为"天完"，建元"治平"，于蕲水（今湖北浠水）拥立徐寿辉为帝；北琐红巾军攻克唐州（今河南唐河）、邓州（今河南邓县）、南阳、嵩州（今河南嵩县）、汝州（今河南临汝）、河南（今河南洛阳）等地；南琐红巾

军攻克均州（今湖北均县）、房州（今湖北房县）、荆州（今湖北江陵）、归州（今湖北秭归）等地。仅数年间，反抗运动便如熊熊烈火遍及全国，元廷大厦岌岌可危。

方国珍，黄岩人，世以贩盐浮海为业。同里有"蔡乱头"者，行劫于海上，为官府所追捕。至正八年（1348）十一月，方国珍因受株连，即与其弟方国瑛潜入海中，聚众数千人，劫掠漕运。朝廷令江浙行省参政多尔济巴勒（亦称朵儿只班）领兵讨捕，在福州五虎门，反被方国珍擒拿。方国珍遂胁迫多尔济巴勒上招安之状，朝廷从之，授方氏兄弟以官职，此乃方国珍第一次受招安。

多尔济巴勒兵败方国珍，朝廷欲治其罪，枢密参议归旸曰："将之失利，其罪固当，然所部皆北方步骑，不习水战，是驱之死地耳。宜募海滨之民习水利者擒之。今国珍已败我王师，又拘我王臣，力屈而来，非真降也，必讨之以令四方。"①朝廷方事姑息，并没采纳归旸的建议。而方国珍接受招安，实为缓兵之计，虽接受朝廷官职，却不肯赴任。

至正十年（1350）十二月，方国珍再次入海，攻掠温州等处。至正十一年正月，朝廷命江浙行省左丞博啰特穆尔（亦称孛罗帖木儿）领兵进讨，行省大臣遂拟择"知海滨事"者入浙东元帅府参与戎事。就在这样的形势之下，高明毛遂自荐，弃笔从戎，于至正十一年二月加入了征讨方国珍的行列。②临行前，刘基赋《从军诗五首》为高明南征壮行：

其二

江乡积阴气，二月春风寒。壮士缦胡缨，伐鼓开洪澜。

长风翼万轴，撇若横海翰。马衔伏辕门，翊卫森水［牙］官。

仗钺指天狼，怒发冲危冠。

其三

按节肃徒旅，神剑宵有声。挥挥大旗动，烈烈刁斗鸣。

①《元史》卷一八六。
②《元史纪事本末》卷四。

仰看太白高，俯视沧波平。王师古无战，蝼蚁安足烹。（卷之七）

从诗中可以看出，刘基对此次"平乱"怀有必胜的信心，同时对好友高明毅然从军表示赞赏，相信他在此次军事行动中能发挥应有的作用，并希望他功成名就之后，"拂衣不受赏，长揖归蒿藜"。遗憾的是，刘基的两个愿望都没能够实现。

一是仗打输了。至正十一年（1351）六月，博啰特穆尔率领的王师进至大闾洋，方国珍夜间率精兵纵火鼓噪，官军不战而溃，溺水死者过半，博啰特穆尔被执，反而为方氏饰词于上。然后方氏请降，朝廷遣大司农达实特穆尔（亦称达识帖睦迩）前往招安，再授方氏兄弟官职，这是方国珍第二次受招安。

二是高明参与戎事也没发挥出应有作用，更谈不上功成名就了。据赵汸《送高则诚归永嘉序》分析，其主要原因是与主帅"论事不合"，所以，当达实特穆尔于至正十一年（1351）七月招谕方国珍之时，高明也就"秩满告归"了[1]。这样的结局当然是其本人，也是其好友刘基始料未及的。

面对日益恶化的国家形势，刘基忧心忡忡。他虽然只是一个不起眼的朝廷命官，因自身的不得志会对朝廷产生种种想法，但毋庸讳言，他跟当时绝大多数的儒士一样，坚定地站在朝廷这一边，希望社会能早日安定，让百姓重新过上安居乐业的生活。让他想不通的是官军怎么会如此无能？全国时局姑且不论，就拿江浙行省来说，官军两次与方国珍交手都以失败而告终，这到底是怎么回事？这时的刘基自然还不会怀疑到最高统治者，在他看来，这完全是军队和地方官吏之无能所致。两次对方氏用兵均告败北，着实让刘基有不吐不快的感觉。脍炙人口的小品文《卖柑者言》就这样诞生了：

杭有卖果者，善藏柑，涉寒暑不溃，出之烨然，玉质而金色，置于市，贾十倍，人争鬻之。予贸得其一，剖之，如有烟扑口鼻，视其中，则干若

---

[1]〔元〕赵汸：《东山存稿》卷二。

败絮。

予怪而问之曰："若所市于人者，将以实笾豆，奉祭祀，供宾客乎？将衒外以惑愚瞽也？甚矣哉为欺也！"卖者笑曰："吾业是有年矣，吾赖是以食吾躯。吾售之，人取之，未尝有言，而独不足子所乎？世之为欺者不寡矣，而独我也乎？吾子未之思也。今夫佩虎符、坐皋比者，洸洸乎干城之具也，果能授孙吴之略耶？峨大冠、拖长绅者，昂昂乎庙堂之器也，果能建伊皋之业耶？盗起而不知御，民困而不知救，吏奸而不知禁，法斁而不知理，坐靡廪粟而不知耻。观其坐高堂，骑大马，醉醇醲而饫肥鲜者，孰不巍巍乎可畏，赫赫乎可象也？又何往而不金玉其外，败絮其中也哉？今子是之不察，而以察吾柑！"

予默然无以应，退而思其言，类东方生滑稽之流。岂其愤世疾邪者耶，而托于柑以讽耶？（卷之十二）

文章极具批判力度和思想深度，谓世之欺人者皆有位君子，此类道貌岸然的欺世君子武不堪出将，文不堪入相，与"金玉其外，败絮其中"的过时之柑无异。然文章主旨是借"卖柑者"类似于东方朔的滑稽之言予以表现的，正如后来袁宏道所云："此说见当世士大夫不能翊主庇民，徒以外貌堂堂欺人而窃禄位，世为所欺而不觉，诚意设卖柑之说以警醒之"。[1]

刘基对蒙元官吏不事朝政，只知盘剥百姓，贪图享乐，过着纸醉金迷的生活深为不满，在许多诗文当中都予以讥刺，但其出发点都还是为了维系元王朝的统治地位。

下面我们来看黄伯生《行状》的一段文字：

（刘基）尝游西湖，有异云起西北，光映湖中。时鲁道原、宇文公谅诸同游者，皆以为庆云，将分韵赋诗，公独纵饮不顾，乃大言曰："此天子气也，应在金陵，十年后，有王者起其下，我当辅之。"时杭城犹全盛，诸老

---

[1]〔明〕袁宏道：《皇明名公文隽》卷八，《卖柑者言》题下批。

大骇，以为狂，且曰："欲累我族灭乎？"悉去之。公独呼门人沈与京置酒亭上，放歌极醉而罢。时无能知者，惟西蜀赵天泽知公才气，以为诸葛孔明之流。

张时彻《神道碑铭》、田汝成《西湖游览志馀》等都有类似记载。明万历时人吴之鲸在其所撰的《武林梵志》卷八中更有发挥，谓朱元璋定都金陵之后，派使者往聘刘基出山，刘基慨然曰："吾向游西湖，指且云云者，此公也！"并说刘基后来游西湖上天竺还有诗云：

> 忆昔西湖睹庆云，玉毫贯顶动星文。
>
> 烛微早已征休瑞，革命方知佐圣君。
>
> 香火重参龙象窟，烟霞久负鹿麋群。
>
> 赤松黄石今安在，徒移莲台怅夕曛。

黄伯生的记载是值得我们去认真推敲的。他在《行状》中提到的人在历史上都是实有其人。鲁道原，名渊，字道原，淳安人，至正十一年（1351）进士，曾任江浙儒学提举。洪武初征修礼乐书，诏授江西按察司佥事，以病辞。宇文公谅，字子贞，归安（今浙江湖州）人，元至顺四年（1333）登进士第，也就是说他与刘基同年中进士。曾在婺源州、余姚州等处任地方官，入为国子助教、国史院编修官，又出为江浙儒学提举，改金岭南廉访司，以疾辞。这几个人都是进士出身，与刘基一起吟诗作赋也在情理之中。同时，我们也不否认刘基有"观天象"的本事。问题在于当时的刘基能说出这样的话来吗？正如300年后的朱彝尊所言："当公檄管绍兴时，感愤至欲自杀，门人锡里实抱持之得不死。明初既定婺州，犹佐石抹宜孙拒守，是岂预自负身为佐命者耶？"[1]至于《武林梵志》的发挥，更不足为凭，那首诗也极有可能是后人伪托的。

那么，刘基"西湖睹庆云"这一传说又是怎么出来的呢？朱彝尊毕竟是一

---

[1]〔清〕朱彝尊：《静志居诗话》。

位学风严谨的学者，他早已为我们找到了这一传说的出处，他说：

> 刘诚意在元时，有《和王文明绝句》："夜凉月白西湖水，坐看三台上将星。"①好事者遂附和之。

不过，朱彝尊说编此传说者乃"好事"之人，则又过于武断。《行状》的作者是刘基同乡黄伯生，洪武年间为将仕郎、秦府纪善，他与刘基的两个儿子刘琏、刘璟关系密切，相知最深。《行状》称是刘璟和刘琏之子刘廌"请录公遗事，因辑平昔所闻大略为行状"，如此一来，"好事者"非刘基子孙，即黄伯生本人了。我们说，事情确实是出在他们身上，但绝非"好事"，而是不得已而为之。《行状》作于刘基去世8年之后的洪武十六年（1383）孟春，当时朱元璋虽然善待刘基的子孙后代，但刘基生前与朱元璋之间的"瓜葛"，刘璟、刘廌不会不清楚，这"瓜葛"像阴影一般始终笼罩着他们，将这种先知先觉的东西写入《行状》，正是出于保护家族人身安全的策略考虑，不能简单地看作是"好事"之举。

事实上，我们大可不必过于看重黄伯生《行状》所言本事的真实程度，倒是透过某些表象可以看到一些实质性的东西，那就是刘基虽然立志不凡，抱负非同凡响，但在当时，倒真的还没多少人能看出刘基到底有多大的能量！唯有一人例外，那就是《行状》提到的另一人物——赵天泽。在他的眼里，刘基是诸葛孔明一类的人物。

赵天泽，字鉴渊，新都人，擅画梅竹，与同邑杜圭明《春秋》齐名，弃官薄游江南，与刘基关系很好。赵天泽在《送儒学副提举刘公序》中说："余遁迹林下，无用于世，公不以卑鄙，爱之重之。每颂少陵之诗谓余曰：'用为羲和天道平，用为水土地为厚。孰能当之？'正夫子自道也。"一日，行省大臣论江左人物，天泽侍座于侧，他毫不犹豫地说；"以刘基为最！"结果是"众愕然，既信且疑"。赵天泽在赠序中感叹道：

---

① 《次韵和王文明绝句漫兴十八首》其九，成化本《诚意伯刘先生文集》卷之九。

呜呼！使贪婪阘茸者闻之，未必不指为朋党，过称而窃笑之矣。虽然，有卞氏而知荆山之宝，有九方皋而知千里之才，天机所到，不独汤文之识伊吕也，萧何拔韩信于诸将中，刘豫州师孔明于草庐，何世之人曾萧、刘之不若也？向非信之笃，而用之专，则泒水之奇、八伍之图，何由照耀后人，况抱负非止于二子者耶？知不知用不用，天也，世运安危之所关系也。噫！是固非庸流所能识也矣！是固非庸流所能识也矣！

此赠序作于至正十二年（1352）春三月，是时，刘基已不在儒学副提举任上，正值落魄失意之际，而赵氏能识刘基于泥涂之中，实在是难能可贵！无怪乎刘基珍藏之矣。

再度辞职

刘基究竟是在哪一年离开儒学提举司的呢？

刘《谱》、郝《谱》都认为刘基是在至正九年（1349）辞去江浙儒学副提举一职而"闲居杭州"的。又郝兆矩先生《刘伯温评传》说辞去儒学副提举"是至正九年秋天的事，刘基只当了一年多的儒学副提举，全家便从提举司官署迁出，迁到钱塘江畔白塔山下，仍寓居杭城"[①]。

说刘基辞职后徙居钱塘江畔之白塔山下，这是事实，《照玄上人诗集序》就有"余徙居白塔之下"之语。白塔山即白塔岭，杭州城南十里为凤凰山，再往南一里为龙山，龙山之东即白塔岭。

但辞职的时间不是至正九年（1349）的秋季，而是至正十一年辛卯秋季。最有说服力的证据莫过于《送三宝柱郎中之徐州兵马指挥序》。序称江浙行省郎中三宝柱被选为徐州兵马指挥，"命下，众皆叹服。公拜命就道，江浙士庶且喜公之见知于朝廷，而又戚不得留公于行省也，相与饯公于杭北门外，咸依依不

①　郝兆矩：《刘伯温评传》，作家出版社1998年版，第44—45页。

忍别。儒学副提举刘基作而言曰……",落款为"至正辛卯二月日序"。(卷之十四)至正辛卯即至正十一年。序中刘基以"儒学副提举"自称,则足以说明是年刘基尚居官在任。如果说刘基于至正九年即已辞去此职,就不应该如此称谓。即便真的要挂这一头衔,恐怕也得在"儒学副提举"的前面加一"前"字,以示今已不在此位。如《宋学士文粹序》①落款即为"洪武八年岁次乙卯春正月甲申,开国翊运守正文臣、前御史中丞、赞善大夫、护军、诚意伯刘基谨序"。此乃规矩,含糊不得,刘基不会不懂。由此可见,到至正十一年二月,刘基仍在儒学副提举任上。

《行状》谓刘基辞职的原因是:"建言监察御史失职事,为台宪所沮,遂移文决去。"《明史》本传说法类似,所言当为事实。但其借口则是身体欠佳,《送钱士能之建昌知州序》称与士能"今年十月遇于杭,予以从仕郎为儒学副提举,又以疾谢事"。(卷之十四)《送常山达鲁花赤乐九成之官序》:"至正辛卯秋八月,予卧病浙江之滨"。(卷之十一)《杭州实庵和尚福严寺记》:"至正辛卯寺成,将树碑求文以志其所自。介杭人之识予者以请,予时卧病江浒。"(卷之十二)这都说明其辞职是以"卧病"为托辞,而辞职的时间是在"至正辛卯秋",即至正十一年(1351)秋季。且《送钱士能之建昌知州序》尚有自江西"以朽钝辞归,不得见者九年矣"之语,如前所述,刘基于至正二年自江西投劾归里,"不得见者九年",则恰为至正十一年十月,也就是说《送钱士能之建昌知州序》是作于至正十一年十月,而不是至正九年十月。这一内证材料不仅有力地说明了刘基辞去儒学副提举是在至正十一年秋季,同时也进一步证明其自江西弃官返浙是在至正二年。

刘基迁居钱塘江畔的白塔岭之后,虽然身体不适,卧病在床,但仍与外界保持接触,朋友们也时常来看他,这对他来说自然是一种安慰。不过,其心境颇为不佳,因为辞职毕竟是出于无奈,而且,日渐紧张的时局总让这位在野的元朝进士揪心不已。秋高气爽之时,到户外走走,杭州处处是景观,可入眼之

---

① 此文成化本《诚意伯刘先生文集》题作《宋景濂学士文集序》,且无落款。今据国家图书馆藏明洪武十年郑济刻本《宋学士文粹十卷·补遗一卷》卷首所录。

物，进耳之声，总都给人以悲凉之感。如《望江亭》一诗即作于辞官之后：

> 柳拂江亭旧画栏，望潮人去地应闲。
>
> 寝园寂寞秋风里，行殿荒凉野草间。
>
> 白塔尽销龙虎气，荒城空锁凤凰山。
>
> 兴亡莫问前朝事，江水东流去不还。（卷之十四）

一方面是自身的遭际，另一方面是为江山社稷之安危而担忧，故所见之物都染上了浓重的主观感情色彩。

至正十一年（1351）十月，早年在江西认识的好友钱士能升任建昌知州经过杭州，建昌知州已是五品大员了，而此时的刘基正"以疾谢事"，自然感慨良多，他在《送钱士能之建昌知州序》中写道：

> 夫士能与予同以职官充簿书役，又同以事辞，其出处甚类。而九年之间，相去越五等，何县绝耶！今既见而喜，喜而思语故旧，则凄以悲，又自庆其相逢于未老而俱无恙也。夫物之生，患不得其所性。射干处于曾崖，而藏莨茂于陂池，不以所不愿易其所愿。今士能以长才方为世用，而余之朽且钝愈加于昔日。天将全之，俾各获其志，则一进而一止，岂不俱洋洋也哉？勉哉士能！（卷之十四）

刘基为故友"长才方为世用"感到高兴，但说钱士能与自身的"一进一止"，皆各获其志，"俱洋洋也"，则恐非由衷之言。

这一年的冬季，徐寿辉用兵一路告捷，饶州（今江西鄱阳）、信州（今江西上饶）告急，江西好友郑士亨、熊文彦都相继离杭返赣，刘基亦携家小，带病辞杭归里，前后4年在杭州的仕宦生涯，随着国家形势的不断恶化也就这样结束了。

写到此，我们还得作一个补充交代，至正十年（1350）九月，刘基次子刘璟出生了。刘基的结发妻子是富氏，二夫人姓陈，刘琏、刘璟都是陈氏所生，在杭4年，添了两位儿子，本也是一件值得高兴的事情，无奈于风声鹤唳之中仓促上路，自己身体不好，又要照顾妻小，旅途劳顿自不待言。船到婺州，改走陆路，通常可走官道回处州，如今不行，一路上风闻不断，说官军自温、处调防至江东，途经之处，洗劫一空，无奈之下只好改走小路还乡了。

第六章　佐戎浙东　建言遭阻

进士殉难

至正十二年（1352）正月，徐寿辉兵陷汉阳，又陷武昌，湖广行省丞相威顺王科绰布哈等弃城逃跑。寿辉兵复陷安陆府，知府绰罗战死；攻沔阳，推官俞述祖战败被俘，俞氏守节不屈，徐寿辉怒而将其肢解。

二月，徐寿辉兵舳舻蔽江而下，破瑞昌，九江告急。右丞博啰特穆尔方驻兵于九江，闻风丧胆，连夜逃遁。兵临城下，九江路总管李黼紧急命令村落百姓在险要处垒聚木石，以遏其归路。黄梅县主簿伊逊特穆尔愿出迎敌，李黼与之联兵出战，大败徐寿辉部，斩获2万余人。

徐寿辉部初战失利，未肯罢休，则再次集结兵力，改由水道靠近九江城。李黼成算在先，早已作好布防：以长木数千冒铁锥于树梢，逆刺敌舟，名之为"七星桩"。是日，西南风特急，徐寿辉战船数千，扬帆顺流鼓噪而至，船遇桩不得动，进退无措。李黼率将士奋勇出击，千百支火翎箭同时射向敌舟，徐寿辉兵焚溺死者无数。

行省为李黼请功，朝廷授李黼为江西行省参政，行江州、南康等路都总管。此后不久，徐寿辉兵势更炽，攻城愈急，李黼坚守孤城，提弱旅斩馘扶伤，无日不战。当时九江城已内无粮草，外无援兵，形势危急，自不待言，分省平章托卜坚布哈自北门逃离九江。徐寿辉兵攻至甘棠湖，纵火焚烧西门，李黼引兵速上城墙，张弩劲射。徐寿辉兵转攻东门，李黼急往救之，却迟到一步，徐寿辉兵已如潮水般涌入城中。李黼率部从与之展开巷战，力不能敌，乃挥剑叱之曰："杀我，无杀百姓！"李黼中刺落马，与其兄弟李冕、儿子李秉昭俱威武不屈而殉难。九江百姓闻之，无不潸然泪下，哭声震天。①

清人赵翼指出："元代不重儒术，延祐中始设科取士，顺帝时又停二科始复。其时所谓进士者，已属积轻之势矣。然末年仗节死义者，乃多在进士出身之人。"②在元末殉难的进士中，李黼是第一位。李黼，字子威，工部尚书李守中之子。泰定四年（1327），以明经冠多士，授翰林修撰，历任河南行省检校官、礼部主事、监察御史、国子监丞、宣文阁监书博士兼经筵官、礼部侍郎、江州路总管等职，政绩卓著。李黼堪称忠义化身、进士楷模。元末众多朝廷命官倘若都能像李黼那样恪尽职守，元王朝恐怕也不至于如黄河决堤一般地一发而不可收拾了。

第二位殉难的进士是泰不华（亦称台哈布哈、台布哈）。泰不华，字兼善，巴约特氏，初名塔斯布哈，文宗赐今名。父亲塔布台，入直宿卫，历仕台州录事、判官，遂居台州。泰不华家境贫寒，好读书，年十七即乡试夺魁，次年对策大廷，赐进士及第，授集贤修撰，转秘书监著作郎，拜江南行台监察御史。顺帝时，历仕河南廉访使、淮西廉访使、江浙行省左右司郎中、礼部侍郎、绍兴路总管等职，秉性耿直，清廉为官，政绩斐然。

至正十年（1350）冬，方国珍再次入海，烧掠沿海诸路。次年二月，朝廷任命博啰特穆尔为江浙行省左丞，并总兵至庆元（今浙江宁波）进讨方国珍，因泰不华熟知方氏底细，遂迁任浙东道宣慰使都元帅，分兵温州夹攻方国珍。

不久，方国珍即攻掠温州，泰不华纵火筏焚其战船，方国珍兵乘夜遁去。后来，博啰特穆尔与泰不华秘密约定，于六月某日合兵进讨，博啰特穆尔先期至大闾洋，方国珍夜率劲卒纵火鼓噪，官军大败。博啰特穆尔被俘，放归后反为方国珍饰词说情。泰不华闻之，痛愤不已，停食数日。

---

① 《元史》卷一九四，《李黼传》。
② 〔清〕赵翼：《廿二史札记》卷三〇。

朝廷不知就里，遣大司农达实特穆尔等至台州黄岩招安方国珍。方氏兄弟皆登岸罗拜，再次接受招安，退宿于民间小楼。这一天晚上，正是八月中秋之夜，清风朗月，景色迷人，泰不华欲命壮士袭杀方国珍等，达实特穆尔坚决反对，强令泰不华亲至海滨，散其徒众，并拘其海船、兵器，泰不华只得作罢。方国珍兄弟复授官职有差，而迁泰不华为台州路达鲁花赤。

至正十二年（1352），朝廷征徐州，命江浙省臣招募舟师守大江，方国珍生性猜疑，以为朝廷又将对他用兵，于是胁迫其追随者又一次遁入海中。泰不华誓言以死报国，发兵扼守黄岩之澄江，并派遣义士王大用往谕方国珍前来归降。如此一来，方国珍更加疑虑，竟将王大用拘留而不遣，以200艘小舸突海门，入洲港，进犯马鞍诸山。泰不华当众誓曰："吾以书生登显要，诚虑负所学，今守此海隅，贼甫招徕，又复为变，君辈助我击之。其克，则汝众功也；不克，则我尽死以报国耳！"众部从齐声响应，愿与之赴汤蹈火，在所不辞。

正剑拔弩张之时，方国珍见大势不妙，即遣戚党陈仲达往来计议，声称有归降之意。泰不华信以为真，遂于至正十二年（1352）三月某日率部从举受降旗，乘潮汐下澄江而出海，去招降方国珍。船触沙不能行，与方国珍船队正面相遇。泰不华命令陈仲达向方国珍申明来意，陈仲达目动气索，泰不华觉其心异，断定其中有诈，随手一刀将陈仲达性命了结。泰不华身先士卒，前搏敌船，射死5人。方国珍部从跃入船中，泰不华已将生死置之度外，故愈战愈勇，又斫死2人。随后敌兵蜂拥而至，终被困，敌兵欲抱持之过船，泰不华瞋目叱之，奋力挣脱，夺敌兵刀，又杀2人。终因寡不敌众，泰不华颈部中槊而死，死犹植立不仆，方国珍兵投其尸于大海之中，殉难之时，年四十九。①

就在此时，刘基已从青田回杭，噩耗传至，愤恨交加，遂作《吊泰不华元帅赋》：

世有作忠以致怨兮，曾不知其故然。怀先生之耿介兮，遭时命之可怜。上雍蔽而不昭兮，下贪婪而不贞。权不能以自制兮，谋不能以独成。进欲

①《元史》卷一四三，《泰不华传》。

陈而无阶兮，退欲往而无路。忠沉沉而不白兮，心摇摇而不固。絷乘黄服鼓车兮，骖蹇驴以曳之。胃猛虎于笼槛兮，狐狸群而制之。众刻木之枉直兮，信谗邪之流言。倒裳以为衣兮，涅素以为玄。前宕冥冥指途兮，驱离娄使从之。教养由以弯弧兮，系其肘而引之。吁嗟先生兮，何逢时之不辰！生不能遂其心兮，死又抑而不伸。奸何为而可长兮，忠何为而可尤。尸比干而奖恶来兮，白日为之昧幽。

重曰：呜呼哀哉！吾安归乎？猰㺄升堂兮，驺虞以为妖。殪凤凰而斫麒麟兮，糜粱肉以养枭。吠狗遭烹兮，捕猫蒙醢。雄鸡晨鸣兮，众以为罪。忠固不求人知兮，于先生其何伤？国有忠而不知兮，喟皇天之不祥。

乱曰：莽莽崇丘，闃无人兮。天高听遐，疏不得亲兮。松柏摧折，荆棘长兮。轩于葲葹，充佩纕兮。浮云虹霓，纷纵横兮。上下阻隔，幽不能明兮。嗟苦先生，卒罹殃兮。奸邪矫枉，归罪愆兮。咎繇不作，谁与平兮？跖犬噬尧，理则然兮。麒麟豺狼，不同群兮。自古有之，吾又何嗟兮！（卷之五）

此赋直言不讳地对朝政之昏暗予以猛烈抨击，作者毫不掩饰地指出：当时朝政乃"上壅蔽而不昭兮，下贪婪而不贞"，奸佞当道横行，忠良委弃不用。泰不华一类仁人志士"权不能以自制"，"谋不能以独成"，虽有报国之心，而无处宣力。泰不华之死，是时代的悲剧！故刘基愤然感喟曰："吁嗟先生兮，何逢时之不辰？"此赋无疑是刘基最具批判力度的作品之一。需要指出的是，刘基虽然已将批判锋芒直指元廷的最高统治者，但只是"怒其不争，哀其不幸"，仅此而已。

参与戎事

方国珍不受招安之命诱杀泰不华之后，朝廷于至正十二年（1352）三月，命令江浙行省左丞尊达实哩重新集结兵力征讨之。当时是特哩特穆尔任行省右丞，樊执敬任行省参政。行省决定让刘基再度出山，委任他为浙东元帅府都事。《明史·刘基传》称："方国珍起海上，掠郡县，有司不能制，行省复辟基为元帅府都事"，然未说明是何处元帅府都事，黄伯生《行状》则说得非常具体："方国珍反海上，省宪复举公为浙东元帅府都事"。

元帅府其实就是宣慰司，"掌军民之务，分道以总郡县，行省有政令则布于下，郡县有请则为达于省。有边陲军旅之事，则兼都元帅府，其次则止为元帅府，其在远服，又有诏讨、安抚、宣抚等使"①，是介于行省与郡县之间的派出机构。全国共有六道设置宣慰司，浙东道为其一，始治婺州，大德六年（1302）移治庆元，全称为浙东道宣慰司都元帅府，辖江左之庆元、台州、温州、处州、婺州、衢州、建德、绍兴诸路。设宣慰使三员，同知一员，副使一员，经历一员，都事一员，照磨一员。刘基为都事，品秩仍为从七品。

庆元路，秦汉至隋皆为会稽郡地。唐置鄞州，后称明州，又称余姚郡。宋称奉化郡，后改庆元府。元至元十四年（1277），改为庆元路，辖鄞县、象山、慈溪、定海四县及奉化、昌国二州，路治在鄞县。

刘基接到任命，即火速赶赴庆元参与戎事。当时浙东元帅府元帅是纳琳哈喇。庆元路与台州路接壤，方国珍起事地点就在台州，火烧城门，势必殃及池鱼，庆元不得不防。刘基到任伊始，即与元帅纳琳哈喇谋划防御工事之修缮。

宋宝庆《四明志》称，庆元路治原本有较完善的城防体系，于唐末黄晟任刺史时，即已粗具规模，周围城墙二千五百二十七丈，计十八里。奉化江自南来限其东，慈溪江自西来限其北，西与南皆他山之水环绕之。至宋元丰元年（1078），曾巩受诏加修、完善之。后于宋宝庆、宝祐年间又进行了两次大规模的修缮，使庆元城防更为坚固。惜于元至元初，毁天下城池，民居侵蚀，渐为垣途。庆元亦不例外，其"故城久废，室其址者数百家"。

元帅纳琳哈喇力排众议，坚决采纳刘基的建议，"命有司序民产高下，以差其役轻重，先豪右大姓，沙门道士以及于齐民，斥监督吏勿用，先事者有赏，后至者加勉无罚，民大敬服，无敢慢"。仅用了半年时间，城防工程即告竣工。新城墙周围十八里，高一丈八尺，"上环列睥睨（观察孔），机弓弩炮石，建楯载，罗戈槊。旁开六门，门有楼，周庐百九十有二。简成卒昼夜严警不怠。西

---

① 《元史》卷九一。

南二方旧各有水门，皆致而新之。东门去江远，则凿其外为隍；北门因江为隍，则筑堤以捍之。凡所设施，罔不中度"。（卷之十四《庆元路新城碑》）

城池的修缮加固，无疑大大地增强了庆元城的军事防御能力，使方国珍部无机可乘。而过后不久，江东、浙西诸郡皆因无城郭而相继失守，因此形成鲜明对照，这不能不归功于刘基的先见之明。城防告竣，刘基作《庆元路新城碑》，以志其始末。

至正十二年（1352）四月，朝廷命江南行台御史大夫纳琳与台州民陈子由、杨恕卿、赵士正、戴甲令等集民丁夹攻方国珍，刘基于此月奉元帅府之命来到了台州①。

台州，春秋越地，三国时，东吴于此置临海郡，唐初称海州。因天台山为名，又称台州，后又改临海郡，又称德化郡。元至元十四年（1277），置台州路，辖临海、仙居、宁海、天台四县和黄岩州，路治设临海。这里是与方国珍交锋的最前线，浙东元帅府设分府于此，刘基直接参与了"平乱"的军事谋划。

至正十二年（1352）七月，江浙局势骤变。徐寿辉兵攻克饶州、徽州之后，长驱而入，直逼昱岭关。昱岭关处杭州、徽州边界的昌化县（今属浙江临安），因山为险，与千秋关、独松关并称"三关"，而三关之险又莫险于昱岭，它是杭州的天然屏障，行省派兵戍守于此。孰料元兵是如此不堪一击，徐寿辉部队不费吹灰之力，即攻克昱岭关。昱岭关失守，杭州则危矣！

昱岭关有警，时杭城毫无戒备，行省平章政事伊噜特穆尔仓促引军拒之，徐寿辉兵阻，不得入，在此紧要关口，伊噜特穆尔偏暴病身亡，军无主帅，战斗力锐减，徐寿辉兵顺利攻克余杭。

当时行省参政樊执敬已经接到朝廷征讨方国珍的命令，在此危急时刻只得留下，紧急调兵出战，而数战不利。行省掾史苏友龙进言："贼且至，城内空虚无备，奈何？"樊执敬回答说："吾淬砺（磨炼）戈矛，歼贼以报国，倘或不克，有死而已，何畏哉！"遂紧急上马，率众而出，途中与徐寿辉兵相遇，樊执敬奋

---

① 成化本《诚意伯刘先生文集》卷之七录《赠柯遂卿一首并序》，诗序中有"今年夏四月，余至台"一语，故知刘基是于至正十二年四月自庆元至台州。

勇拼杀，斩敌多人，无奈元兵平素养尊处优，见徐寿辉兵来势凶猛，皆抱头鼠窜。徐寿辉兵知其无援，大呼执敬投降。执敬破口大骂："逆贼！守关吏不谨，汝得至此，恨不碎汝万段，何谓降耶！"乃奋刀再战，直至中枪落马殉难。

消息传至，刘基愤恨难平，遂作《悲杭城》一诗以寄慨：

> 观音渡头天狗落，北关门外尘沙恶。
> 健儿披发走如风，女哭男啼撼城郭。
> 忆昔江南十五州，钱唐富庶称第一。
> 高门画戟拥雄藩，艳舞清歌乐终日。
> 割膻进酒皆俊郎，呵叱闲人气骄逸。
> 一朝奔迸各西东，玉罌金杯散蓬荜。
> 清都太微天听高，虎略龙韬缄石室。
> 长夜风吹血腥入，吴山浙河惨萧瑟。
> 城上阵云凝不飞，独客无声泪交溢。（卷之八）

诗人怒斥守城官军之无能，悲悯杭城百姓之罹祸，而收笔于对时局艰危的关怀，殷切希望元廷能起用有虎略龙韬的有识之士力挽狂澜，扭转乾坤，无奈人微言轻，天听高远，只有泪泣交溢而已。

杭州失陷不久，于八月间，东南沿海硝烟又起。方国珍率其众攻打台州城，浙东元帅府元帅伊德墨色与福建道元帅哈迪尔联兵顽强抵御，总算击退了方国珍的进攻。

也就在这个时候，刘基作永嘉之行。

温州为东瓯名镇，夏商周时称瓯，春秋战国时称越。西汉惠文帝时为东瓯王驹摇封地，东汉顺帝时置永宁县，东晋明帝太宁元年（323）设立永嘉郡，相传建城时有白鹿衔花经过，又有"鹿城"之美称。唐初为东嘉州，又改永嘉郡，又名温州。宋升瑞安府。元至元十三年（1276）置温州路，辖永嘉、乐清两县及瑞安、平阳两州，路治在永嘉（今温州市区）。

温州路北连台州，南接福建，西邻处州，东临大海，为方国珍军事行动的主要区域之一。

从台州到永嘉，要经过仙居县，而仙居城西100余里的苍岭是必由之路，今名苍岭古道。苍岭位于括苍山脉，一名风门，其岭随势高下，悬崖百丈，下临深潭，危石嵌空，险峭峻绝，接缙云县界，为婺、括、瓯、闽孔道。刘基在《壬辰岁（至正十二年）八月自台州之永嘉度苍岭》诗中写道：

> 昨暮辞赤城，今朝度苍岭。（山）峻路屈盘，峡束迷暑景。
> 谽谺出风门，坎窞入天井。冥行九地底，高阚群木顶。
> 瀑泉流其中，礛若泄溟溟。哀猿啸无外，去鸟飞更永。
> 仆夫怨跋涉，瘦马悲项领。盗贼逞天诛，平人遘灾眚。
> 伫立盼嵚岑，心乱难为整。（卷之七）

可见当时战争硝烟已蔓延至山里，路途之艰辛自不待说。

到永嘉后赋五古《在永嘉作》，诗言"我来复几时，明月缺已团"，说明在永嘉有一段时间。永嘉县离刘基老家青田县相当近了，"中夜百感生，展转不遑安"，夜空中南飞孤雁的声声哀鸣，不禁勾起了他的思乡之情：

> 顾瞻望桑梓，慷慨起长叹。愿欲凌风翔，惜哉无羽翰。（卷之七）

可在这"狐狸啸悲风，鲸鲵喷重澜"，"平陆皆惊湍，旗帜满山泽"的动乱岁月，诗人只能过家门而不入了。

据刘基《送顺师住持瑞岩寺序》，知永嘉之行的目的是请横舟和尚出山。序云："辛卯之岁（至正十一年），盗贼起四方。明年，予奉省檄佐戎浙东，闻永嘉有横舟和尚，善用矛戟、弓弩、刀剑、戈槊、挝挺，通曲制官道主用之法，因礼致于台。"可见横舟和尚是一个武僧，请他到台州去当然是为了对付方国珍。刘基说，当时台州天宁寺住持舜田方宣力捍城，时刻不忘"灭贼"，见横舟和尚有这般好武功，就推举他做了仙居三学寺的住持。至正十三年（1353），方国珍纳款请降，凡以"兵事"进者皆措置弗用，而有司敬横舟和尚之德能兼备，复举其为瑞岩寺长老，此为后话。

此次永嘉之行，刘基还可能到过平阳州，并拜访过土豪周宗道。周宗道，名嗣德，其父周应奎是浙东元帅府同知。当时"盗起闽、括，蔓延温境"，周宗道与弟周诚德招募义勇，团结民兵，助朝廷围剿"山寇"甚力。刘基走访平阳州，目睹了战时农村的荒芜景象，对"官逼民反"的现实以及战争所带来的后患有了更深一层的理解和认识。他在后来所赋的《赠周宗道六十四韵》中以写实手法对当时"山寇作乱"的现实作了真实的反映：

> 永嘉浙名郡，有州曰平阳。面海负山林，实维瓯闽疆。
> 闽寇不到瓯，倚兹为保障。官司职防虞，当念怀善良。
> 用民作手足，爱抚勿害伤。所以获众心，即此是阋墙。
> 奈何纵毒淫，反肆其贪攘。破廪取菽粟，夷垣劫牛羊。
> 朝出系空囊，暮归荷丰囊。丁男跳上山，妻女不得将。
> 稍或违所求，便以贼见戕。负屈无处诉，哀号动穹苍。
> 斩木为戈矛，染红作巾裳。鸣锣撼岩谷，聚众守村乡。
> 官司大惊怕，弃鼓撒旗枪。窜伏草莽间，股慄面玄黄。
> 窥伺不见人，湍江［汗］走伥伥。可中得火伴，约束归营场。
> 顺途劫寡弱，又各夸身强。将吏悉有献，欢喜赐酒觞。
> 杀贼不计数，纵横书荐章。民情大不甘，怨气结肾肠。
> 遂令父子恩，化作蚕与螳。恨不斩官头，剔骨取肉尝。（卷之七）

诗人以自己的耳闻目睹相当具体地叙写出浙闽边界"山民造反"全过程。山民"落草为寇"之起因，官兵搜捕"草寇"的无能，以及为报功请赏而滥杀无辜，进而激起山民更大的义愤，等等，都让读者一目了然，从而使我们加深了对"官逼民反"的感性认识。

刘基返回台州不久，温州又遭到了方国珍的一次袭击。十月，方国珍率200余人乘舟入瑞安飞云江，掠杀20余日乃退。

永嘉之行的所见所闻，以及后来东南沿海事态的发展，都进一步坚定了刘基要全力剿灭方国珍的决心。

至正十三年（1353）正月，刘基自台州回到了杭州。刘基离开杭州虽仅一年时间，可杭州已不是昔日繁华升平的杭州了。四个月之前，这里经过了一场腥风血雨的洗劫，市民心有余悸，整座城市都笼罩在战争的阴霾之中。刘基在组诗《癸巳正月在杭州作》其二中写道：

> 江城阴气凝，积雨春凄凉。出门何所见？但见瓦砾场。
>
> 新庐各有前，店舍亦已张。市人半荷戈，使客尽戎装。
>
> 回首（旧）游地，惨淡寒烟黄。怅焉念所思，恻怆心中伤。（卷之七）

"市人半荷戈，使客尽戎装"，整座杭城都弥漫着紧张的战争气氛。同题诗其四写道：

> 锻铁当用锤，析薪当用斧。拔蓼而植茶，去辛还得苦。
>
> 峨峨九阳门，卫以豹与虎。微微蝼蚁忱，郁郁不得吐。（卷之七）

刘基观点鲜明，认为朝廷面对动荡的局势，态度一定要明朗，措施一定要果断，可远离"九阳门"的刘基，人微言轻，虽有满腹良策，又有谁能采纳呢？

至正十二年（1352）十一月，朝廷命江浙行省右丞特哩特穆尔总兵征讨方国珍。在军事压力面前，方国珍于次年正月又表示愿意投降，故朝廷于至正十三年三月，命特哩特穆尔和江南行台御史尊达实哩一同前往招谕方国珍，刘基亦由浙东元帅府都事辟为江浙行省都事，回到台州。"二公既至，寇乃卒降"，屈指一算，这该是方国珍第三次接受招安了。同年十月，朝廷从特哩特穆尔、尊达实哩之请，以五品流官授方国珍徽州路治中、方国璋广德路治中、方国瑛信州路治中，诏令纳其船只，散其徒众，并命督遣其赴任，方氏兄弟疑惧不受。

至正十三年（1353）六月，台州城遇上百年罕见的大雨，导致防御工事损毁过半。当时方国珍已再次投降，在这样的形势下，是否要马上修复城濠，上下意见很不统一。多数人认为：筑城的目的是防"寇"，今"寇"已平，城濠可以暂置不修。台州路达鲁花赤布延呼图克则深谋远虑，鉴于饶州、信州、徽州、杭州的相继失陷以及方国珍的屡降屡叛，而力主火速修复城濠，其果断的决策，与刘基等人的极力支持显然是分不开的。此前刘基在庆元路已历此事，故台州城濠修缮，他自然用力最多，历经两个月的紧张施工，终于大功告成。城"凡周九百五十丈，而与故城会于东湖之浒。筑二亭六楼，以休偃逻卒。亭依城傍楼，迥出城上"。八月，城成，乃竣濠以泄水，导湖水"自东门至于交礼桥，南入于江，堰其首，以遏潮汐。凡长五百二十丈，广五尺，深如广而三倍焉"。城竣之日，刘基作《台州路新修城濠碑》（卷之十四）以记其事，并赋《筑城词》：

> 君不见杭州无城贼直入，台州有城贼不入。重门击柝自古来，而况四郊多警急。愚民莫可与虑始，见说筑城俱不喜。一朝城成不可逾，挈家却向城中居。寄语筑城人，城高固自好。更须足食仍足兵，不然剑阁潼关且难保。独不念至元延祐年，天下无城亦不盗。（卷之六）

刘基在诗中一再警告执政者思想上千万不能麻痹大意，不要以为城防坚固就可高枕无忧了，更重要的是，要有精兵强将和足够的军需储备。

建言遭阻

至正十三年（1353）开春，沿海一带又有一彪人马杀将出来，其领军人物是张士诚，这使得朝廷形势进一步恶化。

张士诚，小字九四，泰州白驹场人，与兄张士义、张士德、张士信皆以操舟贩盐为业。每为诸富家子弟所侮，受弓兵丘义凌辱尤甚。张士诚忍无可忍，乃与其兄弟结壮士李升、潘原明、吕珍等18人杀丘义及所仇恨的富家子弟，焚其庐舍，延及数百家。张士诚自度不能免，遂招集好事者起兵。行至丁溪，大姓刘子仁集众拒之，张士义中矢身亡。张士诚益怒，击败之，乘势攻泰州，克兴化，至五月，高邮告急。是时，行省以左丞偰誓笃偕宗王镇高邮，命李齐出守斃社湖。

李齐，字公平，广平人，元统元年（1333）进士第一，时任高邮知府。某日，张士诚兵数人潜入城一噪呼，城内便乱了阵脚，省宪官员皆逃遁，李齐急还救城，而为时晚矣，高邮城已被张士诚所占据。至此，以高邮为中心，兴化、宝应诸县已连成一片，全都成了张士诚的地盘，起义事业渐成气候，张士诚自称"诚王"。不久，朝廷有诏：凡叛逆者赦之。诏至高邮，却入不了城。张士诚放言："李知府来，乃受命。"行省遂强令李齐前往。李齐一入城，即被下狱。张士诚本无归顺之意，仅以此为迁延之计耳。李齐在狱中威武不屈，张士诚审讯，要李齐双膝跪地，李齐叱曰："吾膝如铁，岂肯为贼屈？"张士诚恼羞成怒，将其拽倒，捶碎其膝而囚之，终为元廷殉难。"论者谓大科三魁若台哈布哈（泰不华）没海上，李黼陨九江，洎（李）齐之死，皆不负所学云。"①

李齐之死，在刘基文集中虽无直接反映，但可以肯定，这对刘基尽忠于元廷又是一次激励。他如今正肩负着朝廷的使命，置身于"平乱"的最前线，随时准备为国捐躯。

现在，我们再将视线转回到方国珍事件上。

至正十三年（1353）十月，方国珍不愿接受朝廷任命，也就意味着他已作好了再次背叛朝廷的准备。果不其然，方氏兄弟又一次入海为"盗"，拥船千艘，据海道而阻绝朝廷粮运。

对于这样一支屡降屡叛的起义队伍，到底该如何处置？朝廷上下意见很不一致。

朝廷当权者的决策是非常明确的，那就是招安，以招安息事宁人。《明史·方国珍传》称，时"天下承平，国珍兄弟始倡乱海上，有司惮于用兵，一意招抚"，而方国珍在与朝廷大员的多次接触后，也摸准了执政者的脾气，故一旦事处危急，即以纳款受降为缓兵之计，等缓过气来，又重新与朝廷抗衡，此计屡试不爽，着实让他尝到了不少甜头。他得出的经验是：小造反得小官，大造反得大官，既然如此，又何乐而不为呢！

---

① 《元史》卷一九四，《李齐传》。

　　另外还有一点很重要，那就是方国珍深知朝廷、地方官吏之腐败，每遇危急时刻，总是大船小船的金银珠宝往京师、省会握有生杀大权的要员家里送，以致每到关键时刻，总有不少权贵出来为方氏兄弟说话，使之死里逃生。如果说，方国珍前两次降后复叛尚属情有可原的话，那么，至正十二年（1352）他诱杀了元帅泰不华，若站在封建统治者的立场上去看，则方国珍已是十恶不赦，罪不容诛，无论怎样都摆脱不了被征讨诛杀的厄运，但他竟然奇迹般地再一次转危为安，幸免于难。为什么？《明史·方国珍传》说得再明白不过的了，"国珍疑惧，复叛，诱杀台州路达鲁花赤泰不华，亡入海。使人潜至京师，赂诸权贵，仍许降"，元朝吏治腐败，于此可见一斑。

　　而以刘基为代表的地方正直官吏则持另一观点。刘基建言：方国珍兄弟数人为"首乱"者，罪不可赦，宜追捕诛杀之；而其他"胁从者"则应宽大处理，予以招安。①刘基的这一建议得到了行省大臣特哩特穆尔（亦称帖里帖木儿）的首肯和采纳，并拟上报朝廷最后定夺。

　　没想到此次决策又走漏风声，方国珍得到信息怕得要命，他知道刘基在这件事上起了重要作用，要保住身家性命，就必须攻破刘基这个堡垒！所以，方国珍走的第一步棋，就是先在刘基身上做文章：企图以金钱打通刘基这一关节。谁知刘基不仅根本不为之所动，反而态度更加坚决。黄伯生《行状》有如下记载：

> 及特哩特穆尔左丞招谕方寇，复辟公为行省都事，议收复。公建议招捕，以为方氏首乱，掠平民，杀官吏，是兄弟者宜捕而斩之；余党胁从诖误，宜从招安议。方氏兄弟闻之，惧，请重赂公，公悉却不受，执前议益坚。

　　特哩特穆尔左丞在此关键时刻，立场也非常坚定，他毫不动摇地采纳了刘基的建议，并火速"使其省都镇抚以公（刘基）所议请于朝"。

　　此招不灵，方国珍马上改走他路，但用的还是同一手法，仍然是贿赂。有钱能使鬼推磨，方国珍信奉的就是这条。在元朝，像刘基这样能坚持原则不为

---

① 〔明〕张时彻《神道碑铭》、〔明〕黄伯生《行状》、《明史》卷一二八《刘基传》均有类似记载。

金钱所动的官吏能有几个？其结果是方氏"使人浮海至燕京"，四处行贿，朝廷大员、方面人物无有拒之者，又一次准其招安，授方国珍兄弟以官职，而否决了刘基等人的建议，认为刘基所议是"伤朝廷好生之仁，且擅作威福"，罢免了特哩特穆尔等人的官职，刘基自然也受到了革职的处分。"自是方氏遂横，莫可制，山穴皆从乱如归。"（《行状》）

这对刘基是巨大打击！那时的刘基确确实实是以元朝的忠臣自居，然而忠不见用，报国无门，志郁而弗伸，谋浚而孔忾，才积而困于无施，虽忠心耿耿，积极为朝廷"平乱"献计献策，可到头来却落得个革职的结局，这不能不说是时代的悲剧！刘基仰天长叹："精卫衔石空有心，口角流血天不知。"（卷之六《登高丘而望远海》）"贾谊奏书哀自哭，屈原心事苦谁论？"（卷之九《次韵张德平见寄》）"穷愁杜甫家何在？落魄陈平计未奇。"（卷之九《次韵和孟伯真感兴四首》其二）这些诗句都写于革职之后，从中可见其块垒难平的忧愤之心！

清道光《会稽县志稿·寓贤》称：朝廷"驳基擅作威福，羁管绍兴，基发愤恸哭，呕血欲自杀，家人力阻之"，得不死。明人王世贞于《浙三大功臣传》中更是言之凿凿："基感愤恸哭呕血，欲自杀。门人穆尔萨曰：'先生自负何若而与匹妇共沟渎耶！且太夫人在堂奚赖？'固持之，得不死。"朱彝尊在《静志居诗话》中也说得相当具体：时"刘基感愤至欲自杀，门人锡里实抱持之得不死"。在我看来，这倒未必。刘基遭此严重打击，精神上虽然十分痛苦，但他毕竟生性豁达，意志坚强，还不至于到了寻短见的地步。他在当时写的《送顺师住持瑞岩寺序》中说道："明年（至正十三年），方氏纳款请降，凡以兵事进者措勿用。"（卷之十四）可见当时受排挤打击者并非个别。

此外，当时刘基还写了一篇五古长诗《赠周宗道六十四韵》。此前，周宗道曾见过特哩特穆尔，说"变在旦夕，请预为计"，可惜他的话并没引起后者的足够重视。不久，"山寇"起，平阳官吏除逃跑之外都屈膝降"贼"。《方国珍寇温始末》中刘绍宽云："考《刘基传》以言方氏兄弟首乱宜诛事被责，编管绍兴正在此时，故有赠宗道诗'子去慎所适，我亦行归藏'之语"。"子去"两句，是《赠周宗道六十四韵》一诗的结语，心态很平静，也看不出有寻短见的迹象。

第七章 避地绍兴 诗文自娱

避地绍兴

如上所述，刘基被革职，当在至正十三年（1353）十月，但刘基是否当朝廷命下，就马上到了绍兴呢？这首先是值得我们注意的一个问题。

我们先来看看《明史纪事本末》卷五的相关记载：

> （至正）十三年十月，时青田刘基为浙东行省都事，建议谓方氏首乱，宜捕而斩之。执政多受国珍金，辄罪基擅作威福，羁管于绍兴，竟受国珍降。

从以上表述来看，刘基无疑是于至正十三年（1353）十月罢行省都事之职，"羁管"于绍兴的。故此王馨一、郝兆矩先后所作刘基年谱皆以为刘基于至正十三年十月到绍兴，唯刘耀东所作年谱认为刘基于次年春始至绍兴。现在看来，刘耀东的结论是正确的。

刘基在《游云门记》中自谓："甲午之岁，始至越"（卷之十二），"甲午之岁"即至正十四年（1354），"越"为绍兴之简称，但刘基只说是这一年"始至"绍兴，而具体是何月来到绍兴，则于《牡丹会诗序》开篇作了说明："甲午之春，予避地会稽，始识祝茂卿于吴君以时之所。三月既暮，茂卿之牡丹大开，因得与寓官郡士往观焉"（卷之十一）；又《棣萼轩记》开篇云："至正十四年春二月，予以事至萧山，……明日，予还居越。"（卷之十二）据此知刘基于至正十四年春三月之前来到绍兴。

其次，朝廷缘何不将刘基"羁管"于老家处州而要将其发落于绍兴呢？这又是我们应予以注意的一个问题。

刘基在《王原章诗集序》中如是说："至正甲午，盗起瓯、栝间，予辟〔避〕地之会稽"（卷之十一）。这一表述说明刘基羁管于绍兴与"盗起瓯、栝间"有很大关系。瓯、括指温州、处州两地，也就是说，从至正十三年（1353）开始，地处偏僻的处州山区也并非一片净土了，在那里有"山寇作乱"。光绪《青田县志·兵寇》有如下记载：

> 至正十三年，吴成七①作乱，寇青田。义勇徐伯龙纠义兵大战，援兵不至，死于贼。山民乘机剽掠，烧毁县治及官民庐舍。里人季珍率众御于县西船寮，力战，斩首三十余级，亦以援兵不至死。

更具体地说，吴成七起事的根据地就在青田县刘基老家南田山一带，在这样的情况下，他是有家难回，就只好选择一个相对安定的去处作为自己的暂时栖身之所了。

最后落脚绍兴也是有原因的。刘基在《书绍兴路达鲁花赤九十子阳德政诗后》说：

> 予以今年春始来越，是时浙东六郡皆警于盗，惟越为无事，故十〔士〕大夫之避地者多在越。（卷之十一）

也就是说，当时浙东六郡唯绍兴相对"无事"，在这里暂时还闻不到战争的烟火味，所以刘基才选择此处作为自己的暂居之地。不过，当时也曾有朋友劝他不

---

① 〔明〕宋濂《文宪集》卷三《叶治中历官记》一文中作"吴德祥"，疑"成七"为吴德祥的小名。

要去绍兴，谓"越之从政者鄙，又左右皆凶人，恐不能和其民。万一变生肘腋，子将安之？"（卷之十一《书绍兴路达鲁花赤九十子阳德政诗后》）后来听说原在婺州任职，能惠爱子民的"子阳公"行将就任绍兴府达鲁花赤，遂大喜，终于决定"避地"绍兴了，并于至正十四年（1354）春季携家眷一并成行。[①]

绍兴城系春秋末年越国大夫范蠡所筑，故称越城，又称蠡城。隋开皇十四年（594），越国公杨素增筑，经唐宋以来历代整修，至元代已颇具规模。城周四十里，壁堞森严，城楼相望，气势雄伟，为浙东名城。

绍兴历史悠久，远古时代被称为"古荒服之国"，相传"禹会诸侯于江南，计功而崩，因葬焉，命曰会稽"，属"扬州之域"。春秋时期为越国都城，称越地。汉代，置会稽郡。至隋，废除郡邑制，改称吴州。唐朝，又改称越州，北宋仍之。南宋初年，宋高宗赵构为金兵所逐，迁都杭州，后又逃至越州、明州，出奔东海，在渔船上避难。宋建炎四年（1130），形势稍有好转，宋高宗又返回越州。越州官吏僧侣上表，乞题府额，高宗以兴亡故事题"绍祚中兴"四字，遂改越州为绍兴府，并分设山阴、会稽两县，与诸暨、嵊县同属绍兴府。次年，宋高宗改年号建炎为绍兴，而以杭州为都城，从此开始了偏安江南的小朝廷生活，绍兴名称即始于此时。元至元十三年（1276）改称绍兴府为绍兴路，辖山阴、会稽、上虞、萧山、嵊县、新昌六县及余姚、诸暨两州。

刘基到了绍兴，是寄居在王原（元）实家中。王原实之家处于绍兴城之南郊，已靠近古刹宝林教寺。[②]王原实其人，名不见经传，乃一介平民也。但从刘基文集的有关介绍看来，其家底还是比较殷实的，至少是个小康家庭，而且知书达理，所以，刘基与之相处得十分融洽。刘基文集当中的《王原实裕斋铭》《裕轩记》等作品，都是应主人之请而作的。

刘基就住在王原实家的"南园"，对于自己的新居，他在《遣兴六首》其一中作如下描绘：

---

① 《赠医学录江仲谦序》："甲午之岁（至正十四年），余挈家来绍兴。"见成化本《诚意伯刘先生文集》卷之十一。

② 参见《书绍兴路达鲁花赤九十子阳德政诗后》，成化本《诚意伯刘先生文集》卷之十一。

避地适他乡，息肩谢羁束。生事未有涯，暂止聊自足。

南园实清旷，可以永幽独。曾楼面群山，俯见湖水绿。

杂英被郊甸，鱼鸟得栖宿。登临且慰意，未暇计远躅。

圣贤有遗训，知命夫何卜？（卷之七）

在《夏日杂兴七首》其二中亦有描绘：

爱此南园僻有余，依稀景物似郊居。

风轩自舞苍筤竹，莲沼双游赤鲤鱼。

酿酒剩收元亮秫，换鹅时写右军书。

人生纵意惟疏懒，莫遣门多长者车。（卷之八）

从诗中描述可见，刘基对自己的新居还是比较满意的。

王氏家中还有一人，叫王文明，是当地小有名气的文人，与刘基最是要好。

王文明，名麟，字文明。其人"生而敏慧，年七岁，诵诗书，能晓其义"，稍长，即从姨夫学画而工画，跟父亲友人学诗而能诗，"由是声誉闻吴越间，吴越之士大夫能文章者无不乐与之往来。"（卷之十三《王文明墓志铭》）。刘基在《王文明墓志铭》中回忆道："基自台来越，寓其家南楼，居数月，麟为诗益大进。基每叹而异之，谓王氏有佳子弟，必当复振矣。"从这一表述来看，他们之间还有一层师生的关系。在刘基文集中，尚存《次韵和王文明雨中杂兴四首》《次韵和王文明绝句漫兴十八首》《三月八日携徐成中、杨澄源、李子庚、吴溥泉、董朝宗、黄中立、程邦民、汤仲谋、王文明游南镇得禽字》等与王文明的唱和诗作。至正十四年（1354）八月，王文明英年病逝，刘基为其作圹志①和墓志铭，可见交情之深。

再次，刘基被"羁管"于绍兴，到底有无人身自由呢？

①《王文明圹志》，刘基文集所有版本皆不录，唯见于〔明〕朱存理《珊瑚木难》卷五，朱存理称是文转录于《陶南村杂抄》，刘基《王文明墓志铭》云，"括苍刘基既志其圹，复铭其墓"，故此可信是文为刘基所作。

按一般的理解，所谓"羁管"，自然在人身自由上要受到许多的限制，但从史料来看，朝廷对其看管则并非那么严紧，至少在绍兴路以及所辖之县的范围内，刘基还是可以自由出入的。黄伯生《行状》云："公在绍兴，放浪山水，以诗文自娱。时与好事者游云门诸山，皆有记。"道光《会稽县志稿·寓贤》亦谓刘基"居绍兴，放浪山水，以诗文自娱，凡新、剡、萧、稽诸名胜，游赏殆遍，而盘桓云门诸山最久，俱有记。"至正十五年（1355）三月，刘基还到过杭州，《北岭将军庙碑》一文就是刘基自杭州回绍兴途经萧山之时，应萧山县主簿赵某之请而作的①，可见虽为"羁管"，事实上还是比较自由的。

其实，刘基的交游范围也没受到多大的限制，他的结交对象相当广泛，包括地方官吏、文人墨客、和尚道士等各类人士。地方官吏有绍兴府达鲁花赤九十子阳公、余姚州判官程邦民、前绍兴路总管宋文瓒等；文人墨客有著名画家诗人王冕、本邑文人黄中立等；至于和尚道士则不计其数（然多为名不见经传者）。所以，我以为刘基自谓"避地绍兴"，较为切合实际情况。

又次，刘基避地绍兴期间，是否在萧山寓居过一段时间？

清人毛奇龄《西河集》卷七四《吕训导传》谓"基以青田寇起，奉其母避萧山包与善家"，时绍兴新昌友人吕不用"与之游"。毛氏可谓言之凿凿，并于其所撰《萧山县志勘误》中认为刘基是"本邑流寓中最生色者"。②

又嘉靖《萧山县志》卷五"流寓"称刘基此间曾避地萧山，"馆穀于邑儒戴宗鲁、任长者家，遗翰尚存，凡邑中山川境物及名人文士家，题咏甚多"。康熙旧志于卷一五"流寓"中说得更为具体，谓当年刘基是"馆于邑人戴宗鲁、任荣家，遗翰尚存，凡邑中山川景物及名流墨客，题咏赠答甚多。"既然将其编入"流寓"，则自然认定刘基曾寓居于此。

乾隆《萧山县志》则持不同观点，认为萧山旧志乃"欲借一代元勋编入流寓，以为光宠，遂混称（刘基）避乱居萧山"。其理由是：首先，旧志称刘基避地萧山，曾设馆授徒，那么他到底是假馆于戴宗鲁家还是任荣家？或戴或任，

---

①《北岭将军庙碑》："十有五年春，庙成。"又云："时三月壬寅，予自杭还越，过萧山而庙适成，故赵君请予记。"成化本《诚意伯刘先生文集》卷之十三。

②〔清〕毛奇龄：《萧山县志勘误》3卷，萧山区图书馆藏本。

已无常所,不甚可信;其次,若谓刘基于萧山之题咏甚多,即认定其曾寓居于此,则显证据不足。若翰墨题咏亦可作为"流寓"之佐证,"则西湖一区,流寓不啻数百矣!"并认为"毛西河刊(勘)误,亦未能免俗"。①

笔者以为,刘基于萧山包与善家暂住一段时间是有可能的,但在此期间于萧山设馆授徒的可能性不大。

刘基避地绍兴期间到过萧山是毋庸置疑的,其诗作有《发绍兴至萧山》《萧山山行》《萧山任氏山堂》《为贾性之题山水图》《为贾性之赋松石》《宿贾性之市隐》等,散文有《怡怡山堂记》《棣萼轩记》《贾性之市隐斋记》《北岭将军碑》等;萧山人士任元礼、包与善、贾性之等也确实是刘基的知交好友,尤其是任氏这个家族,在当时萧山至少是个大户。其中,任元礼看来是个读书人,高启、高明、王祎、苏伯衡等江南名士,与之皆有交往②,因此,刘基与任氏家族交往也就不足为奇了。

包与善,刘基在《棣萼轩记》中称他为"故人",可见交往已有时日。至正十四年(1354)春二月,刘基"以事至萧山,过故人包与善,留舍于其棣萼之轩",次日,即回绍兴。《棣萼轩记》是回归绍兴之后不久,应包氏书约而作的,可见刘基避地绍兴期间,萧山是他常来常往之处。

结交王冕

前面说了,刘基避地绍兴期间的交游范围并没受到很大的限制,但其主要的交往面不是在位的朝廷命官,而是普通的知识阶层以及具有较高文化素养的僧人、道士。

刘基在绍兴期间所交的朋友当中,最值得一提的是著名画家、诗人王冕。王冕(1287—1359),字元(原)章,号煮石山农、梅花屋主等,绍兴诸暨人。出身农家,幼时放牧,常潜入村塾听人诵书,听后默记。后离家依僧寺,夜间

---

① 乾隆《萧山县志》卷二七"流寓"。

② 参见嘉靖《萧山县志》卷五"流寓"。

引长明灯自学，通宵达旦。曾试进士举而不第，遂绝意仕进。为人狂放不羁，钱谦益《列朝诗集小传》谓其"一试进士举，不第，即焚所为文。读古兵法，着高檐帽，被绿蓑衣，履长齿木屐，击木剑，或骑黄牛，持《汉书》以读，人咸以为狂"。他工画，尤其擅长画梅；其诗歌多伤时愤世、蔑视功名之作，诗风趋于朴直豪放。

刘基称："予在杭时，闻会暨王原章善为诗，士大夫之工诗者多称道之，恨不能识也。至正甲午，盗起瓯、栝间，予辟〔避〕地之会稽，始得尽观原章所为诗。"（卷之十一《王原章诗集序》）这说明刘基与王冕神交已久，但真正结识则始于至正十四年（1354）。

客观地说，他们两人的心志并不相同，王冕早年即绝意仕进，而刘基则功名事业进取心极强。可在特定时期，即刘基在仕途上遭受严重挫折之后，彼此间在隐逸闲适上找到了思想的契合点，而且两人的政见也颇为相似，譬如说王冕对于天下局势的预见分析以及对方国珍、张士诚等义军纷纷揭竿而起反抗元廷所持态度皆与刘基大致相同。

更为重要的是，彼此间的兴趣爱好非常相似。王冕擅长画梅，宋濂称其画技之高超，不减宋朝的杨补之。而刘基亦会丹青，明人李诩在《戒庵老人漫笔》卷二中就说他有《蜀川图》传世，姜二西《无声诗史》也有类似记载。①当然，刘基的画技可能不甚精湛，大致属于无师自通、自学成才一类，这从有关的叙述中也可以看出，但不管怎么说，刘基是一个既懂画又能作画的文人，在这一点上，他与王冕的情趣是十分相投的。

刘基与王冕情趣相投的另一方面，自然是两人都喜爱作诗，而且彼此之文学观念、诗歌风格都颇为接近。在元末的东南诗坛上，王冕的老乡杨维桢是盟主，"铁崖体"风靡一时，而刘基、王冕的诗风却趋于朴直豪放。刘基于至正十四年（1354）或十五年的冬季曾作七言古诗《雪晴偶兴因以成篇》，王冕有唱和之作《雪中次韵答刘提举》②，两首诗的风格很接近，都以豪放见长。

---

① 详见本书最后一章。
② 参见〔元〕王冕：《竹斋集》，卷下。

一方面是王冕视刘基为同道知己，另一方面可能是王冕认为刘基最能理解他的创作风格，所以，当诗集付梓之时，他请刘基作序，刘基亦欣然允诺，作《王原章诗集序》，序称王冕所为诗"直而不绞，质而不俚，豪而不诞，奇而不怪，博而不滥，有忠君爱民之情，去恶拔邪之志"（卷之十一），评价可谓高矣。在这篇诗序中，刘基对"诗贵自适"的论调予以猛烈的抨击，认为作诗就是要"好为论刺"，"使为诗者俱为清虚浮靡，以吟莺花，咏月露，而无关于世事，王者当何所取以观之哉！"当时有人质疑："圣人恶居下而讪上者。今王子（指王冕）在下位，而挟其诗以弄是非之权，不几于讪乎？"刘基辩驳道：

> 吁！是何言哉！《诗》三百篇，惟颂为宗庙乐章，故有美而无刺。二雅为公卿大夫之言，而国风多出于草茅闾巷贱夫怨女之口，咸采录而不遗也。变风、变雅，大抵多于论刺，至有直指其事、斥其人而明言之者，《节南山》《十月之交》之类是也。使其有讪上之嫌，仲尼不当存之以为训。后世之论去取，乃不以圣人为轨范，而自私以为好恶，难可与言诗矣。（卷之十一）

可见刘基对王冕那些感时愤世的诗作是予以充分肯定的。

刘基离开绍兴之后，王冕还有可能去处州青田看望过刘基，今见王冕文集当中录有五律《题青田山房》一首：

> 青田刘处士，潇洒好山房。夜月移花磴，春云动石床。
> 书声通远谷，琴响应清商。我欲相依住，临流筑草堂。①

"青田山房"当为刘基之书斋名，诗极有可能作于至正十八年（1358）。是时，因江浙行省赏罚不公，刘基再次弃官归隐故里，潜心著述。王冕不辞辛劳，长途跋涉来到青田造访好友，刘基自是高兴。两人约定来年去杭州孤山赏梅。不幸的是，王冕于至正十九年（1359）溘然长逝。时隔数年之后，刘基看到了

---

① 〔元〕王冕：《竹斋集》，卷中。

王冕为友人"汝器老丈"所作"煮石山农画梅卷"，因此睹物思情，百感交集，遂赋诗六首以附画后。诗云：

炎炎长日睡难成，热毒蒸蒸苦老晴。
却忆忍寒香雪海，一筇长为访梅行。

写到梅花意欲仙，一生快得任人传。
化身不用为千亿，飞过罗浮雪海边。

披尽寒香入画图，世间难得此清癯。
不知风雪双羊路，还有梅花似昔无？

绿树阴阴谢点尘，草堂借得十分春。
纸间尚爱冰心客，一任飘风吹散人。

写出梅花感旧情，湖中风雪有前盟。
年来梦亦无余事，只向孤山僻处行。

终有阳春不见春，笔端时露一枝新。
分明记得孤山影，隔水笼烟遇故人。[①]

刘基的题画诗写成于某年的炎炎夏日。当他看到王冕的这幅梅花佳作时，回忆起自己往昔亦经常在寒冷的日子拄杖访梅的情景。刘基这些拄杖访梅的诗句，会不会有王冕的影子呢？我们不得而知。刘基对王冕画梅的精湛技艺岂止是欣赏，简直是佩服得五体投地！"化身不用为千亿，飞过罗浮雪海边"，意思

---

① 以上6首题画诗见上海图书馆藏姚觐元《弓斋日记》"煮石山农画梅卷"，刘基文集诸版本皆不载。参见赵红娟《〈弓斋日记〉所载"煮石山农画梅卷"及其刘基题诗考述》，《丽水学院学报》2022年第1期。

是说，即使花海浩渺，也不用化身为千万亿个自己，因为王冕的这幅画足以让观者赏遍香雪海美景了。"披尽寒香入画图，世间难得此清癯"，这不仅仅是赞扬王冕梅花画得清瘦，很有气骨，细思量，这不正是对王冕一身傲骨的写照吗！"不知风雪双羊路，还有梅花似昔无"，也许王冕卒于冬日，刘基曾经去凭吊过，那时墓地周围梅花正凌寒开放，而如今梅花是否依然？诗歌表达了人非物亦难是的沉痛之感。"写出梅花感旧情，湖中风雪有前盟。年来梦亦无余事，只向孤山僻处行。"据前两句可知，两人曾经有西湖孤山看梅之约。也正因为此，后两句刘基说，自己"年来"梦魂萦绕的就是孤山，这足以见出两人情感深厚。最后一首末两句云："分明记得孤山影，隔水笼烟遇故人"。夜有所梦，梦达所愿，可见思友之切。概而言之，这组题画诗足以见得刘基与王冕彼此间感情之深厚。

诗文自娱

因建言捕斩方国珍被革职，避地绍兴，这是刘基仕元期间在政治上所遭受到的最为严重的一次打击。作为政治家的刘基，他是痛苦的；但对作为文学家的刘基来说，却未尝不是一件幸事。纵观刘基一生，避地绍兴的两年无疑使其文学创作又达到了一个新的高峰，其文学创作的质与量，都是以往任何一个时期所不能比拟的，从而奠定了他在元季文坛的文学地位。从刘基文集的有关记载来看，刘基在绍兴的两年时间里，参加过多次颇具规模的文人雅会，如至正十四年（1354）春在祝茂卿家举行的"牡丹会"，同年三月八日徐成中等一行10人的"南镇之游"，四月丁巳与黄本家等举行的"竹林宴集"①，四月二十二日的"郊外游"，五月三日的"王氏南楼聚会"；至正十五年春，与天台朱右、东平李子庚、会稽富好礼、开元寺僧玄中等携手同游云门诸山，等等。每次雅会，于觞筹交错之余，都免不了吟诗作赋，所以就有大量的诗文问世。

---

①刘基《竹林宴集诗序》："基既从左丞公至越，而辞戎事，始得与越士大夫游。乃四月丁巳，与嘉兴王纶、赵郡吴溥、会暨王俨、华亭唐虞民，会于黄本之舍。主人出酒肴劳客，乐甚，徙席于竹林之下。……"是文刘基文集诸版本皆不载，今引自〔明〕朱存理《珊瑚木难》卷五。

　　所要说明的是，刘基以诗文自娱，是一种无奈的选择。古人云："太上有立德，其次有立功，其次有立言。虽久不废，此之谓不朽。"（《左传·襄公二十四年》）这一表述体现了儒家生命价值取向的三个不同层次。我们不可否认，在上古有以"朝闻道，夕死可矣"（《论语·里仁》）这种纯以"立德"为生命价值追求终极目标的先哲前贤，但到后来，则无疑成了修身养性的代名词，即是说，立德是立功、立言的基础或前提；而于立功、立言两者之间比较而言，显然立功更为重要，后世儒士大都将其作为生命价值追求的终极目标，立言乃"余事"而已，甚或可说是不得已而为之。孔子、孟子是如此，杜甫、李白是如此，刘基也不例外。即便是在政治上遭受如此沉重打击的情况之下，仍不忘怀于功名事业。这可从《题王右军兰亭帖》中看出：

　　　　王右军抱济世之才而不用，观其与桓温戒谢万之语，可以知其人矣。放浪山水，抑岂其本心哉？临文感痛，良有以也。而独以能书称于后世，悲夫！（卷之十一）

与其说是悲王羲之的不用于世，倒不如说是感叹自身政治前途之迷茫！

　　正因为如此，刘基避地绍兴期间诗文创作的一大主题，就是感叹自身之不遇，从中可见其对生命追求的曲折经历。

　　如前所述，刘基在如何处置方国珍的问题上，因与朝廷意见相左，而被革职为民。从表面上看，他到绍兴之后，终日放浪于山水之间，心态调整得相当不错，其实则不然。综观其诗文创作，其内心是非常痛苦的，也是非常矛盾的。大型组诗《杂诗四十一首》作于避地绍兴之时，其二十八首云：

　　　　冲霄难为羽，泛海难为舟。缚羊驾戎辂，猛志空悠悠。
　　　　农时失耕耰，何以望有秋？决藩盗菽粟，鹰隼不如鸠。
　　　　韶华不我与，去若川水流。岁莫独彷徨，凛凛怀百忧。（卷之六）

此诗不仅使我们深切地体会到诗人内心无可名状的激愤，同时也看到了因生命价值难以体现而产生的苦闷和彷徨。孔子云："君子疾没世而名不称焉。"（《论语·卫灵公》）当时刘基已年过"不惑"，回首平生却一事无成，"农时失耕耨，何以望有秋？""韶华不我与，去若川水流"，一种时不我待的生命紧迫感便隐然而生。诗人自问："月圆正好缺复催，人生见月能几回？"（卷之五《明月子》）面对镜中霜鬓，甚而突发奇想："谁能走报西王母，乞与还丹驻黑头。"（卷之八《夏日杂兴七首》其四）这种不切实际的企盼正说明刘基对个体生命价值的执着追求。

毋庸讳言，刘基被革职之后，曾对自身生命价值的追求方式产生过怀疑，并在一定程度上接受了道家超现实的生命观念，以期从中得到心灵的慰藉，他在《薤露歌》中写道：

> 人生无百岁，百岁复如何？谁能将两手，挽彼东逝波！
> 古来英雄士，俱已归山阿。有酒且尽欢，听我《薤露歌》。（卷之六）

《薤露》为古乐府"相和曲"名，相传原是齐国东部的歌谣，为出殡时挽柩人所唱的挽歌。其意为生命短促，犹如薤叶上的露水，瞬间即逝。刘基以这古老的挽歌形式，抒发"人生几何，譬如朝露"的生命感悟，确实给人以悲凉之感，然于音韵悲凉的"彭、殇同尽之语"①当中，仍能感受到英雄失意的激昂慷慨之情。

有时诗人甚至倾慕起陶渊明式返璞归真的田园生活：

> 弱水不可以航，石林不可以车。人生贵守分，墙上难为趋。
> 茫茫八极内，狭径交通衢。纷纷皆辙迹，扰扰论锱铢。
> 焦原诧齐踵，龙颔夸探珠。片言取卿相，杯酒兴剪屠。
> 机事一朝露，妻子化为鱼。林间有一士，蓬蒿翳穷庐。
> 种稻十数亩，种桑八九株。有酒且饮之，无事即安居。

---

① 〔明〕李于鳞、陈卧子编选：《明诗选》卷一〇《薤露歌》，蒋仲舒评语。

孰知五鼎食？聊保百年躯。悠悠身后事，汲汲复何如！

（卷之五《墙上难为趋行》）

这种返璞归真的思想在《遣兴六首》其二当中也有反映：

积雨兼数旬，天气凉有余。青苔交户庭，始觉人迹疏。

地主多闲园，可以种我蔬。儿童四五人，蔓草相与锄。

既倦则归休，卧阅床上书。无事且为乐，何者为名誉！（卷之七）

从诗中的描述来看，刘基似乎很满足于眼前的田园生活，但这仅仅是临时的"改心换志"。综观刘基与方外高僧、亲朋好友的诗赋往来，又何曾见其内心有过片刻的安宁？"退食耻尸素，进思愧庸驽"（卷之七《立夏日有感》），"避世惭商绮，匡时愧鲁连"（卷之八《不寐》），"诸公俱凤麟，愧我独樗栎"（卷之七《五月三日会王氏南楼得激字》），从上引诗句矛盾心曲的流露中，仍可见其用世之志。"不共铅刀争利钝，何妨玉匣且深藏？"（卷之九《次韵和石末公见寄五绝》其四）这两句诗虽然写于回归处州之后，但真实地反映了刘基避地绍兴之时的思想。《题陆放翁晚兴诗后》云：

雄剑闲宝匣，中夜蛟龙吼。男儿抱志气，宁肯甘衰朽。

松柟在深谷，枝叶拂星斗。虽无般匠顾，势自凌培塿。

昂昂商山翁，矫矫渭滨叟。林泉不遐遗，轩冕亦固有。

奈何刘伶辈，贱身若刍狗。徒生天地间，辜负发与手。

三复咏斯章，千载吾尚友。（卷之七）

可见诗人苦苦思索之后，最终鄙弃的还是"刘伶辈"消极避世的生命价值取向。剑在匣、蛟在渊，皆待时而出也。"松柏冒雪霜，秀色终不改。"（卷之六《杂诗四十一首》其九）这正是诗人百折不挠，志存高远的品格象征。概言之，奋发向上、务实进取是刘基避地绍兴期间生命咏叹的主旋律。

忧国忧民是刘基平生诗文创作的重大主题，也是避地绍兴之时的创作主题之一。

萧涤非先生如是云："儒家说'穷则独善其身，达则兼善天下'，杜甫却是不管穷达，都要兼善天下；儒家说'不在其位，不谋其政'，杜甫却是不管在位不在位，都要谋其政。"[①]这话套用在刘基身上同样合适。刘基避地绍兴期间，虽然内心痛苦不已，但他并未因此而忘怀世事，反而愈加密切地注视着全国局势的变化发展，并以诗文表达自己的政见，如《感怀三十一首》《咏史二十一首》《杂诗四十一首》等大型组诗都作于这个时期，从中可见其对国家的深切关怀。如七言律诗《忧怀》：

> 群盗纵横半九州，干戈满目几时休？
> 官曹各有营生计，将帅何曾为国谋？
> 猛虎封狼安荐食，农夫田父困诛求。
> 抑强扶弱须天讨，可怪无人借策筹。（卷之九）

诗名"忧怀"，那么他为何而忧？他忧的是国无宁日，民不聊生。在自身处境如此艰难的境况之下，尚以社稷苍生为念，实在是难能可贵。即使与方外僧士的诗赋往来，他也念念不忘国家安危。如《次韵和谦上人秋兴七首》，可以说是句句思国，字字言忧，皆为见情见志之作，其第一首云：

> 一自中原万马奔，江淮今有几州存？
> 龙韬豹略痴儿戏，秾李夭桃猛士门。
> 废垒秋风销战骨，荒郊夜雨泣冤魂。
> 江湖愁绝无家客，伫立看天泪眼昏。（卷之八）

从诗中看到的是诗人这位"无家"之客，泪眼看"天"的悲愁激愤，看到

---

① 萧涤非：《诗人杜甫》，《杜甫诗选》，人民文学出版社1979年版，卷首。

的是空有龙韬豹略而无人赏识的英雄无奈，看到的是布衣忧国的一片赤诚之心！

至正十四年（1354）十一月，元丞相脱脱大败张士诚于高邮，时刘基仍避地于绍兴，闻此则一时忘却自身的不幸遭遇，竟按捺不住激动的情怀欣然命笔，作《闻高邮纳款漫成口号》：

> 闻道高邮已撤围，却愁淮甸未全归。
>
> 圣朝雅重怀柔策，诸将当知虏掠非。
>
> 尧帝封疆元荡荡，世皇功业甚巍巍。
>
> 忠臣义士同休戚，纵欲寻安总祸机。（卷之十四）

诗人在精神遭受极大打击，处境十分艰难的情况之下，见说"高邮纳款"而欣喜若狂，这自然使我们想起诗人杜甫当安史之乱之际"闻官军收河南河北"的欣喜情景，所不同的是刘基当时的处境比杜甫更为艰难，其精神上所受创伤也是当年杜甫所无法比拟的。诗人似乎从高邮大捷看到了元廷起死回生的一线希望，而吸盼淮甸早日全归。可遗憾的是元廷并未因此而扭转局势，张士诚的地盘在此之后数年中是愈来愈广，各地的反抗运动有如烈火烹油，而遍及中国。

至正十六年（1356）二月，张士诚"陷平江（今江苏苏州），并陷湖州、松江及常州诸路"。①张士诚改平江为隆平府，并且将都城由高邮迁至此地。此时刘基已从绍兴至杭，复任江浙行省都事。消息传至，刘基作《感叹》以寄忧思：

> 闻说苏州破，仓皇问故人。死生俱可悼，吾道一何屯！
>
> 北去应无路，南藩自此贫。凄凉转蓬客，泪尽浙江滨。（卷之九）

闻高邮复则欣喜无比，闻苏州破则泪尽江滨，这一喜一悲就很可以看出刘基以

---

①《明史》卷一二三，《张士诚传》。

社稷为念的志士情怀。刘基作诗主要师承杜甫、韩愈，上述诗作即基本上继承了杜甫的写实诗风。

史载刘基"放浪于山水之间"，游遍绍兴的名山大川、风景名胜，每到一处都免不了吟诗作赋，所以就有大量的模山范水之作问世。这又是刘基居绍期间诗文创作的另一主题，而最令人称道的是至正十五年（1355）春游云门诸山所作的山水游记。

今观刘基文集，录有《游云门记》《出越城至平水记》《活水源记》《自灵峰适深居过普济寺清远楼记》《发普济过明觉寺至深居记》《松风阁记》《横碧楼记》《绍兴崇福寺记》，屈指一数，恰为"八记"，是与柳宗元"永州八记"巧合，还是有意为之？我们尚不得而知。不过，这"八记"之开篇——《游云门记》却有如下一段文字：

> 昔唐柳先生谪〔谪〕居领外，日与宾客为山水之游，凡其所至，一丘一壑，莫不有记。夫领外，黄茆苦竹之地，有一可取，犹必表而出之，而况于云门、若耶以山水名于天下者哉？惜余之荒陋，不足以发扬之也。（卷之十二）

就此看来，倒真还有那么一点意思在内。其实，有意也罢，无意也罢，重要的是这"八记"确乎为绍兴的山水名胜增添了一道亮丽的人文景观，其游记写作也确从柳宗元那里获益匪浅。

综观刘基的山水游记，大致有如下特点：

一是历历点次，笔法自老。其多数作品重在记"游"，富有动感，景随人移，情由景生。举凡途中所见，心有所感，即摄入笔端，形诸文字，貌似信手拈来，实则匠心独运，极见功力。如《出越城至平水记》，其行文不生一波澜，不下一评语，目之所触，即为文章；序次井然，间架分明，记地理方位，毫发不爽；每状一物，每摹一景，皆道明出处，山水之佳妙与人文景观交相辉映。寥寥数百字的游记，宛如一幅导游图，通览一过，即了然于心。钟惺谓此文

"如续《小石城山记》,秦皇酒瓮、故宋废陵……令人神往。"①《小石城山记》为"永州八记"之一,可见其对柳宗元山水游记之笔法有所承续。

二是虚实相生,用笔腾挪。刘基那些工笔细描的作品总是正锋、侧笔并用,调动各种描写手法,抓住景物的主要特征尽可能写深写透,而最值称道的是作者虚实相生的侧笔运用。如《活水源记》,此记叙写的是灵峰之上一条不知名的小溪流,僻处深山而罕有人顾,作者却喜其清幽而形诸笔端。与一般山水游记不同的是,此记不叙景区的旖旎风光,而是突出一个"活"字,着力表现活水源的勃勃生机。而写水源之活不从正面落笔,更多的是以朴素自然、细腻生动的笔触去刻画"活水源"中的各种小动物的生态,从而使这一带充满着生命的活力。小生命写"活"了,活水源之勃勃生机也就跃然纸上了,此乃"不写之写",无怪乎清人张汝瑚对此欣赏备至,他说:"记活水源,却不极力写活水源,但就一二草树虫鸟不紧要处,写得活泼泼地,而水源之活,不减颊上三毛矣。如此用笔,真是绝世奇神。"②

三是叙议结合,寄托遥深。韩、柳、欧、苏散文往往采用叙议结合的手法使文章意旨得以升华,王安石更是运用得得心应手,如《游褒禅山记》即为典范之作。刘基的山水游记也常用这种手法。如《松风阁记》前、后记,其前记开篇即从议论切入,几经辗转腾挪而及"松风",再腾展想象的翅膀,对松风作穷形尽相的描绘,至篇末又以议论作结,谓"观于松可以适吾目,听于松可以适吾耳。偃蹇而优游,逍遥而相羊,无外物以汩其心,可以喜乐,可以永日"(卷之十二),流露出作者仕途受挫之后消极的心绪。而挺立于阁后最高峰的千年古松,又使人联想起作者不愿抑心屈志的超凡拔俗的伟岸人格。松风相会形象如此优美,使作者耳聪目明,然而他到底由此感悟到了什么呢?是风云际会?是君臣际会?看来作者是不甘就此而沉沦的。

还是那句话:塞翁失马,焉知非福?没有革职后避地绍兴的整整两年时间,或许就没有后来的文学家刘基了!也应了一句古话"有得必有失",反之亦然。

---

① 〔明〕钟惺辑评本:《刘文成公全集》,《出越城至平水记》点评。
② 〔清〕张汝瑚辑评:《刘文成先生集》,《活水源记》总批。

感时述事

以诗议政，是刘基诗歌中最值得关注的一类。刘基在绍兴期间作有五言古体组诗《感时述事十首》①，这是刘基以诗议政的典范之作。

以诗议政，始自唐代的杜甫和白居易。至宋，此类诗作更俯拾皆是。诗人往往针对某一政治事件有感而发，堪称地道的议政诗。如王安石以诗称颂变法，苏轼以诗讥刺新政，这都是北宋诗歌以诗议政的突出表现。至南宋，以诗议政之风不减，我们在陆游、杨万里、范成大等诗集中都经常可以看到议政诗，可见以诗议政已成了宋诗的一大特点。

此类诗作到了元季刘基手中，又有了长足的发展，可以说是达到了一个新的高峰。从表现手法来看，这是以文为诗的突出表现。刘基之诗师法杜、韩，在以诗议政这一点上，是青出于蓝而胜于蓝的。刘基何以对这一表现手法情有独钟？究其原因，主要还在于其经世致用的文学观念所使然。笔者曾不止一次地强调：刘基之诗是政治家言志之诗，这与王安石以诗称颂变法、苏轼以诗讥刺新政是同出一辙。

《感时述事十首》的议论范围囊括元季至正年间诸如吏治、军政、农政、钞法、盐法等种种弊端，而这一切又都是围绕着当时群起为"盗"、天下大乱的艰危局势逐一加以揭示和批判的。

刘基认为天下大乱的最根本原因在于执政者不实行"以德养民"的为政之道。"保民而王"是儒家治国统民的思想核心。大凡古往今来有建树的明君、贤臣无不将"保民"作为稳固江山社稷的基本国策，刘基作为一个深受儒家思想熏陶的仁人志士，自然是深谙此道的。他在早年的科举习作当中即已提出"国以民为本，而民以食为天"②，在《拟连珠六十八首》其十五中又云"国不自

---

① 郝兆矩《增订刘伯温年谱》将《感时述事十首》系年于至正十八年，误。这一组诗的第九首有"自从甲兵兴，奄忽五六年"之句，而甲兵兴起之年为至正八年，由此顺推"五六年"，即为至正十五年前后。

②《春秋明经·筑郿大无麦禾臧孙辰告籴于齐新延厩》，成化本《诚意伯刘先生文集》卷之十九。

富，民足则富"（卷之十），可见民本思想已在刘基头脑中深深扎根。在《感时述事十首》当中，刘基再次强调"惟民食为命，王政之所先"（其九，卷之七），在他看来，"民饥"是"盗起"的一个重要原因，这在早年所作的《北上感怀》《过东昌有感》诸诗中都一再论及。

冰冻三尺，非一日之寒。刘基认为元朝政治的全面腐败是天下大乱的根本原因。综合刘基的观点大致有三：

一曰吏治腐败，搜刮太甚。《感时述事十首》其五一针见血地说："滥官舞国法，致乱有其因。何为昧自反，一体含怒瞋。斩艾若草芥，虏掠无涯津。况乃多横敛，殃祸动辄臻。人情各畏死，谁能坐捐身？所以生念虑，啸聚依荆榛。"（卷之七）《感时述事十首》其二更是单刀直入："此辈欲何求？朘剥图身肥。……盗贼乘间发，咎实由官司。"（卷之七）概言之，即官逼民反。正因为此，刘基于《鸣雁行》《感怀三十一首》其五等诗作中对蒙元京官掊克敛财之贪婪行径都予以无情的嘲讽。

二曰交钞贬值，遂致物价腾贵，民不聊生。《感时述事十首》其八云：

> 八政首食货，钱币通有无。国朝币用楮，流行比金珠。
>
> 至今垂百年，转布弥寰区。此物岂足贵？实由威令敷。
>
> 庙堂喜新政，躁议违老夫。悠悠祖宗训，变之在朝晡。
>
> 瞿然骇群目，疑怪仍揶揄。至宝惟艰得，韫椟斯藏诸。
>
> 假令多若土，贱弃复谁沽？钱币相比较，好丑天然殊。
>
> 譬彼缔与绤，长短价相如。互市从所取，孰肯要其粗？
>
> 此理实易解，无用论智愚。翘兹四海内，五载横戈殳。（卷之七）

元至正十年（1350）朝廷发行的纸币，史谓"至正交钞"。因当时军费开支庞大，发钞过滥而导致货币严重贬值，物价飞涨；再者，至正交钞"楮币疯恶，用未久，辄腐烂不堪倒换"[①]，如同废纸。刘基在上述诗中，正是针对这一弊端

----

① 〔明〕叶子奇：《草木子·克谨篇》。

有感而发，并认为是致乱的一个重要原因。

三曰法度过细，适得其反。刘基特别指出盐禁太甚是盐民造反的重要原因，他在《感时述事十首》其九中说：

> 海醝实天物，厥利何可专？贪臣务聚财，张罗密于毡。
>
> 厉禁及鱼虾，卤水不得煎。……
>
> 官征势既迫，私贩理则然。遂令无赖儿，睢眦操戈铤。
>
> 出没山谷里，陆梁江海边。横行荷篆笼，方驾列船舷。
>
> 拒捕斥后懦，争强夸直前。盗贼由此起，狼藉成蔓延。（卷之七）

刘基的这番议论是很有针对性的。至正十三年（1353）张士诚起义，其实就是盐丁暴动，张氏本人亦为盐丁出身。方国珍造反的起因虽与张士诚不甚相同，但他亦世以贩盐、海运为业，跟随者亦多为渔民、盐民。刘基对起事之首恶者力主镇压，但对百姓落草为"寇"的原因是判断得非常准确的。

那么，何以农民起义能由星星之火骤成燎原之势？何以面对"草寇"之骚扰，官军节节败退，城池频频告陷以致最终局势失控？对于这一问题，刘基在《感时述事十首》中也作了认真的思考。他认为主要问题有以下几个：

一是姑息养奸，策略不当。《感时述事十首》其七云：

> 虞刑论小故，夏誓殄渠魁。好生虽大德，纵恶非圣裁。
>
> 官吏逞贪婪，树怨结祸胎。法当究其源，剪锄去根荄。
>
> 蒙茏曲全宥，驾患于后来。滥觞不堙塞，滔天谷陵颓。
>
> 总戎用高官，沐猴戴毋颐。玉帐饫酒肉，士卒食菜苔。
>
> 未战已离心，望风遂崩摧。招安乃倡议，和者声如雷。
>
> 天高豹关远，日月照不该。具曰贼有神，讨之则蒙灾。
>
> 大臣恐及己，相视若衔枚。阿谀就姑息，华绂被死灰。
>
> 奸宄争效尤，无风自扬埃。啸聚逞强力，谓是爵禄媒。（卷之七）

我们知道，刘基建议捕斩方国珍，省院台驳刘基所议，即以"伤朝廷好生之仁"为借口。刘基在诗中则针锋相对地予以回击："好生虽大德，纵恶非圣裁。"这根本不是"好生"，而是"纵恶"，是姑息养奸！"牧羊必除狼，种谷当去草"（卷之七《从军诗五首送高则诚南征》其四），这是刘基的一贯主张。他认为，对方国珍的无原则宽容、忍让，将后患无穷。《感时述事十首》其十云：

> 方今贡赋区，两际日月窬。胡为倚东吴，转饷给丰膳？
> 径危冒不测，势与蛟龙战。遂令鲸与鲵，掉尾乘利便。
> 扼肮要国宠，金紫被下贱。忠良怒切齿，奸宄竞攀援。
> 包羞屈政典，尾大不可转。圣人别九州，田赋扬为殿。
> 中原一何肥，所务非所先。豳风重稼穑，王业丘山奠。
> 夫征厉末习，孰敢事游燕？哀哉罔稽古，生齿徒蕃羡。
> 一耕而十食，何以奉征缮？长歌寄愁思，涕泪如流霰。（卷之七）

诗中提出了许多社会问题：南粮北运导致了贫极江南、富极塞北的两极分化；而贡赋由海运北至大都，便不可避免地要与方国珍短兵相接，海盗善水战，官军败绩又在情理之中；朝廷要员因受方国珍的贿赂，一味袒护使他官爵一升再升，又导致忠良切齿，奸宄仿效而尾大不掉，局面难以收拾，如此等等。

二是将帅世袭，士兵乌合。强大的军事机器原本是维系元王朝统治的坚强柱石，由于种种军政弊端而导致军队战斗力锐减，其中最致命的一点就是元王朝的将官可以世袭，这是军队瘫痪的根本原因。对此刘基在《感时述事十首》其三中作了鞭辟入里的剖析：

> 将官用世袭，生长值时雍。岂惟昧韬略，且不习击剽。
> 悍卒等骄子，有令亦无从。跳踉恣豪横，鼓气陵愚蠢。
> 所以丧纪律，安能当贼锋？（卷之七）

刘基认为这些世袭军官平日养尊处优，谋略、武功俱无，在军队中根本无威信可言，故下级、士兵皆可有令而不从，一支纪律涣散的部队岂有打胜仗之理？

元王朝军队瘫痪的另一原因是：因升平日久，军队没有足够的兵力储备，一旦有警，则"无兵可用，乃集农夫、驱市民为兵，至不能弯弓发一矢，骈首就戮①。《感时述事十首》其四云：

> 豢狗不噬御，星驰慕［募］民兵。民兵尽乌合，何以壮干城？
>
> 百姓虽云庶，教养素无行。譬彼原上草，自死还自生。
>
> 安知徇大义，捐命为父兄？利财来应召，早怀逃窜情。
>
> 出门即剽掠，所过沸如羹。（卷之七）

至正"乱"起，朝廷以苗军应战，许多有识之士都表示反对。如至正十二年（1352）十月前后，元帅阿尔斯兰率广西苗军5万沿江下抵庐州，余阙即移文表示反对，谓"苗蛮不当使窥中国"②。在这一问题上，刘基亦持异议，《感时述事十首》其六云：

> 五溪旧三苗，蛇虺相杂处。其人近禽兽，巢穴依险阻。
>
> 起居任情欲，斗狠竞爪距。况能识君臣？且不顾子父。
>
> 所以称为凶，分北劳舜禹。先朝慎羁縻，冈俾来中土。
>
> 胡为倏而至，驰骤如风雨？见贼但越趄，逢民辄俘虏。
>
> 腰缠皆金银，衣被俱绣组。所过恶少年，改服投其伍。
>
> 农家劫掠尽，何人种禾黍？盗贼有根源，厥咎由官府。（卷之七）

不必讳言，刘基对少数民族存有偏见，但当时江浙行省丞相达实特穆尔重用苗军，而"苗军素无纪律，肆为抄掠，所过荡然无遗"③，这是事实。

---

① 《明实录·太祖实录》卷三九。

②③ 《元史纪事本末》卷四。

三是刑赏不公，锐挫怨萌。这也是导致官军战斗力锐减的原因之一。刘基在《感时述事十首》其四作如下议论：

> 总戎无节制，颠倒迷章程。威权付便嬖，赏罚昧公平。
> 饥寒莫与恤，锐挫怨乃萌。见贼不须多，奔溃土瓦倾。
> 旌旗委田野。鸟雀噪空营。将军与左右，相顾目但瞠。
> 此事已习愤〔惯〕，智巧莫能争。（卷之七）

在刘基诗作当中，我们未见有关的典型事例实录，而叶子奇《草木子·克谨篇》的一条记载恰可印证此点：

> 及方寇起，濒海豪杰如蒲圻赵家、戴纲司家、陈子游等，倾家募士，为官收捕。至兄弟子侄皆歼于盗手，卒不沾一命之及，屯膏吝赏至于此。其大盗一招再招，官已至极品矣。于是上下解体，人不向功，甘心为盗矣。又获功之官，于法非得风宪体覆牒文。不辄命官，宪使招权，非得数千缗，不与行遣。故有功无钱者，往往事从中辍，皆抱怨望。其后盗塞寰区，空名宣敕，遇微功即填给，人已不荣之矣。向使用于初乱之时，岂复有寇如此昌炽？何其始之啬而终之滥耶！且功则不与，贼则与之，刑赏倒施，何其谬哉！

由于刑赏不公而使军心涣散，也由于刑赏不公而使百姓倒戈，这无疑是元军节节败退的原因之一。

刘基在这组诗歌当中是以拯世济民为己任，以"良医"自居，而将元廷作为一个病入膏肓的重病号对待，寻其症结，找其病根，然后对症下药，目的还在于要补千疮百孔的元廷之"天"。

第八章　处州平"寇"　愤然辞官

临危受命

刘基避地绍兴期间，元王朝是在风雨飘摇之中度过。

如前所述，丞相脱脱于至正十四年（1354）十一月领兵大败张士诚于高邮，十二月，眼看高邮旦夕可破，朝廷一纸诏书罢免脱脱的相位，安置淮安路，继之又诏令西行。次年十二月，被左丞相哈麻（亦称哈玛尔）矫诏遣使鸩之，死年42岁。

脱脱罢相之后，元朝局势更江河日下。

元顺帝不理朝政，淫逸无度。哈麻曾进西天僧，以"运气术"媚帝，帝习为之，号曰"大喜乐法"；哈麻妹夫图噜特穆尔又荐西番僧，以"秘密法"媚帝，帝又习为之。其实，大喜乐法、秘密法，都是房中术。西天僧、西番僧因"功"分别赐高官"司徒"和"太元国师"。元顺帝之荒淫于此可见一斑。其精力无处宣泄，则以自制龙船、宫漏为乐。《元史》卷四三顺帝本纪载：

> 帝于内苑造龙船，委内官供奉少监塔斯布哈监工。帝自制其样，船首尾长一百二十尺，广二十尺，前瓦帘棚、穿廊、两暖阁，后吾殿楼子，龙身并殿宇用五彩金妆，前有两爪。上用水手二十四人，身衣紫衫，金荔枝带，四带头巾，于船两旁下各执篙一。自后宫至前宫山下海子内，往来游

戏，行时，其龙首、眼口、爪尾皆动。

又自制宫漏，约高六七尺，广半之。造木为柜，阴藏诸壶其中，运水上下。柜上设西方三圣殿，柜腰立玉女捧时刻筹，时至，辄浮水而上。左右列二金甲神，一悬钟，一悬钲，夜则神人自能按更而击，无分毫差。当钟、钲之鸣，狮、凤在侧者皆翔舞。柜之西东有日月宫，飞仙六人立宫前，遇子午时，飞仙自能耦进，度仙桥，达三圣殿，已而，复退立如前。其精巧绝出，人谓前代所鲜有。

因元顺帝有这等"本事"，故时人戏称之为"鲁般天子"。让这样一位不务正业的"天子"去代"天"牧民，其能否有所作为就可想而知了。

至正十六年（1356）二月，刘福通等迎立韩林儿为皇帝，称"小明王"，建都亳州（今安徽亳县），国号宋，改元龙凤，北方各路红巾军开始用此年号。

二月，滁州郭子兴卒。韩林儿任命郭子兴的儿子郭天叙为都元帅，张天佑为右副元帅，朱元璋为左副元帅。六月，朱元璋下采石，取太平，改太平路为府，置太平、兴国翼元帅府，自领元帅事。九月，郭天叙、张天佑攻打集庆（今江苏南京）时牺牲。至此，郭子兴部尽归朱元璋统领。

就在这样一种时势背景之下，刘基于至正十六年（1356）春三月，奉行省之命，从杭州回归处州，使"自募义兵"，"招安山寇吴成七等"。（《行状》）

处州群山连绵，龙泉、庆元两县与闽北山水相连，是浙江西南部的天然屏障，有着相当重要的军事地位。至正十二年（1352），红巾军即由闽北入浙，攻掠处州路的龙泉县，处州、婺州的形势骤然紧张起来。行省急令石抹宜孙至处州，领征讨事。宜孙至龙泉，招募乡兵戍守县治，终于将红巾军从龙泉、庆元击退，并乘胜追击，克复建宁路之松溪、政和两县。

到至正十三年（1353），受全国各地风起云涌的反元形势的影响，当时的浙南山区，小股农民起义也如星星之火，遍布各地，对朝廷一方来说，局势一度失控。

据《方国珍寇温始末》记载，当时就有"山海奸民连结，负贩私盐者，多与方寇出入。闽（福建）括（处州）寇李师、吴第五、吴成七、张希伯、郑长

脚、金翁瑞等，各据地为乱，以闽、括、温三处界地为巢穴"。其中的吴成七又
为上述农民武装影响之最大者。

吴成七，瑞安黄坦（今属浙江文成）人，幼居吴庄（今属文成县金炉乡），
后入赘新凉堂毛家（今文成县黄坦黄垟茶堂），从事农耕，兼贩私盐。曾拜水云
寺和尚习武，十八般兵器，件件精娴。为人刚勇仗义，在民间颇有威望。至正
十三年（1353）春，他在瑞安五十四都埠头售贩私盐，因当地盐霸横行，一怒
之下，将盐霸拳毙，被诬为谋反。吴成七无奈之下，落草为"寇"，逃回黄坦，
即请民间武师宋茂四、落第穷儒支云龙、善研兵法的周一公等相约揭竿反元，
受压百姓纷纷响应，其队伍很快发展壮大，大本营就设在黄垟毛弯。

元至正十三年（1353）十一月，闽、括"盗"出，处州吴成七、金龙十、
吴第五、福宁郑长脚、张希伯、李师、金翁瑞等焚劫平阳松山（今苍南县桥墩
镇松山）、分水（今福鼎县分水关），守御万户晁恭廉被伤而遁，千户帖木、永
嘉尉王楚山死之，义士焦龙溪被俘，欲杀之，其仆从抱主请代死，并杀之。此
次闽括"山寇"联手出击，主导者即青田黄坦吴成七。

元至正十四年（1354），吴成七被众推为首领，遂自号"吴王"。随着起
义军人数的发展，因毛弯地窄，迁营黄坦龚宅，再辟金山指挥烽火寨（今吴
成七寨），建吴王府于龚宅石鼓楼。同年秋，起义军已具备相当军力，于是主
动出击青田县城。元行省震恐，忙命总管官王某带兵剿伐，但王某到达南田
后，惧怕得不敢再前进一步。南田张坳豪富徐伯龙，自告奋勇，主动请战，
王某授给松阳县尉牒，由徐伯龙自带"义勇"，在张坳外路拒挡起义军前进，
发生激战，"义勇"溃败，徐伯龙毙命。吴成七乘胜进兵，青田地主武装首领
季珍带"义勇"阻击于船寮（今青田船寮镇），激战整日，起义军大获全胜，
攻下县衙。

次年，吴成七拜周一公为军师、宋茂四为大将、支云龙为王府谋臣，开科
取士，选拔文官武将，分派头领驻兵各寨。并封朱君达、李夹等数十名战将，
以黄坦为中心四向出击，把势力范围扩大到处（州）、温（州）、婺（金华）及
闽建一带，形成首尾相连百余寨，致使官兵不敢深入。元统治集团在惶恐中，
数次派官招安，均遭吴成七拒绝。

正如《元史》在石抹宜孙本传当中所云，时处州"山谷联络，盗贼凭据险阻，辄窃发，不易平治"，这就是当时处州的局势。

行省再次起用刘基，恢复其行省都事之职，命令他回处州协助石抹宜孙"平定山寇"。这首先是考虑到刘基是处州本地人，熟悉当地的情况，而吴成七起义的根据地就在青田和瑞安；其二是两年来的事实证明，朝廷对方国珍的"宽让""招安"是失策的。方国珍时降时叛，着实令朝廷无计可施。事实上，到至正十六年（1356），方国珍的势力范围已扩展至温州、台州、庆元三路，官军奈何不得。是年二月，方国珍虽然再次接受招安，朝廷授以海道运粮漕运万户兼防御海道运粮万户之职，其兄方国璋为衢州路总管兼防御海道事，但仍然是我行我素。

刘基之于行省对他的再次起用，当有受命于危难之际的使命感，将朝廷以往对他的"不公"，已然置之脑后，个人的不幸与国家的兴亡一比较，又算得了什么？在他看来，这是证明其自身价值和报效朝廷的又一次难得的机遇。可有一点，他恐怕没有想到：这是他为元王朝的最后一次尽忠了。

刘基接到行省任命，就匆忙上路。那时，江浙乡野，处处有"寇"，他是抄小道回处州，《至婺州闻官军自温处之江东所过皆空遂从间道还乡》诗云：

> 闻道人家总避军，我亦独穿豺虎群。
>
> 莫思身外路多棘，且喜雨晴山出云。
>
> 林端石磴鹘自占，涧底风松猿共闻。
>
> 他年想象或梦到，两鬓白雪应纷纷。（卷之八）

从诗中可见当时行路之难，不过，心情倒还不错，这毕竟是走在还乡的路上。从省城抄小道回丽水，必经稽勾岭。《丽水县志》卷三记载：稽勾山，在县北一百里，峻岭盘回二十里许。《汉中记》云："峻崿百重，绝壁万寻。即造其峰，谓已逾崧岱，复瞻前岭，又倍过之，此其类也。"[1]它是丽水的北门户。走在这

---

[1] 包秀贤主编：《丽水地名志》，1986年12月印刷。

条间道上，但见高峰入云，清流见底，两岸石壁五色交辉，青林翠竹四时俱备，诗人刘基吟哦道：

> 白日隐岩嶅，千崖气势豪。溪流婺女阔，山入少微高。
>
> 危石天㰍侧，长风谷怒号。干戈方自此，行役敢辞劳！（卷之八《稽勾岭》）

这首诗通过对家乡雄关险隘的描摹，抒发了诗人豪迈的气概，似乎向世人表明了自己已于此干戈纵横之际，肩负重任，还乡"平乱"的一种自信。

当时石抹宜孙正以浙东元帅府同知分府处州，这是他第二次来到处州"平乱"了。《元史》石抹宜孙本传云："宜孙用基等谋，或捣以兵，或用以计，未几，（山寇）皆歼殄无遗类。"这一表述告诉我们：在未来处州"平乱"的一系列军事活动当中，刘基成了石抹宜孙的主要谋士。

石抹宜孙，字申之，柳城人。其人生性警敏，嗜学问，于书务博览，而长于诗歌，曾借嫡弟石抹厚孙荫袭父职，为沿海上副万户，守处州。及弟长大成人，即让其职还之，而退居台州。至正十一年（1351），方国珍起海上，江浙行省即命其戍守温州。也就在这一年，"闽寇犯处州，复檄宜孙以兵平之，以功升浙东宣慰副使，分府于台州"，顷之，"处（州）之属县山寇并起，宜孙复奉省檄往讨之"，自此，宜孙就一直留任于处州。其间，宜孙于至正十四年曾回临海①，至正十五年回镇处州②。也就是说，刘基于至正十二年到至正十三年在台州、温州一带参与戎事之时，宜孙已到处州"平乱"；宜孙于至正十四年（1354）回临海之时，刘基则避地于绍兴，两人在至正十六年之前，恐未有共事的经历。

当然，彼此的私人交往并不排除，即便没有交往，而对于刘基的谋略以及

---

① 〔明〕王袆《故参军缙云郡伯胡公行述》："岁甲午（至正十四年）二月，舒穆噜公还临海，公（胡深）亦归隐于湖山。"见《王忠文集》卷二二。

② 史载至正十六年夏，婺州、处州大旱，石抹宜孙祈雨成功，刘基作《喜雨诗序》，序称："舒穆噜公再镇括之明年，……其夏五月，禾黍既艺，天乃不雨，民大忧惧。"文中之"明年"即为至正十六年。

对"海盗""山寇"所持的态度，谅必宜孙早有耳闻，所以，宜孙重用刘基，也是十分自然的了。事实上，刘基能为行省重新起用，与石抹宜孙的极力推荐不无关系。①在刘基回归处州前后，处州七县的精英如章溢、胡深、叶琛等人也都已投至石抹宜孙的麾下，其共同的目的都是早日稳定处州的局势。

章溢，字三益，龙泉人，年轻时与本邑胡深、叶子奇以及丽水叶琛同受业于龙泉硕儒王毅门下，因学业出众被称为"高弟子"。至正十二年（1352），红巾军从闽北入浙，攻打龙泉县城。章溢侄子章存仁被执，溢挺身而出，曰："吾兄止一子，宁我代！"红巾军素闻其名，欲迫之降，而将其捆绑在庭柱上，章溢终不为屈。至夜，骗过看守者而逃归，遂召集乡民为义兵，协助石抹宜孙拼死戍守城池，最终将红巾军逐回闽北。后石抹宜孙戍守台州，曾为"贼"所围，章溢还亲率义兵赴援却"贼"，②佐宜孙"拯临海之穷民，救宁海之狂寇"（卷之十一《送章三益之龙泉序》），皆卓有成效。宜孙再镇处州时，章溢自然成了宜孙的得力助手。

胡深，字仲渊，与章溢同邑，颖异有智略，通经史百家之学。元末兵乱，红巾军由福建蒲城、松溪入侵龙泉，胡深叹曰："浙东地气尽白，祸将及矣！"乃集里中子弟以自保。石抹宜孙以万户镇处州时，被辟为参军，并募兵数千收捕诸"山寇"。温州戍卒韩虎、陈安国杀主帅，据城反叛。胡深奉命前往征讨，然以城中百姓为念而干戈未动，仅以辩士晓谕军民，军民感泣不已，杀韩虎等以城降。宜孙再镇处州时，胡深与章溢同为宜孙手下的参谋官。③

叶琛，字景渊，别名伯颜，丽水人，博学有才藻。《明史》本传对其元季之行状语焉不详，仅有"元末，从石抹宜孙守处州，为画策，捕诛山寇，授行省元帅"数语，然宋濂于《叶治中历官记》当中却记载甚详。该文谓叶琛于至正九年（1349）春始任处州路青田县尹，在任期间，颇著政声，深得上司赞许。

---

① 〔明〕宋濂《故朝列大夫浙江行省左右司都事苏公墓志铭》有"石抹君宜孙分省于处（州），请公（苏友龙）与青田刘君基从"之语，可见刘基的重新起用是宜孙推荐的结果。见《文宪集》卷二十。

② 《明史》卷一二八，《章溢传》。

③ 《明史》卷一三三《胡深传》；〔明〕宋濂：《王府参军追封缙云郡伯胡公神道碑》；乾隆《浙江通志》卷二六六。

后调任龙泉、武义垦田建功，于至正十二年三月调婺州负责金华城防之修葺，次年三月从戎为行军都事，参与徽（州）饶（州）一带"平乱"。至正十四年还杭，时"青田吴德祥（吴成七）啸众倡乱，焚掠府库，室人女妇，日杀伤无算，处温婺及建宁均被其毒，官兵捕逐辄失利"。因叶琛曾任青田县尹，有民望，宪府遂于至正十五年六月辟叶琛摄同知处州总管府事，前往青田"平乱"。叶琛上任，"乘匹马行，从以数苍头，径至县"，县民听说叶公到任，喜出望外，都从岩穴走出归依叶公，部分"山寇"也赶来自首。

叶琛凭自身威望稳定了民心，分化瓦解了"山寇"，"平乱"形势看好。对吴成七来说，何去何从，的确是一个两难的选择。至正十五年（1355）十月，有人向吴成七献计：叶琛所作所为不可轻信，"大兵旦夕且至，善为尔计，莫若劫使君（叶琛）以自安"。吴成七信之，遂遣张惟德、吴伯贤等将叶琛劫持至黄坦。吴成七盛情款待，叶琛终不为所动，倒反借此机会做了许多策反工作，并"阴察寇所出没，悉得其要领"。至正十六年四月，吴成七只得将叶琛送还州城，他自然成了宜孙手下不可多得的重要谋士。

刘基到处州后所做的第一件事，就是奉行省旨意撰写《谕瓯括父老文》。这虽说是一篇"官样文章"，却很难写。当时处州七县，几乎每县都有"山寇"作乱，且各县"山寇"一旦有急，即互相声援，尤其是吴成七部，其所据地盘已与温州方国珍的势力范围连成一片；又青田潘惟贤、华仲贤等翻山越岭，曾一度攻占龙泉县城，实力不可小觑；丽水硔碇、青田庐茨（今景宁鸬鹚乡）的"山寇"均号称有数万之众。刘基对于农民起义所持观点是十分鲜明的，即对方国珍一类的"首恶"者，须严惩不贷，而对胁从者则认为须从轻发落。因为刘基明白：大多数民众是在无衣无食、左右俱死的情况下，才铤而走险落草为"寇"的，根子还在官府本身。因此，文告措辞既要堂堂正正，又要动之以情，晓之以理，做到威而不显暴，仁而不显柔，在最大限度上达到分化、瓦解农民起义部队的作用。

所以，文告落笔即宣称元王朝开国80余年来执政为民的"功德"，而之所以不能"宣德化，达壅滞"，则"咎在有司，非主上意也"，也就是说皇帝还是好的，是下面的官吏有问题。这本是刘基贯有的看法。接着，口气也还平和，

"今父老子弟，不察其故，愬暑嗟寒，徙怨于天。乘间造衅，窃弄戈兵"，也就是说，山民作乱主要是因为认识模糊，责任还在有司。下文，语气一转，变得威严起来，谓小民作乱，已殃及百姓，惊动上听，故授丞相以生杀之权，便宜行事。这是带威慑性口吻了。结尾语气又趋平缓，谓丞相体恤小民，认为"不教而诛，有辜帝仁"，"是用发传，俾使者来谕父老，"希望父老乡亲"各体上意，约束其子弟"，迷途知返，未为晚矣；执迷不悟，则"贻悔莫及"。

这一招还真管用。青田县令林彬祖《处州学卫道碑》记载：在刘基等人采用分化瓦解"山寇"的招降策略实施之后，出现了"浮云倡顺，三都服业，……遂昌请命而息争，青田献俘以自效"[1]的局面。但话又得说回来，当时处州复杂的局势又断然不是一篇官方文告所能解决的。《明史》谓因有刘基等人为石抹宜孙运筹帷幄，献计献策，未几，"山寇"即平。其实，这"未几"的时间跨度绝非几个月，做到"山寇"真正的"皆歼殄无遗类"，那已经要至正十八年（1358）的冬天了。

至正十六年（1356）的四五月间，胡深、章溢、叶琛以三面合围之势一举歼灭了号称有数万之众的丽水碦碞农民起义军。是年八月，叶琛又遣神将陈仲琛平定了青田庐茨一带的"山寇"。

至正十七年（1357）春，缙云之黄村，松阳之白岩，遂昌之大社等地的农民又纷纷揭竿而起了，形势反而变得愈加紧张起来。在这一年中，全国局势又有了新的变化。张士诚据平江后，相继攻克湖州、松江、常州诸路；朱元璋下金陵，继而又下镇江，称吴国公，仍用龙凤年号；刘福通遣将分掠河南、山东、河北，京师震惧。江浙行省的浙东道，除绍兴外，已无宁土。

这次回归故里，又让刘基碰上了百年未遇的大旱。《元史·五行志》记载："（至正）十六年，婺州、处州皆大旱。"旱情来得早去得迟。其夏五月，禾黍刚抽芽，就碰上天旱不雨，眼看一年收成无望，百姓忧惧不已。所以，刘基回归故里，既要与人斗，还要与天斗。

五月二十六日，石抹宜孙祈雨于丽山祠，得小雨；翌日，命道士设醮于玄

---

① 成化《处州府志》卷第二，赵治中点校，方志出版社2020年版，第49页。

妙观，连续三日大雨，百姓大喜，士大夫纷纷赋诗庆贺，刘基亦作诗《五月二十九日喜雨奉贺石末元帅》和《喜雨诗序》。

可万没想到，自此以后，又数月无雨，旱情一直延续到冬季，以致"草木焦枯尽"，"青山黄叶遍"，山民几乎颗粒无收，但见"万室俱如毁"，百姓"愁眉尽日颦"。

"不雨正当三伏热，看云无奈百忧生。草间群盗俱縻爵，天下何人尚力耕?"（卷之九《遣闷呈石末公》）面对战乱和大旱，刘基忧心如焚，他以《旱天多雨意》为题赋诗十首，以表达对百姓疾苦的怜悯和同情：

> 旱天多雨意，阴电绕空湫。暴客冯高垒，良农死乘丘。
> 干戈犹未息，灾沴复何尤？轸望成衰疾，那堪数倚楼！（卷之九）

过了三伏天，旱魃仍肆虐无忌，宜孙再次祈雨，可这次不灵验了，"无多过雨才鸣叶，不定行云又逐风"（卷之九《次韵和石末公闵雨诗再用韵》），以致刘基在诗歌中也流露出对"老天爷"的无奈，他在《次韵和石末公闵雨诗》中写道：

> 腾云降雨指龙功，况复山川祭秩隆。
> 岂意愆阳为沴气？忽过炎夏到秋风。
> 祈年劳酒仪徒备，登谷尝新望已空。
> 享祀未应无报侑，可堪不杀待时丰。（卷之九）

在靠天吃饭的年代，人的命运完全为"老天爷"所主宰，数月无雨，即意味着颗粒无收，这能让身为"父母官"的刘基高枕无忧吗！

时至冬天，仍然大旱，而且天气特别地暖和①，石抹宜孙赋《冬暖》诗，刘基和诗一首：

---

① 刘基《雨中呈石末公》有"去年三冬暖不雨"之句，见《诚意伯刘先生文集》卷之九。

世乱干戈日夜寻，可堪灾沴又相侵。

烟霞出地皆成褉，雷电飞时肯作霖？

祝蜥漫劳遵故事，问牛谁复轸忧心？

小虫未窬年光晚，犹抱枯荄学苦吟。（卷之九《和石末公〈冬暖〉》）

冬季某日，有诏书至，适逢久旱逢甘雨，诗人是那样的欣喜若狂，遂作《诏书到日喜雨呈石末公》以贺：

将军铁马高秋出，使者楼船渤海来。

甘雨恰随天诏下，陈云应与地图开。

枯黄背日纷纷落，细绿迎春苒苒回。

怅望山中多病客，坐看乌鹊绕庭梅。（卷之九）

一场旷日持久的大旱终于过去了，而"山寇"则继续为"乱"。"寇"不除，则民不安，这是最让刘基揪心的事了。

平定"山寇"

至正十六年（1356）十月，刘基作故里南田山之行。这次回归南田，恐非纯粹意义上的探亲，因为温（州）处（州）闽一带最有实力的"山寇"吴成七的根据地就在刘基老家附近，他可以"探亲"之名义，了解到某些实情，为未来的军事行动提供更多的决策依据。当然，他这次回归故里，收获最大的还是加深了对战争危害的认识，从而进一步坚定了他"平乱"的决心。

这次回家，目之所触、耳之所闻都给人以沧桑之感。

舟行于大溪之中，两岸寒山落晖，风景虽然依旧，但于此风急霜飞、寒气逼人的非常时期踏上还乡之路，总有一种悲凉之感。

进入小溪，已是"雨密溪深宿雾昏"，但见两岸村野草黄木落，水泉干涸；

田园荒芜，荆榛遍野，不少村民已避乱于山中过着"巢居"的生活。

回到家中，左邻右舍热情依旧："华发老翁啼进酒，蓬头稚子笑牵衣"，可在他们的笑脸上分明隐含着一个"愁"字，"游子到家无旧物，故人留客叹空樽"，经过那么多年的战乱，加上大旱之年，五谷不丰，除了满心的热忱，也就拿不出其他什么像样的东西来招待这位"异县归人"了。与他们的闲聊中，才得知父老乡亲们是怎样的度日如年，"语罢不须还秉烛，耳闻目见总销魂"。

诗人看到：庭前亲手栽植的石榴枝叶摧折了，只留下枯根；屋后原本长满水草的池塘已经干涸，门前小溪也已难觅游鱼的身影；荒畦中蔓草缠着蒿莱……

诗人听到：残垣断壁处蟋蟀在悲鸣，西风残照中青猿在呼叫白猿，一声声催人泪下……

"千村乱后荒榛满，孤客归来扰泪看"；"故家文物今何在？平世人民半已非"。（卷之九《丙申岁十月还乡作》）差不多有5年没回家了，回家后的耳闻目睹又让他辛酸不已。他总觉得有愧于家乡父老，回归处州"平乱"已半载有余，而"山寇"仍然肆虐乡里，这使他内心深感不安。不过，他深信故里百姓重新安居乐业的那一天即将来临，他在《丙申岁十月还乡作七首》组诗的最后一首中写道：

> 五载辞家未卜归，归来如客鬓成丝。
> 亲知过眼还成别，事势伤心不可思。
> 且喜松楸仍旧日，莫嗟闾井异前时。
> 修文偃武君王意，铸甲销戈会有期。（卷之九）

不错，修文偃武、铸甲销戈乃民心所向，可刘基所没想到的是：要到这一天，还得足足等上十年呢！

至正十七年（1357），全国的起义形势又有了新的发展。北方刘福通领导的红巾军兵分三路，直插元王朝心腹地区，三辅震惧，关中告急；南方群雄乘机发展，朱元璋夺得张士诚常州、常熟等地，复陷元军所据之池州、扬州；张士诚请降，朝廷授予太尉官职，但他拥兵自重，筑城于虎丘山，凭高据险，对朝廷随时构成威胁；徐寿辉部变故迭起，自彭和尚战死之后，又有倪文俊谋叛，倪文俊复为部下陈友谅袭杀。至此，徐寿辉部之兵权事实上已操纵在陈友谅手中，而明玉珍（徐寿辉部将）占据成都，亦已自成局面。浙东、浙西郡县也多残破，唯处州、绍兴两路尚能自保。

至正十七年（1357）春，石抹宜孙升任行枢密院判官，总管处州一应军政事宜；刘基也升任行枢密院经历（出纳文书）。此职为从五品官，刘基在元王朝的宦海中沉浮了20余年之久，做的一直是八品、从七品的小官，如今首次升迁，而且一跃就是四级，这对他来说，不能不说是一件快事，不仅他本人高兴，同僚也为他高兴。当然，他也深知肩上的担子更重了，滴水之恩，当涌泉相报。朝廷正处于危难之际，理当励精图治，报效朝廷，力挽狂澜于既倒。所以，刘基与其同僚在平"乱"中不管遇到多大困难，总是相互鼓励，振作精神，以争取最后的胜利。他在《沁园春·和郑德章〈暮春感怀〉呈石末元帅》一词中写道：

> 万里封侯，八珍鼎食，何如故乡。奈狐狸夜啸，腥风满地，蛟螭昼舞，平陆成江。中泽号鸿，苞荆集鸮，软尽平生铁石肠。凭栏看，但云霓明灭，烟草苍（茫）。　　不须踽踽凉凉。盖世功名百战场。笑杨[扬]雄寂寞，刘伶沉湎，嵇生纵诞，贺老清狂。江左夷吾，关中宰相，济弱扶颠计甚长。桑榆外，有轻阴乍起，未是斜阳。（卷之十七）

上阕写万里封侯不如回归故里安居乐业，怎奈故里亦非乐土，已是"腥风满地"，这就令人感喟了。下阕则激情昂奋，主张积极入世，驰骋疆场，为国效忠，以换取盖世功名，且对国家未来前途充满信心。又有《次韵和石末公春日感怀》诗云：

> 干戈尚杂遝，举目多可悲。步登西城楼，还望东城隅。
> 近悼春陵吟，远伤鸿雁诗。未能已怨怒，翘暇防笑嗤？

赖有贤大夫，直道人不欺。相期各努力，共济艰难时。（卷之七）

彼此间时常互相勉励，以期共渡难关。他与照磨苏友龙，军咨胡深、叶琛、章溢等积极协助宜孙，谋划平"乱"大计。所定策略为：恩威并用，软硬兼施，或捣以兵，或诱以计。①是年九月，胡深、章溢等统兵剿灭丽水泉溪"寇"；十一月，又平丽水浮云，围剿"山寇"，已初见成效。

至正十八年（1358）年初，刘基改任行省郎中，品秩没变。

在这一年里，元王朝已全面走向崩溃。陈友谅以武昌为据点，于年初兵破安庆，刘基同年好友余阙举家殉难；继之又连下龙兴、瑞州、安吉、抚州、建昌（今江西南城）、赣州诸路，攻取了江西行省的大部分地区。于此同时，明玉珍也几乎占领了整个四川盆地。北方红巾军声势愈壮，纵横驰骋于中原大地：三月，毛贵陷济南、下蓟州（治今天津蓟县），一度逼近大都；五月，刘福通攻克汴梁；十二月，关先生攻入上都，中原几乎大乱。

江浙一带，台、温、庆早已是方国珍的地盘；张士诚又占领了江浙行省首府和浙东绍兴，浙东六路只剩下婺、处两路，而朱元璋攻下建德之后，其兵锋所向，又直指婺州了，处州已陷入四面楚歌的境地。

但从平定"山寇"这一角度去看，处州的局势则进一步好转。正月，松阳白岩"山寇"归降；五月，又平缙云黄村"寇"；八月，移师遂昌，直捣大社，"寇"酋周天觉归降。至此，处州境内诸"寇"除青田吴成七部、潘惟贤部之外，皆已平之。②

现在，我们来看看刘基在平"乱"中到底起了怎样的作用。

黄伯生《行状》云："行省复以都事起公，招安山寇吴成七等，使自募义兵，贼拒命不服者，辄擒杀之，略定其地。"张时彻《神道碑铭》云："乃行省复以都事起公，招安山寇，使自募义兵。贼拒命不服者，辄擒诛之，略定其地。"

---

① 《元史》卷一八八，《石抹宜孙传》。

② 〔明〕王祎：《故参军缙云郡伯胡公行述》，《王忠文集》卷二二。

黄伯生、张时彻都提到"自募义兵"之事。所谓"义兵"，是指各地的地主武装，当时平阳的周嗣德，龙泉的章溢、胡深等地方名士的手下都有各自的"义兵"，并在抵御红巾军和当地"山寇"的攻城略地上起了很大的作用。所以，行省授权刘基自行招募义兵，以弥补官府兵力不足，是完全有可能的。此外，胡深、章溢等都携带义兵参与平乱。

或以为刘基避地绍兴之时仅免于饥饿，是不会有"自募义兵"的资财的。其实，有无资财，不是能否"自募义兵"的决定因素。事实情况是，刘基不仅招募组建了一支部队，而且这支部队的"义兵"在至正十八年（1358）都跟刘基上了南田山。[①]至正二十年春三月，刘基归顺朱元璋奔赴金陵，这支部队就交给了他的兄弟刘升管理，以防不测。[②]

当然，刘基的主要功劳并不在于带兵打仗，而在于出谋划策。这在《元史》石抹宜孙本传当中说得非常明白："宜孙用基等谋，或捣以兵，或诱以计，未几，皆歼殄无遗类"。[③]我们发现，在整个平定处州"山寇"的过程当中，"尺度"掌握得很好，做到宽严有度。刘基向来的观点就是首恶必办，而对于"胁从者"则须宽大处理，叶琛、章溢、胡深等亦与之不谋而合。如至正十六年（1356）丽水的碗窑之战，除"渠魁"10余人诛杀外，万余部从皆遣送回归乡里。在平定"吴成七之乱"这件事上，也同样如此。

关于吴成七起义，《青田县志·兵寇》有如下记载："至正十三年吴成七作乱……处州路总制孙炎、胡深以义勇叶良器领兵剿之，始平"。

从上述记载来看，吴成七最后结局是被镇压，而不是接受招安。宋濂《叶治中历官记》亦谓吴成七父子是于至正十八年（1358）九月在朝廷大兵的进逼之下，退守百丈林，最终自缢身亡。但《青田县志》的记载也是有误的。最明显的错误是把朱元璋的部下孙炎硬扯了进来，孙炎为处州路总制是至正十九年之后的事，跟处置吴成七一事风马牛不相及。

---

① 〔明〕张时彻《神道碑铭》："（刘基）遂弃官归。时义从者俱畏方氏残虐，从公居青田山中。"

② 〔明〕张时彻《神道碑铭》："公决计趋金陵，悉以众付其弟升，并家人参掌之，曰：'善守境土，毋为方氏所得也。'"

③《元史》卷一八八。

围剿吴成七部的指挥官其实也不是胡深，胡深所起的作用大致与青田义勇叶良器差不多，是一个先锋将领，而真正的指挥官是当时处州路总管府同知叶琛。

如前所述，叶琛这些年来一直与吴成七部打交道，而且有深入"敌穴"做人质的经历，对吴成七指挥中心的防御设施了如指掌，所以，他自然是指挥围剿吴成七部的最佳人选。

至正十八年（1358）春，叶琛率师征讨黄坦，以总制官武将胡深和"义勇"万户叶良器领精锐为前锋，自率大军殿后，于三月间突破杨山、黄坑等20余寨，一举擒获起义军李夹等10名战将。后围困长坂大寨，起义军力拒不降，奋战四月余而退守高垟寨。八月初，吴成七调三㤑（今温州市泰顺境内）起义军七千余兵力来援，欲与官兵殊死决战，不料门户马垟大寨防范失密，为官军部将夏廷辉偷袭得手，起义军战死五百余，被俘三百多，军师周一公阵亡。此后，官兵据其要冲，叶琛亲率大军过际坳堂沿三岱岭（在今黄坦邢宅），直捣周岙；复分兵十路控制要塞，把高垟寨和吴王府围困得水泄不通。

是年秋九月，吴成七与宋茂四等突出重围，重新调整兵力，与官兵周旋，同时，速上洞尖山天险（位于当时青田、瑞安两县交界处，即今双尖山豺狗洞至吴成七寨一带），另立新的总寨，并分翼连环七营，竭力死战，官兵久攻不下。

临冬，叶琛命部将陈仲珍统骁勇三千，自瑞安出其背袭杀宋茂四于新寨。吴成七率部卒千余人夜遁，退守百丈林，叶琛率大军追击而至。历经一昼夜苦战，又擒获起义军将领7人。至夜，吴成七又遁去，叶琛兵分三路追至篠村（今泰顺县筱村），吴成七父子自缢于林中，千夫长徐德俊斩首以献，余部次第伏诛，黄坦悉平，历时六年的吴成七起义卒以失败而告终。

刘基在平定吴成七起义军的过程中，在重要军事行动的决策当中起了关键性的作用。至正十八年（1358）秋季，吴成七突出重围，于洞尖山天险另立新寨，并以连环七营，竭力死战，官兵久攻不下之时，刘基授以疑兵之计：叶琛按刘基所授惑兵计，暗遣一支官兵，在遥对洞尖山寨的黄呈垟山岭，趁黑夜每人肩扛悬挂有20多盏灯笼的长竹竿，从山岭头扛到龚宅，吹熄后再返回黄呈垟岭头，点燃灯笼复向龚宅行进，每夜以一两百官兵轮流进行，造成官府增兵源源不断的假象，以致吴成七部军心动摇，官兵抓住战机，才一举歼灭了吴成七起义军。

诗文唱和

处州三年，是刘基诗文创作的又一丰收期。这一时期的创作，已充分体现了他"诗学杜甫"的风格特征。他在《项伯高诗序》中这样写道：

> 言生于心而发为声，诗则其声之成章者也。故世有治乱，而声有哀乐，相随以变，皆出乎自然，非有能强之者。是故春禽之音悦以豫，秋虫之音凄以切，物之无情者然也，而况于人哉？予少时读杜少陵诗，颇怪其多忧愁怨抑之气，而说者谓其遭时之乱，而以其怨恨悲愁发为言辞，乌得而和且乐也？然而闻见异情，犹未能尽喻焉。比五六年来，兵戈迭起，民物凋耗，伤心满目，每一形言，则不自觉其凄怆愤惋，虽欲止之而不可，然后知少陵之发于性情，真不得已，而予所怪者，不异夏虫之凝［疑］冰矣。（卷之十一）

与其说这是刘基为他人诗集作序，倒不如说是在谈自己的读杜心得。而这一心得体会则来源于近五六年来非同寻常的社会经历。综观处州三年的诗文创作，其喜怒哀乐大致都不离国之安危、民之疾苦，让我们从中看到了他那颗忧国忧民的赤子之心。

这一时期刘基创作成果丰厚的一个重要原因，是他遇上了一位酷爱诗文的儒雅之士，也就是他的顶头上司石抹宜孙。他们"凡有所感，辄形诸篇"，你来我往，唱和甚勤。粗略统计，在刘基文集中标明"次韵""和""呈"石抹宜孙字样的诗词就有97首之多，并缀结成帙，名之曰《唱和集》[1]。他在《唱和集

---

[1]《御选宋金元明四朝诗·御选元诗》谓石抹宜孙有《少微唱和集》存世，今未见。其存世作品仅七律《妙成观掀篷和何宗姚韵》一首，见上书卷五五。

序》中还有这样一段表白：

> 予至正十六年以承省檄，与元帅石末公谋括寇，因为诗相往来。凡有所感，辄形诸篇，虽不得达诸大廷，以讹君子之心，而亦岂敢以疏远自外而忘君臣之情义也哉？昔者屈原去楚，《离骚》乃作。千载之下，诵其辞而不恻然者，人知其不忠也。览者幸无诮焉。万一得附瞽师之口，以感上听，则亦岂为无补哉？（卷之十四）

从中可见刘基的创作动机是为了能"感上听"。他觉得把自己的所见所闻所感用文字表现出来，"纵不能救当时之失，而亦可以垂戒警于后世"（卷之十一《唱和集序》），深信是有社会价值的。

这一时期，刘基的文学创作最值得我们注意的第一类作品的主题为关心民生疾苦。如《雨雪曲》：

> 北风吹尘沙，雨雪日夜深。三足之乌毛氄飞不远，白昼惨淡成幽阴。青天冥冥不可睹，水有罔象陆有虎。平民避乱入山谷，编蓬作屋无环堵。回看故里尽荆榛，野乌争食声恕［怒］嗔。盗贼官军齐劫掠，去住无所容其身。呜呼！彼苍何日回春阳，北风雨雪断人肠。（卷之六）

此诗当作于至正十七年（1357）的冬季，描述的是处州平民避乱山谷、天寒地冻、有家难回的情景。他着重反映了兵戈抢攘给黎民百姓所带来的不幸，突出了"盗贼官兵齐劫掠"后，故里荆榛丛生、野乌争食的荒凉，表达了诗人悲悯苍生、慕贤思治的思想感情。又如《苦寒行》：

> 去年苦寒犹自可，今年苦寒愁杀我。去年苦寒冻裂唇，犹有草茅堪蔽身。今年苦寒冻入髓，妻啼子哭空山里。空山日夜望官军，燕颔虎头闻不闻？（卷之六）

此诗为《雨雪曲》的姊妹篇，镜头仍然对准避乱山谷的平民，但描写更为客观，诗歌以难民的自述反映黎民饱受兵燹之苦。"空山日夜望官军，燕颔虎头闻不闻？"其思安盼归的热切心情已然包蕴了诗人的忧民之思。

第二类作品的主题为担忧国家安危，这是他诗文创作一以贯之的主题。他在《唱和集序》中说："古人有言曰，君子'居庙堂则忧其民，处江湖则忧其君'。夫人之有心，不能如土瓦木石之块然也。"（卷之十四）所以，不管个人处境有多艰难，他总是把国家的安危放在首位。"杞人岌岌忧将陨，楚国茫茫醉不醒"（卷之九《次韵和石末公感怀之作》）；"被谗去国终思楚，厚貌深情漫剧秦"（卷之九《驿传杭台消息石末公有诗见寄次韵奉和并寓悲感二首》其一）。历史事实证明，刘基也并非杞人忧天；他经常以屈原自况，而元顺帝则比楚王更为昏庸。当然，我们也看到了他的忧国忧民与"忠君"思想是密不可分的。不管元廷怎样亏待他，折腾他，此心此志则经久不变，"平生葵藿情，忍与霜露歇？"（卷之七《秋夜感怀柬石末公申之》）"丈夫事主心如石，去杀胜残自有机"（卷之十四《石末公家人自台州来以诗问之》），他把自己比作被主人遗弃的 匹老马，然"弃马独知怀故枥，天涯涕泪北辰遥"（卷之十四《夜坐有怀呈石末公》）。如此忠臣，却不为世用，这就无怪乎元王朝"忽剌剌似大厦倾"，迅速归于灭亡矣！而刘基的忧时之泣也无异于为元王朝覆亡所唱的一曲挽歌。

散文名篇《苦斋记》也创作在这一时期。

大约在至正十七年至十八年（1357—1358）间，章溢奉"石末公檄之龙泉"（卷之十一《送章三益之龙泉序》），以免分府的西顾之忧。龙泉乃章溢之故里，距城西200余里处，有一座山名曰匡山，其主峰匡山斗（今名天山斗）海拔1348米，山之"四旁奋起而中宛下者，状类箕筐，人因号之为匡山"。①章溢结庐其上，为其隐居之室。大致在至正十八年前后，刘基访故友章溢到龙泉而游匡山，将其隐居之室命名为"苦斋"，并作《苦斋记》。

《苦斋记》对匡山所处方位、形势略作描述之后，即紧扣一"苦"字大做文章，谓匡山之巅北风苦，物性苦，甚而野蜂所酿之蜜，溪中斑纹小鱼亦苦。然

---

① 〔明〕宋濂：《看松庵记》，《文宪集》卷三。

章溢先生则以苦为乐，"闲则蹑屐登崖，倚修木而啸，或降而临清泠，樵歌出林，则拊石而和之，人莫知其乐也"（卷之十三）。最后以斋主一段充满辩证法的有关"乐与苦相为倚伏"的精彩议论点题，以示"苦斋"之命意所在：

> 先生之言曰："乐与苦，相为倚伏者也。人知乐之为乐，而不知苦之为乐；人知乐其乐，而不知苦生于乐。则乐与苦相去能几何哉？今夫膏粱之子，燕坐于华堂之上，口不尝荼蓼之味，身不历农亩之劳，寝必重褥，食必珍美，出入必与隶，是人之所谓乐也。一旦运穷福艾，颠沛生于不测，而不知醉醇饫肥之肠，不可以实疏粝；藉柔覆温之躯，不可以御蓬藋。虽欲效野夫贱隶，跼跳窜伏，偷性命于榛莽而不可得，庸非昔日之乐为今日之苦也耶？故孟子曰：'天之将降大任于是人也，必先苦其心志，劳其筋骨，饿其体肤。'赵子曰：'良药苦口利于病，忠言逆耳利于行。'彼之苦，吾之乐；而彼之乐，吾之苦也。吾闻井以甘竭，李以苦存。夫差以酣酒亡，而勾践以尝胆兴，无亦犹是也夫？"（卷之十三）

作者借章溢之言表达了自己的苦乐观和人生观，至今仍具有一定的教育意义。

愤然辞官

至正十八年（1358）年初冬，吴成七农民起义军被剿灭了，这标志着处州的"平乱"已基本结束，动荡多时的山里，表面上又恢复了原有的平静。但就元朝而言，处州的处境却更加艰危了。是年十二月，朱元璋手下大将胡大海已顺利攻克兰溪，婺州危在旦夕！婺州城池一旦失守，朱元璋兵锋所向，势必直指处州，因此，石抹宜孙等人无疑密切注视着朱元璋义军的一举一动，其主要精力也无疑转移到如何对付朱元璋义军的随时侵袭上来。

也就是在这一年的九月，朝廷命李国凤经略江南，其任务是考察地方官吏政绩，奏请朝廷升迁有功之臣。《元史》石抹宜孙本传云："十八年十二月……

时经略使李国凤至浙东，承制拜宜孙江浙行省参知政事。"若论功行赏的话，刘基在处州平"乱"，功不可没，自然在升迁之列，从史料记载来看，李国凤也确实是这样做了，但结果却出人意料。诏下，石抹宜孙一跃而为正二品大员，朝廷授以江浙行省参知政事之职；而刘基呢？他非但没升，反而降回原职，仍以儒学副提举格授处州路总管府判，且夺去兵权，不与戎事。

这样的结局是刘基万没想到的，实在让他无法接受，到底问题出在哪里？

张时彻《神道碑铭》如是云："时经略使李谷［国］凤奏守臣功绩，而执政者皆右方氏，遂抑公功，仅由儒学副提举格授处州路总管府判。诸将莫不解体。"我们知道，刘基在如何处置方国珍的问题上，其观点一直与朝廷相左，即便是回归处州之后，也没改变。至正十六年（1356）三月，时刘基已奉省檄，回处州平"乱"，也就在这个时候，方国珍复降，朝廷任命其为海道漕运万户，其兄国璋为衢州路总管。至正十七年八月，方国珍又飞黄腾达至江浙行省参知政事。朝廷在方国珍问题上的一再宽容退让，刘基自然是很有看法的。这些年来，上到朝廷，下至行省，也真不知有多少权贵受过方国珍的贿赂，如今，方国珍摇身一变已成了行省大员，所以在此关键时刻，大臣们都站到了方国珍这一边，倒霉的自然是刘基了。

另外，还有一个问题很值得我们去思考，刘基官职的不升反降是否跟石抹宜孙也有一定的关系？笔者发现刘基与石抹宜孙的诗词唱和集中于至正十六年至至正十七年（1356—1357）这两年之间，到了至正十八年，刘基文集中就几无与石抹宜孙的唱和之作，个中必有蹊跷！是否在三年共事的后期，彼此之间产生了嫌隙？按理说，石抹宜孙在升迁问题上应该站出来为刘基说话，但史书就此却只字不提，殊不可解。今见宋濂《文宪集》卷二十《故朝列大夫浙江行省左右司都事苏公墓铭（有序）》中有如下一段话：

> 石抹君宜孙分省于处，请公（苏友龙）与青田刘君基从。石抹君方以讨贼自任，浙东倚之为重，每事必谋于公。公劝其礼贤下士，安辑流亡，招徕群盗，抚之以恩。石抹君始从之，众心翕然归。后好自用，幕下士兵多散去。部将胡君深、章君溢亦拥兵观望。公独左右之不变，复移书胡君

等，惓惓以共济国事为戒。石抹君多用故人摄县，弃行省承制所用者。

文中说得很明白，因石抹宜孙后来刚愎自用，从而导致内部出现了矛盾，胡深、章溢这些处籍将领都心生不满而拥兵观望，照磨苏友龙从中积极调停，化解矛盾。宋文虽未提及刘基，但可想而知刘基对石抹宜孙后来的行事作风恐怕也是不以为然的，彼此间或许有了很深的隔阂。也就是说，刘基官职的不升反降，石抹宜孙极有可能起了不小的负面作用。

对于这样的结局，刘基百思不得其解。刘基愤愤然地走了，走回到了生他养他的南田故里。临走时他扔下了一句话："臣不敢负国，今无所宣力矣！"他似乎在向朝廷表白，也似乎在告诉世人：他的离去，并非意味着对元王朝的背叛，实在是一种无奈的选择！

这时候的刘基，大概觉得自己的心志和遭遇太像战国时期的屈原了，而元顺帝便是楚王。

屈原那么热爱他的祖国，如此忠诚于他的国君，楚王却听信佞臣的谗言，致使他数遭流放，备受精神折磨，最后带着满腔的怨恨，自沉汨罗而死。临死前，赋《离骚》以明心志。

当然，刘基不会走上屈原曾经走过的那条绝路，但他又确实是心中块垒难平，总想对世人说些什么，就像屈原一样。他决心用手中之笔来勾勒出他的人生历程，还有他所受的种种磨难；他要告诉世人，他的理想是如何破灭的，他的追求又是怎样的无谓。他相信总有一天，他的心志会得到人们的理解，历史也将对他作出公正的评判。所以，他在辞官之后还山之前写了一篇仿《离骚》赋作——《述志赋》，以抒发内心的痛苦之情。

诗人一开篇就以香草、美人的象征手法，塑造了一个重视德才修养、勤奋好学的抒情主人公形象。他说自己是"具五气以成形兮，受明命而为人"。乾坤之精粹、日月之景光、飞泉之华滋、灏露之醇英，孕育了他的躯体并净化了他的灵魂。接着，他以服饰之特异象征立志之不凡："制杜蘅以为衣兮，藉苣若之菲菲。佩琳璆之玲珑兮，带文藻之葳蕤。"然后，诗人展开想象的翅膀，让笔下的抒情主人公为追求真理、实现理想而上下求索：

朝濯发于兰池兮，（夕）偃息乎琼苑。

愿驰骛以远游兮，及白日之未晚。

驾轻辂之将将兮，服苍虬之骓骓。

遵大路以周流兮，曳虹霓之委蛇。

狭〔挟〕长离而乘鹓兮，款阊阖之九门。

丰隆为余先导兮，百灵为余骏奔。

前烛阴以启途兮，飔凯风使清埃。

觐北斗于文昌兮，朝玉皇于帝台。

食玄圃之丹荚兮，澡天潢之芳津。

激微焱于桂枝兮，轻波起而龙鳞。

但现实与理想是有距离的，初次"远游"，就使抒情主人公感受到了诸多的不如意，并得出了"清都不可以久留"的结论。但他又不肯就此罢休，腾云驾雾开始了他的第二次"遐征"，然征途之多艰、环境之险恶令人难以想象：

浮江湖之浩漾兮，陵山岳之峥嵘。

野莽苍以多榛兮，路险隘而纡曲。

猰㺄咆然而攫噬兮，蝮蛇蜿蜒以当陆。

郁忡忡以怵惕兮，遹皇皇以营营。

雨淫淫而不止兮，雾黯黯以昼冥。

乌鸢号以成群兮，凤孤栖而无所。

在这乌鸢群号的污浊环境中，像屈原那样超群拔俗的清俊之士是难以找到容身之所的。所以，他感叹道：

楚屈原之独醒兮，众皆以之为咎。

欲振迅以高举兮，无六翮以奋飞。

将抑志以从俗兮，非余心之所怡。

长太息以增欷兮，哀时世之异常。

于此，诗人无疑是以屈原自况，表明自己不愿随俗从流以及没法改变处身环境的种种无奈。下文对"时世之异常"作了具体描绘：

弃韶夏而弗听兮，登儌侏于中堂。

芼荃于以和羹兮，腌鲍鱼而实俎。

斫楩楠以给爨兮，束荆棘而为柱。

施罾罦于丘陵兮，怨鲂鲤之弗获。

虎兕迣〔逸〕于山林兮，循户庭以求索。

前蒙瞍以指途兮，强扬子使操辕。

命侏儒令举鼎兮，刖都卢使守闉。

一句话，那是一个妍媸不辨、好坏不分、才非所用的社会，其结果只能是"松柏摧而根死兮，江河化而为涔"。

"岁冉冉而将颓兮，日暧暧以就昧。"生命是有限的，再不能蹉跎岁月了，诗人让抒情主人公作最后一次"远游"，但他又失败了，"进无人以为先容兮，欲自献而不敢"，以致他"气勃郁以凭中兮，心恻伤以惛懔"。他感叹道：人世间"众畏谗而卷舌兮，孰能白予之忠诚"？在这种情况下，他让"灵龟"占了一卦，卦体言"有名必有实兮，若形影之相因"。这分明是说他这一辈子是难以洗刷"不忠"之罪名了。可他不信！"相福极出自天兮，又何尤乎世之人？"他发誓坚决不与小人同流合污，"方不可刓而规兮，白不可涅而黑"，要像屈原一样坚持自己的人格和节操。这时，他想起了更多历史名人的遭遇："殷比干之剖心兮，时岂不知其为圣人？鲁仲尼之过化兮，焉役役而无所容其身？由强义而罹殃兮，惠直道而被黜。子胥忠而殒命兮，伯夷清而不食。"忠不为所用，且没有好的结果，自古以来，便是如此！这么一想，他的心灵深处似乎也得到了某种安慰。

但前途依旧茫然，东西南北，何去何从，该作出选择了。抒情主人公在梦幻中"叫重华于九嶷"，"听鸣凤于岐阳"，"访夏后之遗迹"，"谒陶唐之旧京"，然所到之处，皆非净土！小人当道，君子蒙冤的现象实在是太普遍了！"夷吾不逢夫鲍叔兮，竟沦没于囹圄。""种霸越而灭吴兮，终刎颈于属镂。乐毅升于金台兮，何遁逃而走赵？周条侯之耿介兮，卒含怨以饿殍。"史实证明："忠有蔽而不昭兮，道有塞而不行。名不可强而立兮，功不可期而成。"于是乎，他想通了，"李斯上书以相秦兮，空自陷于罪尤。买臣显而傺辱兮，岂如负薪之无忧？鱼赴饵以中钩兮，雉慕媒而膺镝。凤凰翔于丹穴兮，又何患乎矰弋！"唯一的出路就是远离这个四处隐伏危机的社会，去过那种与世无争的隐居生活。《述志赋》结尾道：

> 返余斾之旖旎兮，还余车之辚辚。
> 采薇蕨于山阿兮，撷芹藻于水滨。
> 冽玄泉以莹心兮，坐素石以怡情。
> 聆嘤鸣之悦豫兮，玩卉木之敷荣。
> 挹春风之泠泠兮，照秋月之娟娟。
> 登高丘以咏歌兮，聊逍遥以永年。（卷之五）

《述志赋》从艺术角度看，是屈原《离骚》的翻版，并没多少创新之处，但对于研究刘基生命观念的转变却是不可多得的第一手材料，因为赋中那个抒情主人公无疑就是作者本人，他似乎是有意识地要以文学的方式对自己一生的追求作一个总结，并以此来表明对元王朝的一片忠心，从中也让读者感觉到刘基当时的心情已经低落到了冰点。刘基在这个时候，似乎觉得余生所能做的、也是唯一能做的一件事，那就是著书立说了。

第九章 归隐南田 著《郁离子》

创作旨归

自至正十八年（1358）年底到至正二十年年初，刘基隐居南田，精心创作了一部奠定他文学史地位的寓言体散文集——《郁离子》，它是中国寓言发展史上一部里程碑式的作品。它的重要性不仅仅体现在其牢笼万汇、辨博奇诡的文学审美价值，更在于其中闪烁着刘基治国安邦的思想光辉，以及对特定时代的社会认识价值。

《郁离子》凡18章，195篇作品，其绝大部分篇什当作于元季，但也并不排除少数作品成于明初。①刘基写作《郁离子》之时，已对元王朝完全失去了信心。这种心态在《郁离子》中就有反映，《千里马》之四"工之侨"云：

> 工之侨得良桐焉，斫而为琴，弦而鼓之，金声而玉应，自以为天下之美也。献之太常。使国工视之，曰："弗古。"还之。工之侨以归，谋诸漆工，作断纹焉，又谋诸篆工，作古窾焉，匣而埋诸土。期年出之，抱以适市。贵人过而见之，易之以百金，献诸朝。乐官传视，皆曰："希世之珍也。"工之侨闻之，叹曰："悲哉世也！岂独一琴哉？莫不然矣。而不早图

---

① 详见拙著《刘基考论》，第206—208页。

之，其与亡矣。"遂去，入于宕冥之山，不知其所终。（卷之二）

又《千里马》之十一"北郭氏"云：

> 北郭氏之老卒，僮仆争政，室坏不修，且压。乃召公〔工〕谋之。请粟，曰："未闲，女姑自食。"役人告饥，涖事者弗白而求贿，弗与，卒不白。于是众工皆愈悲，执斧凿而坐。会天大雨霖，步廊之柱折，两庑既圮，次及于其堂。乃用其人之言，出粟具饔饩以集工，曰："惟所欲而与，弗靳。"工人至，视其室不可支，则皆辞。其一曰："向也吾饥，请粟而弗得。今吾饱矣。"其二曰："子之饔餲矣，弗可食矣。"其三曰："子之室腐矣，吾无所用其力矣。"则相率而逝。室遂不葺以圮。（卷之二）

从加点字可见作者对元王朝已失望至极，说明刘基此时已不愿做元王朝的殉葬品。非但自己不愿殉葬，而且还劝他人趁早醒悟：

> 阏逢敦牂之岁，戎事大举。有荐瓠里子宓于外阃者曰："瓠里先生实知兵，可将也。"聘至，瓠里子过郁离子辞，且请言焉。郁离子仰天叹曰："嗟乎悲哉！是举也忠矣，而独不为先生计哉！"瓠里子曰："何谓也？"郁离子曰："昔者秦始皇帝东巡，使徐巿入海求三神蓬莱之山。请舶，弗予，予之苇筏。辞曰'弗任。'秦皇帝使谒者让之曰：'人言先生之有道也，寡人听之。而必求舶也，则不惟人皆可往也，寡人亦能往矣，而焉事先生为哉？'徐巿无以应。退而私具舟，载其童男女三千人，宅海岛而国焉。秦皇帝流连海滨，待徐巿不至，不得三神山而归，殂于沙丘。今之用事者皆肉食。吾恐先生之请舶而得苇筏也。"既而果不用瓠里子。（卷之二《郁离子·千里马》）

这则寓言非常明显地打上了时代的印记。所谓"阏逢敦牂之岁，戎事大举"，其实就是元至正年间烽烟四起的真实写照，郁离子则为刘基自况，他用秦始皇时代的"古事"来说明"今之用事者"是绝对不会重用像瓠里子那样有真才实学之人的。而徐市这一人物其实也带有作者自身的影子。谓其退而私具舟，载其童男女三千人，遁迹于海岛之上，正表明作者写此书时已对元王朝完全失望而绝意于仕进矣。

基于上述判断，我们便有理由说《郁离子》与此前而成的《覆瓿集》①在创作动机上有着本质的区别：即它并非为元朝的覆亡唱挽歌，而是针对元季社会弊端为未来新王朝设计治国方略。换言之，刘基这位"医国圣手"并非为病入膏肓的元王朝号脉开方，而是为未来的新王朝不再重蹈覆辙作病理研究，喻之为尸体解剖亦未尝不可。《郁离子》结尾云：

> 方今威弧绝弦，枉矢交流，旬始挽抢，降魄流精，为貙为豺，为蛟为蛇。犬失其主，化为封狼，奋爪张牙，饮血茹肉，淫淫瀰瀰。沉膏腻穷渊，积骸连太陵，无人以救之，天道几乎熄矣。而欲以富贵为乐，嬉游为适，不亦悲乎！仆愿与公子讲尧禹之道，论汤武之事，宪伊吕，师周召，稽考先王之典，商度救时之政，明法度，肆礼乐，以待王者之兴。（卷之四《郁离子·九难》）

这段话是"郁离子"说的，我们可看作是刘基对《郁离子》一书写作意图的自白。他明确告诉读者：本书的创作目的是"以待王者之兴"。明隆庆时人李濂说："《郁离子》何为而作也？青田刘文成公隐居而发言，发愤以明志，自伤其莫用于世，而期兴文明之治于异时也。"②刘基的弟子徐一夔也认为：《郁离子》创作动因在于作者本人虽有"匡时之长策"，"欲以功业自见"，而"当国者，乐因循而苟且"，以致"抑而不行"，故发愤而撰《郁离子》一书。他又说："其（《郁离子》）言详于正己、慎微、修纪、远利……明乎吉凶祸福之几，审乎古今成败得失之迹。大概矫元室之弊，有激而言也。""初，公（刘基）著书，

---

①《覆瓿集》24卷汇总刘基元季诗文作品，创作时间前后延续数十年，而《郁离子》基本上可视为一时一地之作，故谓《覆瓿集》绝大多数诗文的创作时间应早于《郁离子》。

②〔明〕李濂：《书郁离子后》，见明嘉靖三十五年何镗刻本《刘宋二子》。

本有望于天下后世，讵意身亲用之？"①

综合他们两人的说法，刘基创作《郁离子》的动因源于"元室之弊"和他本人的遭际；创作目的是"有望于天下后世"，兴文明之治。

治国方略

《郁离子》思想内容博大精深，它针对元王朝的种种弊端为未来新王朝提供了行之有效的治国方略。遵循对症下药这一基本原则，刘基为未来新王朝开具的总药方是"以大德勘大乱"。（卷之四《郁离子·麋虎》）

要以德治国，首先当国者自身应有德量。"其身正，不令而行；其身不正，虽令不从"，此乃先儒遗训。刘基说，人之度量相去甚远，大者有如江海，微者则如潴泉，而君人者必须具有容纳百川的江海德量。"君人者惟德与量俱，而后天下莫不归焉。德以收之，量以容之。德不广，不能使人来；量不弘，不能使人安。故量小而思纳大者，祸也。汋谷之鲤，不可以陵洪涛；蒿樊之鷃，不可以俪飘风。人不如海，而欲以纳江河，难哉！"（卷之三《郁离子·蜾蠃》）一国之君唯有德正量弘，方能明辨是非，任贤斥佞；广开言路，博采众议；修明法度，治国安邦。

此外，作者认为当国者还得有居安思危的忧患意识，防微杜渐的防范心理，而元末执政者所缺少的正是这样一种忧患意识。至正初年，灾异频仍，黄泛区"民饥盗起"，朝廷未采取行之有效的补救措施，如赈灾不及时，赈灾物品被官吏克扣而不到位，等等，以致事态蔓延、恶化，局面难以收拾。说到底，还是执政者以为局部闹事无关大局。刘基说：

> 一指之寒弗煖，则及于其手足；一手足之寒弗煖，则周于其四体，气脉之相贯也。忽于微而至大。故疾病之中人也，始于一腠理之不知，或知而忽之也，遂至于不可救以死，不亦悲夫？天下之大，亡一邑不足以为损，

---

① 〔明〕徐一夔：《郁离子序》。

是人之常言也。一邑之病不救，以及一州，由一州以及一郡，及其甚也，然后倾天下之力以救之，无及于病，而天下之筋骨疏矣。是故天下，一身也。一身之肌肉、腠理，血脉之所至，举不可遗也。（卷之二《郁离子·千里马》）

刘基以"身"喻国，生动地说明了必须防微杜渐这一深刻道理，实际上是找出了元末时势恶化的一个重要原因，以作后世当国者的前车之鉴。

基于"以大德勘大乱"这样一种指导思想，刘基制定了以德养民、以道任贤的治国方略。

国以民为本。民犹水也，水可以载舟，亦可以覆舟。所以，历来明君治国总以保民、安民、养民为先。刘基以"沙"喻民，认为善当国者是"以漆抟沙，无时而解"，次之是"以胶抟沙，虽有时而融，不释然离也"；又次之是"以水抟沙，其合也，若不可开，犹水之冰，然一旦消释，则涣然离矣"；再下者为"以手抟沙，拳则合，放则散"（卷之二《郁离子·千里马》），此乃以力聚民，终不得法，故民叛之亦易。

那么，一国之君又怎样才能使得天下民众如胶似漆般地凝聚为一呢？唯一的方法，就是以德养民，而非以术诈民。"先王之使民也，义而公，时而度，同其欲，不隐其情，故民之从之也，如手足之从心，而奚恃于术乎？"（卷之三《郁离子·天地之盗》）人病渴不可刺漆汁以饮之，池有獭不可毒其水而保鱼。同理，国有乱而不可掠其民而治之。为此，刘基主张"养民瘳国脉"（卷之七《田家》）。得民心者得天下，这是颠扑不破的真理。所以，当国者要体察民情，顺应民心。"夫民情久佚则思乱，乱极而后愿定。欲谋治者，必因民之愿定而为之制，然后强无梗，猾无间，故令不疚而行。"（卷之四《郁离子·麋虎》）要拨乱反正，实现"王政"，吏治、人才是关键。"万乘之国，兵不可以无主；土地博大，野不可以无吏；百姓殷众，官不可以无长。"（《管子》卷一）治理国家单靠一个皇帝不行，而需要成千上万的各级官吏共同努力。元朝大厦之倒塌，很大程度是因用人不当、吏治腐败所致。所以，未来之当国者必须整顿吏治，尤其要重视人才的选拔、培养、任用、考核、升迁等各个环节，尽最大之可能，做到人尽其才、为国所用。

那么，怎样才能做到这一点呢？唯一的办法，就是以德招贤、以义待贤、以道养贤、以信用贤。在人才的培养、使用上，刘基有一套非常完整而又系统的理论。

首先，当国者要为招贤纳士营造良好的人才环境。"盖闻鱼无定止，渊深则归；鸟无定栖，林茂则赴。故以道养贤，则四方之民听声而来；以德养民，则四方之贤望风而慕。"（卷之十《拟连珠六十八首》其十七）即是说，一国之君要以自己的广德弘量、人格魅力去吸附人才，要让贤良之士感觉到有事业的奔头，能够充分施展自身的才干，体现自身的社会价值。

其次，当国者和执事者要具有识别人才的慧眼。行医者须懂药理，要善于识别名贵之药、普通之药和虎狼之药，切忌将外观极美，实则"但有杀人之能，而无愈疾之功"（卷之二《郁离子·玄豹》）的虎狼之药误作名贵之药使用。用人亦如行医，人才也有大小优劣之分。大才大用，小才小用，无才不用，尤其要注意识别那些"状如黄精""其状如葵"，成事不足、败事有余的假人才，"无求美弗得，而为形似者所误"。（卷之二《郁离子·玄豹》）因此，培养人才得先找准"苗子"，审其德、量其才、考其绩，然后定夺升迁。若误将庸才当俊才培养、使用，则无异于"楚太子养枭"（卷之二《郁离子·千里马》），虽以梧桐之实食之，而其性终不可以易也。

再次，选拔人才要放开眼量、拓宽视野，既不要像"梁王嗜果""独求之吴"（卷之三《郁离子·枸橼》），也不要像"燕文公求马"，舍近而求远，更不能以种族、地域分，"非冀产"（卷之二《郁离子·千里马》）则不用。概言之，要唯才是举，唯才是用。在人才的使用上，要"量能以任之，揣力而劳之。用其长而避其缺，振其怠而提其蹶，教其所不知，而不以我之所知责之，引其所不能，而不以我之所能尤之"。（卷之四《郁离子·麋虎》）金无足赤，人无完人。考核官吏要看其主流，不能因其有某种缺点，便攻其一点，否定其余。譬如钟山之猫，既抓鼠也吃鸡，"月余，鼠尽而其鸡亦尽"，此猫是好是坏？赵人说："吾之患在鼠，不在乎无鸡。……无鸡者，弗食鸡则已耳，去饥寒犹远，若之何而去夫猫也？"（卷之三《郁离子·枸橼》）官吏升迁既看德才，亦看政绩，不搞顺我者昌、逆我者亡，杜绝"悉取诸世胄、昵近之都那竖"（卷之二《郁离子·千里马》）的用人弊端。在官吏升迁上，不重蹈"楚鄙三县尹"（卷之二《郁离子·千里马》）廉洁者失意、贪财者得志的覆辙。当国者，尤其要重视纲纪之司的人选，别让奸佞之臣把持朝政，否则，因家门有狗，四方贤士都将望而却步矣。（卷之三《郁离子·枸橼》）臣子要以道事君，君主要以信用贤。用人须用而不疑，疑而不用。"善疑人者，人亦疑之；善防人者，人亦防之。善疑人者，必不足于信；善防人者，必不足于智。知人之疑己而弗舍者，必其有所存也；知人之防己而不避者，必其有所倚也。夫天下之人，焉得尽疑而尽防之哉？智不足以知贤否，信不足以弭欺诈，然后睢睢焉，惟恐人以我之所以处人者处我也，于是不任人而专任己。于是谋者隐，识者避，哲者愚，巧者拙，廉者匿，而圆曲顽鄙之士来矣。"（卷之三《郁离子·蝵蟜》）如此等等，即是刘基的人才观。

从以上所述可以看出，刘基的治国方略实本于儒家的"王政"思想。其"以德戡乱"的总体构想与孟子的王道、仁政是一脉相承的。不同之处在于：刘基更为重视人才在治理国家当中所起的作用。一国之兴，在于人才；一国之亡，在于用人不当。

艺术成就

《郁离子》当中严格意义上的寓言作品约占六成，他作多属先秦式的寓言、重言和卮言。所谓卮言，是抽象的论理；重言是不求信实地征引某些历史故事或古人之言；寓言则是论述中采用虚构假托的故事或自然物的拟人化来寄寓某种事理。一般地说，以"郁离子曰"开篇直抒己见之作大都属卮言，而寓言和重言往往融为一体，难以分割，一般情况是寓言含于重言之中。

在构思、立意、取材、语言特色和行文风格上，《郁离子》都明显受到古代寓言、重言、卮言创作的影响，但毕竟不是同一水平的回归复现，它已融进了作者自身的思想感情，打上了时代烙印，为寓言艺术的不断完善和发展作出了应有的贡献。如果说，借鉴是对传统文化的继承，那么刘基在继承的同时，却富有创新意识。这种创新意识主要体现在以下几个方面：

第一是立意上的推陈出新。《郁离子》的某些篇章在取材上有所依傍，但一经作者重组便显现出崭新的创意。如《鼓瞽》之七是源于《庄子·齐物论》和《列子·黄帝篇》的"朝三暮四"故事，《庄子》是以其论证世上诸事皆"无是非"的观点，《列子》则以其说明"名实未亏"的道理。原作中众狙的愚昧无知，给人的感觉是，统治者只需稍使诈术，便可驯服黎民百姓，从而坐享其成，高枕无忧。这一寓言经刘基改写，面貌就焕然一新，展现在读者面前的"众狙"，已不再是任人摆布的驯服工具。他们在狙公的残酷压榨下猛然醒悟而奋起反抗，"伺狙公之寝，破栅毁柙，取其积，相携而入于林中，不复归。狙公卒馁而死。"（卷之二《郁离子·鼓瞽》）其主旨变为警告当权者对黎民百姓的盘剥不要过于苛刻，否则将物极必反。这样的立意，无疑要比原作高出许多，可谓是以旧瓶装新酒。

第二是题材上的更新、拓展。题材上的更新、拓展有多方面的含义。一是指构思立意有所借鉴，但创作所用材料是全新的，这叫取其意而新其材。由于材料是全新的，加之立意的深化、提高，故仍能给人耳目一新之感。二是作者所作的寓言、重言或取之历史，或取之神话，然典籍所载多为蛛丝马迹、一鳞半爪，作者仅将其作为一条引线，据以作合理的想象和生发。三是在借鉴传统题材的同时，对寓言的创作领域另辟蹊径，为后世寓言作家踏出一条更为宽广的创作路子。在此尤值一提的是那些取材于现实生活，经作者巧裁妙剪、提炼加工的名篇佳作。如《枸橼》之六"冯妇之死"，这则寓言虽源于"冯妇搏虎"这一典故，但这仅仅作为一个引子，其主要情节和内容都取材于现实生活。东瓯（温州）方言至今"火""虎"不分，晋国冯妇这个搏虎能手居然被请到东瓯去灭火，以致被"火灼而死"！且至死尚不悟其因，读之让人啼笑皆非，细思则有深意寓焉。作者以此告诫当国者、执政者用人要用其所长，否则便是"扼杀人才"！

中国古代寓言一般多以人、神为描写对象，而较少拟人化的动物寓言，一直到柳宗元，这一现象才有了很大的改观。刘基循此而进，创作了大量的动物寓言，如"蟾蜍与蚵蚾""鳖的讥笑""九头鸟争食"等动物寓言精品，不能不说这是刘基对寓言艺术的一大贡献。

　　第三是向寓言体小说迈出了重要一步。《郁离子》大体上是一部寓言体散文集，但就其某些篇章而言，称之为小说则更为合适，盖因篇中已具生动曲折的故事情节，呼之欲出的人物形象，运用诸如肖像描写、心理刻画、细节描绘、人物对话等小说的表现技巧。如《虞孚》之四"蹶叔"篇，该篇叙蹶叔不听友人劝告，务农、经商皆一再违反自然规律而一无所获。虽多次对天发誓痛改前非，但老毛病还是经常复发。某次泛海行商，又不听友人劝告而误入大壑，历经九年才死里逃生。"比还而发尽白，形如枯腊，人无识之者。乃再拜稽首，以谢其友，仰天而矢之曰：'予所弗悔者，有如日！'其友笑曰：'悔则悔矣，夫何及乎？'"该篇意在嘲讽那些单凭主观想象，不重客观规律行事之人。行文中活脱脱地勾勒出一个"好自信，而喜违人言"的人物形象，无疑是一篇具有劝惩意义的寓言体讽刺小说。他如《鼓聩》之六"即且"、《麋虎》之六"唐蒙薛荔"、《虞孚》之一"虞孚"、《牧豭》之七"梦骑"等10余篇皆可归入此类。

　　后世小说有寓言体一支，如蒲松龄的《崂山道士》《罗刹海市》《画皮》诸作即是，其受《郁离子》的启发亦非没有可能。寓言早先作为诸子散文中说理论辩的例证流行于先秦，后来演变为一种独立的文学样式，再变则成为文言短篇小说之一脉，《郁离子》在其嬗变的过程中无疑起了不可低估的推动作用。

　　《郁离子》的艺术成就是多方面的，徐一夔谓其"牢笼万汇，洞释群疑，辨博奇诡，巧于比喻，而不失乎正"[①]，并非过誉。但其主要成就则体现于讽刺艺术的成功运用。

　　鲁迅先生曾说，"讽刺的生命是真实"；"所谓讽刺，大抵倒是写实。非写实决不能成为所谓'讽刺'，非写实的讽刺，即使能有这样的东西，也不过是造谣和污蔑"；讽刺应是"于世事有不平"，从而"秉持公心，指摘时弊"。鲁迅先生的论述有两个要点：其一，讽刺的对象是社会现实，是社会当中的实有之人和实有之事；其二，讽刺的态度要端正，是出于公心去讽世，而非私怀怨毒，乃逞恶言，抽毫而抨击。毋庸置疑，鲁迅先生的论述是我们今天评价讽刺文学的

-----

①〔明〕徐一夔：《郁离子序》。

首要标尺。以这一标尺去衡量《郁离子》的讽刺之作，我们可以得出如下结论：刘基正是于世事有不平而公心讽世的。

首先，《郁离子》的讽刺矛头总是对准元季的社会现实，具有很强的真实性和针对性。如《千里马》之一"千里马"、《千里马》之十一"八骏"就完全是用以讽刺元王朝的民族歧视政策的。马虽为"千里马"，只因其"非冀产也"而不予重用；马的优劣以产区分为四类（犹元之将人分为四等），其结果是"天闲之马""素习吉行"，不事戎事；"内厩之马"养尊处优，"望旃而走"；"外厩之马"与"江南散马"因"食粟"不公而不愿尽力，故一旦"盗起"，则无马可用，这是对元廷在人才使用上搞民族歧视的绝妙讽刺！

其次，因为刘基是出于"公心讽世"，所以他对元室之弊的剖析就较为客观，作者时常以"局外人"的冷眼旁观去审视元廷近乎荒唐愚蠢的所作所为。如《省敌》之四"九头鸟"，作者以"九头争食"影射元廷"南坡之变""两都争战"之兄弟相残，辛辣地嘲讽了元廷因争夺皇位而内讧时起、政变相继的愚蠢行径。文中"海凫"可谓是作者化身，以旁观者的口吻一针见血地点明了"九头争食"之愚昧可笑，这种"露底法"的讽刺可以看出刘基讽世是抱持怎样的一种态度的。

也正因为是"公心讽世"，所以作者能视讽刺对象的不同而区别对待。对于社会上那些卑鄙下流、阴险毒辣、不择手段、唯利是图的丑恶行径予以猛烈的抨击、辛辣的讽刺；而对于那些或因性格缺陷、或因思维定势、或因一时糊涂而犯过失之人，则予以善意的嘲讽。如对"道士救虎"一类滥施"好生"之心于异类，结果非但没有"好报"，反而险些落入虎口的愚蠢行为，作者的批评是善意的。其结尾云："哀哉！是亦道士之过也。知其非人而救之，非道士之过乎？虽然，孔子曰：'观过，斯知仁矣。'道士有焉。"（卷之二《郁离子·玄豹》）这段议论说明作者嘲讽的是道士的好坏不分、是非不辨，但并未因此否定其所具有的"好生之仁"，只是施行不当罢了。

寓言体文学的创作，其成功与否在很大程度上取决于喻体的设计。设喻精妙，是创作成功的一半。刘基寓言的取材虽十分广泛，但都离不开生活的积累。他善于从现实生活中挖掘、提炼托讽的素材，将某一严肃的社会问题或蕴含丰富的人生哲理通过司空见惯的生活细节予以揭示。正如鲁迅所说，现实中有许多习以为常的东西，普通人并不在意，而一经作家艺术加工，便有了幽默和讽刺的意味。如《玄豹》之五：

> 西郭子侨与公孙诡随、涉虚俱为微行，昏夜逾其邻人之垣。邻人恶之，坎其往来之涂而置溷焉。一夕又往，子侨先堕于溷，弗言，而招诡随，诡随从之堕。欲呼，子侨掩其口曰："勿言。"俄而涉虚至，亦堕。子侨乃言曰："我欲其无相咥也。"（卷之二）

西郭子侨的所作所为很容易让人联想到政界某些贪官污吏因自身之龌龊而怕人揭短，就不择手段拉人"下水"，与之同流合污，因而作者从人格上予以根本否定，并说"西郭子侨非人也，己则不慎，自取污辱，而包藏祸心，以陷其友，其不仁甚矣！"如此尖锐辛辣、寓意深刻的作品，就是通过现实生活中的常见之事来表现的，只不过作者对托讽素材已作高度典型化的艺术处理罢了。

刘基是一位设喻高手，对于元季这架锈迹斑斑、难以运转的国家机器，他先以"病"喻，谓当国者是"庸医"：既不知脉，又不知症，更不善于对症下药；又以"屋"喻，谓执政者当局部"屋漏"之时不以为忧，及至大厦行将倾覆则百般无奈，坐以待毙；又以"船"喻，以航沧溟而无舵师来影射元顺帝之昏聩无能；如此等等，不一而足。作者正是通过种种类比，多层次、多角度地影射元廷之全面崩溃，收到了很好的讽刺效果。

从艺术风格来看，《郁离子》兼有辛辣尖锐和诙谐幽默两种不同的艺术风格，而从总体上看则以前一种风格为主，这与其散文"气昌而奇"的总体风格是相一致的。

下编　王佐帝师业

第十章　艰难抉择　走向大明

元璋其人

朱元璋，小名重八，后改名兴宗，又名元璋，字国瑞。其先世最早居于淮北沛县，后徙于江东之句容，祖父时再徙泗州盱眙，自朱元璋父亲朱五四（后改名世珍）开始，才定居于濠州钟离之东西乡和太平乡（今属安徽凤阳）。朱元璋祖辈世代以农耕为业，到他父亲这一代仍以租种地主田地养家糊口。

朱五四养有四子二女，朱元璋在兄弟姊妹中是最小的一个。如此人口众多的一个家庭，确使朱五四不堪重负。为了减轻负担，朱五四让第三个儿子重七出赘当了招郎女婿，小小年纪的朱元璋也被人雇佣，当了牧童。明嘉靖时人王文禄曾在《龙兴慈记》中记录了朱元璋当牧童时的一则故事。朱元璋牧牛，常与一同放牧的孩子玩"朝拜天子"的游戏。他自己从车轮上弄下一块长方形大板横顶头上作"天平"冠，再叫一大群牧童各用双手捧着一块小方形木板当作"笏"（古代大臣朝见皇帝时用的仪物），然后让大家都手捧笏板向他跪拜，远远望去，就像大臣朝见皇帝一般。儿童游戏，十分平常，类似的现象在别的儿童身上也可以见到，但由于是发生在后来当了皇帝的朱元璋身上，因此才格外为后人所珍重。故事本身虽有神化朱元璋的成分，但也说明了朱元璋是从小在苦水中泡大的。

元至正四年（1344），朱元璋17岁，这是朱五四一家大劫难逃的年岁。这一年，淮北大旱，蝗虫肆虐，庄稼颗粒无收，继以瘟疫蔓延，朱元璋父母、大兄相继病逝。在此情况之下，朱元璋二兄、三兄各自逃生，他孤贫无依，入皇觉寺做了和尚。逾月，寺僧乏食，朱元璋乃游食于江、淮间，三年之后才回到了寺院。

至正十二年（1352），汝、颍兵起，朱元璋所赖以栖身的皇觉寺毁于兵火，致使他再一次无处安身。是时，郭子兴正起兵于濠州。闰三月，朱元璋在走投无路的情况之下，投奔反元义旅郭子兴的军门。门卒初见面，疑其为元军间谍，在盘查过程中似乎还发生了一些不愉快的事情，因此将其捆绑欲杀之。郭子兴见其"状貌奇伟"，"异常人"也，就亲自为他解缚，收为兵卒。一个月后，郭子兴就提拔他当了九夫长，没过多久又收为亲兵，常召与论事，相待如家人子弟。第二年，郭子兴经过长达数月的考察审视之后，又将养女马氏（即后来的马皇后）许配朱元璋为妻。朱元璋在短短的不到一年的时间里，便由一名被疑为间谍欲判为死刑的人一跃而为元帅的至亲心腹。

不久，徐州为元兵所陷，徐州义军将领芝麻李牺牲，其部将彭大、赵均用奔濠州而喧宾夺主，濠州的郭子兴、孙德崖反为所制。至正十三年（1353）六月，朱元璋还乡里募兵，得700余人，郭子兴大喜，升朱元璋为镇抚。彭、赵所部暴横，郭子兴弱，朱元璋料难共事，就在这一年冬季以新兵属他将，请示郭子兴后，只带亲信24人出濠城，南略定远，陷滁州。到这时，朱元璋手下已有了3万兵马，郭子兴升其为总管。至正十五年，滁州乏粮，郭子兴用朱元璋计，拔和州（今安徽和县），并升朱元璋为总兵官镇守和州。至此，朱元璋已成为镇守一方的大将。

朱元璋镇守和州之时，已显露出了他的统帅才干。《明实录·太祖实录》卷二载：朱元璋奉命镇守和州后，恐自己年轻，名位不高，诸将不服，在约定议事的那一天，故意迟到。当时习俗以右为尊，诸将先入者皆于右首落座，待朱元璋至，只剩左首末席空缺，他也就不吭一声地坐下。但到议事时，他却议论风发，剖决如流，令诸将瞠目结舌，面面相觑，至此诸将才稍稍心服。后议定分工修城，限三日完工。三日后，唯朱元璋一段如期完工。为此，朱元璋将脸一沉，摆公座朝南坐下，始将郭子兴的任命状以示诸将，曰："奉命总诸公兵，今隳城皆后期，如军法何?"诸将皆惶恐谢罪。接着，朱元璋整顿军纪，斥众将道："诸军自滁来，多掠人妻女，军中无纪律，何以安众!"遂命诸将所得妇女悉数放归，让家人认领。于是，朱元璋声威大震，且赢得万民称颂。

不久，郭子兴卒，朱元璋受小明王封，任左副元帅，既而都元帅郭天叙（郭子兴子）、右副元帅张天佑（郭子兴妻弟）战死。至此，郭子兴所部尽归朱元璋统帅。至正十五年（1355），朱元璋下采石，渡江取太平。至正十六年，下集庆、拔镇江、克广德，小明王升朱元璋为枢密院同佥，不久又升任江南等处行中书省平章，诸将则奉之为吴国公。至正十七年，朱元璋攻克长兴、常州、宁国、江阴、常熟、徽州、池州、扬州等地。到至正十八年，其兵锋所向已直指婺州了。朱元璋势力范围迅速扩张，发展势头如此迅猛，以致任何一个军事集团都不敢小觑他。

朱元璋出身贫寒，没有文化，当年从军，多半出于糊口谋生的考虑。但随着政治、军事形势的不断发展，他已逐渐意识到在这个社会的政治、军事大舞台上自己所扮演的角色，尤其是渡江之后，他的一言一行都明显地表现出并不满足于做一个"占山为王""草泽称雄"的好汉，其立志之高远，非张士诚、方国珍辈所能企及!

正因为如此，他在攻城拔寨的军事生涯中能做到以下几点:

一、严肃军纪，博取民心。军队纪律的好坏，是关乎人心向背的重要问题。朱元璋最早与郭子兴、孙德崖等在一起的时候，其义军纪律如何，史无明载，但他曾严厉指斥过彭、赵两人"驭下无道，所部多暴横"[1]。这种"暴横"自然是包括军队纪律松弛，肆意烧杀抢掠甚而奸淫妇女等。朱元璋入和阳（今安徽和县）、取太平、进据集庆以及在后来的一系列政治军事活动当中，都十分重视军纪的整顿，他不止一次地强调:所有将士都必须严守纪律，否则一律以军法从事。

张天佑等入和阳之初，"暴横多杀人，城中人民夫妇不相保"。朱元璋赶到

---

① 《明实录·太祖实录》卷一。

和阳并担任总兵官后，立即整饬军纪，卒使"人民大悦"。①

取太平前，朱元璋预计军队难免会杀戮抢掠，因此决定采用惩一儆百之计。他先令李善长写好"戒戢军士"的榜文，一入城，便将榜文张贴出去。拔城后，果然有士卒犯禁，朱元璋立即宣布斩首示众，此后，全城肃然，人心悦服。

攻克集庆，朱元璋召官吏父老谕之曰："元政渎扰，干戈蜂起，我来为民除乱耳，其各安堵如故。贤士吾礼用之，旧政不便者除之，吏毋贪暴殃吾民。"民乃"大喜过望"。②

朱元璋发兵取镇江，临行诫徐达等曰："我自起兵，未尝妄杀。今尔等当体吾心，戒戢士卒，城下之日，毋焚掠杀戮。有犯令者，处以军法；纵者，罚无赦！"达等受命，城下之日，"号令严肃，城中晏然"。③

军纪严了，所过之处秋毫无犯，就会得到百姓的拥护，这或许是朱元璋节节取胜的法宝之一。

二、未雨绸缪，延揽人才。要成就自己的事业，就必须广泛延揽英才，否则断然难以成功。早在渡江之前，已经有为数不少的文武贤能之士如李善长、冯国胜、冯国用、范常、常遇春、陶安、李习、缪大亨、胡大海、廖永安、廖永忠、俞廷玉、俞通海三兄弟等投至朱氏麾下，这对于夺取渡江之前的一系列胜利和奠定王业基础起了重要作用。夺取金陵以后，又聘用了夏煜、孙炎、杨宪等12人。儒士孙炎向朱元璋献出的第一条妙计就是"招豪贤，成大业"，这话朱元璋大概是铭记在心的。所以，当徐达取镇江之前，朱元璋还交给他一个专门任务，即亲自上门敦请镇江耆宿秦从龙出山。秦从龙到金陵时，朱元璋亲自到江边迎接，并特许其独自一人以简札形式传递信息、共商国是，常敬呼先生而不名。

其实在当时群雄之中，像张士诚等也都招募儒士，但往往只是装潢门面而已。朱元璋不一样，他十分重视采纳儒士意见。由宁国趋徽州时，召儒士唐仲实咨询时务，问："汉高祖、光武、唐太宗、宋太祖、元世祖平一天下，其道何

---

① 《明史纪事本末》卷一。
② 《明史》卷一，《太祖本纪》。
③ 《明史纪事本末》卷二。

由?"唐仲实回答说:"此数君者,皆以不嗜杀人,故能定天下于一。公英明神武,驱除祸乱,未尝妄杀。然以今日观之,民虽得归,而未遂生息。"朱元璋曰:"此言是也。我积少而费多,取给于民,甚非得已。然皆为军需所用,未尝以一毫奉己。民之劳苦,恒思所以休息之,曷尝忘也。"朱元璋闻前学士朱升名,亦请至询问天下之道,朱升以九字相赠:"高筑墙,广积粮,缓称王。"朱元璋深以为然。①

他亲征婺州之时,谋士许瑗也有一番建议:

> 方今元祚垂尽,四方鼎沸,豪杰才勇之士势不能独安。夫有雄略者乃可取雄才,有奇识者然后能知奇士。阁下欲扫除僭乱,平定天下,非收揽英雄,难以成功。上曰:"今四方纷扰,民困涂炭,予思英贤,有如饥渴,方当广揽群议,博收众策,共成康济之功。"瑗曰:"如此,实帝王之道,天下不难定也。"上喜,因留帷幄中,参与谋议。②

其实,许瑗的建议与此前唐仲实等人的建议都是从治国平天下的高度去谈人才问题的,不同之处是许瑗更加强调了人才之于"平定天下"的重要性。而事实上朱元璋已经这么做了,这是成就他以往事业的法宝之一,所以称善不已。但不管怎么说,从上述的例子可以看出,朱元璋确实十分重视延揽人才。

三、高瞻远瞩,工于谋略。朱元璋虽然年龄不大,却十分老成持重。他从来不为贪图近功、小利而忘记长远之计,也从来不干冒险的事情。自采石渡江时,诸将以和州乏粮,争取资粮谋归。朱元璋见将士有这种因小失大的思想倾向,便对徐达等曰:"今举军渡江,幸而克捷,即当乘胜径取太平。若听诸军取财物以归,再举必难,江东非我有,大事去矣!"遂悉断舟缆,放急流中,士卒大惊问故,朱元璋曰:"成大事,不规小利,此去太平甚近,舍此不取,将奚为?"③这样就一鼓作气夺取了太平,为下一步攻克集庆获得了桥头堡。

①《资治通鉴后编》卷一七八。
②《明实录·太祖实录》卷八;《明史》卷二八九,《孙炎传》。
③《明实录·太祖实录》卷三。

朱元璋渡江前，曾与元军发生过多次恶战，把当时江北元军打得东奔西窜，丢盔弃甲。这种所向无敌的气势，曾使许多将领头脑发热起来，因而在如何夺取集庆的战略讨论上主张"直取金陵"，这无论从军事上还是从政治上来看，都是一种冒险行为。朱元璋曰："取金陵，必自采石始。采石乃南北喉襟，得采石，金陵可图也。"①他不仅断然否定了"直取金陵"的冒险主张，而且渡江后，仍未采取直接插入之法夺取之，而是对集庆周围实行迂回包抄，使金陵在战略上完全处于孤立无援的绝境，然后一举拔之。

四、胸怀宽广，善于应对。朱元璋凭着他高超的交际手段，妥善处理方方面面纷繁复杂的矛盾关系。在各反元义军当中，既有联合又有斗争的现状是始终客观存在的。如郭子兴与赵均用、孙德崖之间的矛盾，郭子兴与六合义军间的矛盾等，在处理这些反元友军内部的是非之争上，朱元璋都是站在既有利于明辨是非，又有利于共同对敌和并肩反元的高度上予以解决的。赵、孙野心勃勃，企图杀害郭子兴，朱元璋挺身而出，两次将郭子兴从赵、孙的刀下救出；郭死后，还与张天佑一起抵制了孙德崖的吞并企图。对赵、孙的错误进行斗争，朱元璋是毫不含糊的。但在斗争的分寸和方法上却很有讲究，与对待元军血战到底的态度有着明显区别。每当粉碎了赵、孙的吞并阴谋之后，朱元璋都显得宽宏大量而不念旧恶。最明显的一个例证是：至正十三年（1353），孙德崖部队缺粮，向朱元璋求援，朱元璋背着郭子兴满足了孙的要求。由此可见，朱元璋在处理反元友军之间的矛盾斗争之时，是既讲原则，又有节制的。

至正十四年（1354），元廷以百万大军包围六合义军，在此千钧一发之际，郭子兴仍陷在个人的旧怨之中不能自拔，不愿伸出救援之手，朱元璋则从反元大义出发，挺身而出，想方设法说服了郭子兴，并亲自率兵救援六合，而与强敌相抗，体现了朱元璋鲜明的是非观念。

在处理与郭子兴本人及其家族、旧部的关系上，朱元璋向来采用高姿态妥善解决问题。原则问题必须坚持，但态度都比较诚恳，方式方法也很讲究，而

①《明实录·太祖实录》卷三。

且很有耐心，如说服郭子兴救援六合友军，即为一例。当牵涉个人利害得失，蒙受一时的误会和诬枉之时，则甘心忍辱负重，以更大的诚心和加倍努力的实际行动去消除误会，达到谅解。如郭子兴一度不信任他，怀疑他有抢班夺权的企图，郭子兴之子郭天叙暗中下毒妄图毒死朱元璋等，朱元璋除了运用正当防卫以保全性命之外，一般都尽量逆来顺受，委曲求全，哪怕心腹李善长被郭子兴眼巴巴挖走，他也只好忍痛割爱。

总之，朱元璋在处理古往今来无数人感到十分棘手的人际关系和团结问题上是卓有成效的，而之所以能取得这一卓越成效，其根本原因在于他的胸襟博大、身先士卒和性格上的刚毅果断。朱元璋为了在全军中树立自己的崇高威信，他总是时时处处严格要求自己，以身作则，表里如一，不尚空谈。每次战役，他都亲临战阵，带头冲锋陷阵。在整饬军纪上，能率先垂范，凡要求部下做到的，自己先行做到，并且"善抚士卒"，在部队当中建立了一种平等和谐的官兵关系，从而使这支部队具有很强的凝聚力和战斗力。

更重要的是，他反元立场十分坚定，与元廷势不两立，寸步不让，因为这是当时绝大多数民众的共同愿望，是政治上的头等大事。在这个大是大非问题上如果发生动摇，则其他一切事情都无从谈起。方国珍、张士诚等后来之所以大失人心，就因为他们在反元大节上有始无终，朝三暮四。朱元璋从投身郭子兴麾下的第一天起，除了后来有一段时间专门对陈友谅、张士诚用兵之外，其余的日子几乎天天在与元军浴血奋战，其反元的地盘也都是直接从元军的手中夺取的，其义军的旗号、服装和政权的年号都一直与小明王的龙凤政权保持一致。朱元璋占领集庆后，为了麻痹北方强敌，曾先后五次主动派遣使臣与察罕特穆尔等元军首领通好，这是出于军事策略上的考虑。但当元廷把江南行中书省平章政事的诏书送至南京，欲以此缚其手脚时，他便旗帜鲜明地予以拒绝，且以"元朝不达世变，尚敢煽惑我民"为由，将元使诛之示众。[①]由此可见，朱元璋的反元立场始终如一，坚定不移，也正因为如此，其麾下将士万众一心，始终团结在他的周围，赴汤蹈火，在所不辞。这是他南征北战、所向披靡的最

---

① 〔明〕刘辰：《国初事迹》。

重要法宝。

艰难抉择

至正十八年（1358）冬，朱元璋手下大将胡大海顺利攻克兰溪，分兵把守要害，安营扎寨之后，就调兵遣将，谋划攻打婺州，而婺州城防坚固，守城元军顽强抵御，坚守不降。

婺州，春秋时为越西界，秦属会稽郡，汉为乌伤县，地仍属会稽，三国吴分会稽置东阳郡，晋属扬州，唐初称婺州，又改东阳郡，宋为保宁军，元至元十三年（1276）改婺州路，辖金华、东阳、义乌、永康、武义、浦江六县和兰溪州。其地东邻台州，西接衢州，而南面则与处州路的缙云县接壤，有着相当重要的战略地位。

朱元璋得知胡大海久攻不克，即亲自率领常遇春等十万兵马火速增援，由宁国道经徽州，于十二月师抵兰溪。

是时，石抹宜孙已升任元江浙行省参知政事，仍守处州，而刘基则已归隐南田。宜孙闻知大军攻婺州，心急如焚，因婺州城中土帅即其嫡弟石抹厚孙，何况他的母亲也在婺州城内，且婺州一旦失守，处州北面也就失去了最后一道屏障，想守也难！宜孙泣曰："义，莫重于君、亲，食禄而不事其事，是无君也；母在难而不赴，是无亲也。无君无亲，尚可立天地间哉？"遂与参谋胡深、章溢商议守城之策，赶造战车数百辆，继令胡深等带战车数百、率民兵数万增援，自率万余精锐出缙云以应之。胡深兵至松溪，观望而不敢进。

见此形势，朱元璋对诸将说："婺倚石抹宜孙，故未肯即下，闻彼以车载兵来援，此岂知变者！松溪山多路狭，车不可行。今以精兵遏之，其势必破。援兵既破，则城中绝望，可不劳而下之。"[1]

次日，胡大海养子胡德济诱胡深兵于梅花门外，纵击大败之，胡深遁去。城中势益孤，台宪、将臣划界分守，无统一指挥，彼此各自为战。守将宁安庆、

---

[1]《明实录·太祖实录》卷六。

李相开门迎吴师入城，南台侍御使特穆尔色埒、院判石抹厚孙等皆被执。①

朱元璋入城，下令禁戢军士剽掠，民皆安居，遂改婺州路为宁越府，并置中书分省于此。先辟儒士范祖干、叶仪，接着又召儒士许元、叶瓒玉、胡翰、吴沉、汪仲山、李公常、金信、徐孳、童冀、戴良、吴履、张起敬、孙履等，皆供职于省署。每日命令轮流两人为一班，持续"进讲经史，敷陈治道"②。

朱元璋亲征婺州在人才上的最大收获是得到了宋濂，并且从其部将胡大海口中得知在处州还有刘基、章溢和叶琛，均为难得的人才，后人称他们四人为"浙东四先生"。

至正十九年（1359），朱元璋在宁越府开郡学，延请宋濂、叶仪为五经师，戴良、吴沉、许元为训导，以示他对人才和知识的尊重。当时金华正处丧乱之余，学校久废，至此始闻弦诵之声，城中百姓无不欣悦。

宋濂，字景濂，祖辈是金华潜溪人，至宋濂这一代迁居至浦江青萝山，成为浦江人。元末文章以吴莱、柳贯、黄溍为一朝之后劲。宋濂初从吴莱学，继又学于柳贯、黄溍，其授受俱有渊源。又早从闻人梦吉读贯五经，学问具有根底。《明史》本传称其"于学无所不通，为文醇深演迤，与古作者并"。他跟刘基一样，也希望能通过科举考试走上仕途，但在科场上却没刘基幸运，几次科考都名落孙山。

宋濂大刘基一岁，据有关史料分析，他们很早就已经相识。郑涛《宋潜溪先生小传》谓宋濂原名寿，后更名濂，"上饶郑录事复初为制今字"，也就是说，宋濂的"字"是郑复初为他取的，而郑复初正是刘基的老师。又据宋濂《抱瓮子传》，知宋濂曾到过处州，所以宋濂与刘基大致在20岁前后即已结交为友。③

宋濂虽然不是进士出身，但其声名早已远播京师，在危素等人的举荐之下，于至正九年（1349），朝廷辟宋濂为翰林编修，但他对元朝早已失去了信心，即以亲老固辞，入龙门山著书立说去了。

①《明史纪事本末》卷二，《资治通鉴后编》卷一七八。

②《明实录·太祖实录》卷六。

③参见徐永明：《刘基与婺州文人》，见吕立汉、潘玉花主编：《刘基文化论丛》，延边大学出版社2002年版，第217页。

此时刘基正在行省儒学副提举任上，得知宋濂入龙门山做道士，即以《送龙门子入仙华山辞》相赠，辞序曰："龙门先生既辞辟命，将去入仙华山为道士。而达官有邀止之者。予弱冠婴疾，习懒不能事，尝爱老氏清净，亦欲作道士，未遂。闻先生之言则大喜，因歌以速其行。先生行，吾亦从此往矣。他日道成为列仙，无相忘也。"（卷之五）刘基以此表达了对好友宋濂的了解和理解。

至正十五年（1355）前后，宋濂《潜溪集》（即《潜溪后集》）付梓，请刘基作序，此时刘基正避地于绍兴，见老友新作问世，感慨不已。他说："国家混一七八十年，名儒钜公接武而出，其可以追配古人者固为不少。然而，老成凋丧之后，宴安游惰之习胜，以聪明捷敏之才，乘其在外急名之气，窃取糟粕，剿挑组缀，以耀聋瞽，袭声誉者纷纷皆是，而不知其于道何如也。盛极则消，理固然耳，予窃痛之，而忧今之将无其人。及待罪居越，得宋君景濂《潜溪集》观之，然后知造物之不丧斯文，而光岳之气犹有所钟也。"[1]刘基对宋濂文章的评价是很高的，他在《潜溪后集序》中又说：

> 景濂旧居金华，从故待制柳先生、侍讲黄先生游。二先生皆以文章鸣于世，景濂合二先生之长，上究六经之源，下究子、史之奥，以至释、老之书，莫不升其堂而入其室。其为文则主圣经而奴百氏，故理明辞腴道得于中，故气冲而出不竭。至其驰骋之余，时取老、佛语以资嬉戏，则犹饫粱肉而茹苦茶、饮茗汁也。

基于宋濂和刘基非同一般的交情，当宋濂一旦决定归顺朱元璋之后，他向朱元璋推荐自己的同道好友也并非没有可能。

缙云是处州的北大门，朱元璋取处州，必先拿下缙云。缙云梅溪陈细出于反元的民族感情，率众保卫乡间，并到金华向朱元璋献攻取处州缙云之计，得

---

[1]《潜溪后集序》，该文刘基文集诸版本皆不录，今见于清宣统三年刊本《宋文宪公全集》附录卷四，中国社会科学院文学研究所图书馆藏本。

到朱元璋的赏识，初授帐前百户。[①]缙云白岩（今属浙江磐安）曹璟（字进得）亦携侄子曹肖伊去金华，面述处州形势，条陈治策，得到赏识，授万户之职[②]，这说明元廷已完全失去了民心。

至正十九年（1359）四月，胡大海以耿再成为前锋，直奔缙云黄龙寨而去，朱元璋亲临前线指挥。于大兵压境之际，奉命驻守处州北部要塞的元缙云知县林彬祖，率全县丁壮退出，耿再成顺利占领黄龙寨。石抹宜孙、林彬祖欲夺回失去的阵地，立即组织反击。黄龙山四面陡绝，耿再成树栅其上，缙云白岩曹璟率义兵从背后夹攻，数败元军于山下。曹璟率众谒见朱元璋，颂其德曰："唯皇建极，重开日月之光；俊民用章，复辟乾坤之大。"朱元璋喜其言，询以民俗[③]，转而视察各战略要地。朱元璋见缙云、丽水之交，重峦叠嶂，易守难攻，决定收兵回金华，且命曹璟听从耿再成驻守黄龙寨。

元处州守将石抹宜孙率部从退至丽水、缙云交界的险关要隘，命元帅叶琛扼守括苍古道之天险桃花岭（亦称冯公岭），从而筑起第一道防线；命参谋林彬祖屯兵葛渡（今丽水市莲都区仙渡乡），这是第二道防线。又命镇抚陈仲琛屯兵樊岭，樊岭地处丽水境内宣平（今属浙江武义）北面40里，岭势险峻，于此屯兵，以防朱元璋部队从西北面武义县攻入，而让元帅胡深戍守龙泉。

耿再成在缙云重视人才的延揽，任隐士郑葆为缙云县尉。郑葆，字仁佑，号竹心，缙云松溪（今周村）人，"善天文、星纬之学"，与刘基"以道义交"[④]。郑葆在任期间政理刑清，人咸服其能，为固守计，助耿再成练七乡巡控兵士以保障，谕收才士，化敌为友，全活邑境。[⑤]

至正十九年（1359）五月，朱元璋将还应天，命胡大海、常遇春戍守宁越。是时，元廷以宋巴延布哈守衢州，石抹宜孙守处州；绍兴则是张士诚的地盘，

---

① 《缙云颖川（梅溪）陈氏宗谱》卷三。

② 金兆法：《缙云姓氏志》，方志出版社1999年版，第471页。

③ 光绪《缙云县志》卷八，《曹进得传》。

④ 〔明〕刘基：《仁佑郑先生招隐文》，是文刘基文集诸版本皆不录，今引自缙云县《五云郑氏宗谱》民国甲子年（1924）本卷尾四《纪载录》。

⑤ 〔明〕赵政：《元缙云县尉仁佑郑公行状》，《五云赵氏宗谱·艺文内集》。

为吕珍所据，朱元璋命胡大海与常遇春"同心协力，俟间取之"。①

秋九月，常遇春进兵攻打衢州，遭到了宋巴延布哈的顽强抵抗，终以奇兵攻克衢州城，生擒宋巴延布哈。常遇春回师宁越不久，又改宁越为金华府。

胡大海、耿再成与石抹宜孙在丽水、缙云交界处的军事对峙长达半年之久。至正十九年（1359）冬十一月，胡大海率主力进抵樊岭，与耿再成部合兵，连拔桃花岭、葛渡二寨，林彬祖不知去向。兵至处州城下，石抹宜孙弃城走浙闽边境建宁（今福建建瓯）一带。至正二十年六月，石抹宜孙自建宁率部攻打庆元县城，为耿再成所败。石抹宜孙回撤竹口，欲返回闽，遭乡兵阻击，力战而死，其部将李文彦收其尸，葬于龙泉。此为后话。

胡大海攻克处州城后，即分兵取属邑。时胡深以假元帅统龙泉、庆元、松阳、遂昌四县之兵，闭关为拒守计。四县士民向胡深请命，希望他能为四县百姓从长计议，且曰："公治兵十年，勤劳至矣，而朝廷无一命之赐，君何负于国哉！"②胡深是个聪明人，知元朝气数已尽，大势已去，遂以龙泉等四县降。朱元璋素知胡深是个人才，即召见之并授予左司员外郎，遣还处州，召集旧部，转征江西。

胡大海、耿再成攻下处州，朱元璋即任命孙炎为处州总制。

孙炎，字伯融，句容人，身长六尺余，面黑如铁，一足偏跛，持辩风生，举辞如云，人莫当其口，有诗名。所与交者，皆天下英俊，雅负经济，气豪才雄，不把章句之儒放在眼里。曾自许曰："孙炎男子，岂死蒿下耶？"会朱元璋渡江至金陵，闻孙炎之名，召见与语，炎慷慨陈词，谓元运将终，劝朱元璋延揽贤士，以成大业。其义正辞严，深得朱元璋赏识，遂辟为江南行中书省掾，后随朱元璋亲征浙东，凭功业提升至池州府同知，不久升任华阳府知府。改任处州总制后，即奉命招刘基、章溢、叶琛等。③

如前所述，刘基已于至正十八年（1358）年底愤然还山，潜心著述。初，有朋友过南田山劝说刘基："今天下扰扰，以公才略，据括苍，并金华，明（宁

---

① 《明史纪事本末》卷二。

② 〔明〕宋濂：《王府参军追封缙云郡伯胡公神道碑》，见乾隆《浙江通志》卷二六六。

③ 参见《明史》卷二八九，《孙炎传》；〔明〕方孝孺：《孙伯融传》，《逊志斋集》卷二一。

波）越（绍兴）可折简而定，方氏将浮海避公矣。因画江守之，此勾践之业也。舍此不为，欲悠悠安之乎？"刘基听罢，不以为然，笑对友人说："吾平生忿方国珍、张士诚辈所为，今用子计，与彼何殊耶？"（《行状》）刘基的话说得斩钉截铁，没有商量的余地，其为人之正于此可见一斑。当时，他虽然不愿意继续为元王朝效劳，但也绝无背叛元廷之意。《明史》孙炎传云：

> 太祖命（孙炎）招刘基、章溢、叶琛等，基不出。炎使再往，基遗以宝剑。炎作诗，以为宝剑当献天子，斩不顺命者，人臣不敢私，封还之。遗基书数千言，基始就见。

又方孝孺《孙伯融传》曰：

> 时秀民有才能者，见方战争胜负未分，皆伏居山谷中，不肯出，炎患之。钩至一二人，问有才者，录其姓名，为书遣使者招致之。而故中丞刘基、章溢，知府叶琛皆为处士所推，（刘）基最有名，亦豪侠负气与炎类，自以为不当为他人用。使者再往返，不起，以一宝剑送炎。炎作诗，以为剑当献之天子，斩不顺命者，我人臣不可私受，封还之。草数千言，开陈天命以谕基，文辞甚美。基不答，遂迤就见，置酒与饮，论古今成败之事，如倾峡滚滚不休，略无枝复。基乃深钦叹之曰："基自以为胜公，观公论议如此，何敢望哉！"炎遂致基于京师。

兹录孙炎赠刘基的《宝剑歌》如次：

> 宝剑光耿耿，佩之可以当一龙。
> 直是阴山太古雪，为谁结此青芙蓉。
> 明珠为宝锦为带，三尺枯蛟出冰海。
> 自从虎革裹干戈，飞入芒砀育光彩。
> 青田刘郎汉诸孙，传家唯有此物存。

匣中千年睡不醒，白帝血染桃花痕。

山童神全眼如日，时见蜿蜒走虚室。

我逢龙精不敢弹，正气直贯青天寒。

还君持之献明主，若岁大旱为霖雨。[1]

朱元璋诚聘刘基出山，是应聘还是拒聘？这着实让他犯难。犯难原因有以下三点。元朝为国死难者，多进士，泰不华、李黼、余阙等即为榜样，刘基亦身为元朝进士，自然不想做变节文人，此其一也。当然，问题的关键还在于能否看清形势。元朝的覆亡已成定局，但未来新王朝天命之所归当属何人？当时群雄纷争，各逞所能，形势扑朔迷离，究竟鹿死谁手，实难判断。成则王侯败则寇，在此关键时刻，若所依非人，明珠暗投，稍有闪失，骂名都将随之滚滚而来！此其二也。第三个原因是：虽然朱元璋已经向他发出邀请，但到底有几分诚意？他心中没底。当年刘备请诸葛亮出山，不是也三顾茅庐吗？所以，当朱元璋"遣使以书、币征之"之时，刘基婉言谢绝，这在情理之中。但刘基最终还是作出了他一生当中最为慎重也最为艰难的抉择，他毅然决然地走上了反元之路，归顺了朱元璋，从此开始了他一生最为辉煌的事业。

所要说明的是，刘基的出山，并非受孙炎胁迫所致，在孙炎所赠之诗中，我们也看不出蕴含着这一层意思。退一步说，刘基生性刚正不阿，即便孙炎施加压力，刘基如果真的不愿意，也不会违心就范。我以为刘基最终决定投至朱元璋麾下，除了对元王朝的完全绝望，认为自己已尽忠无途、报国无门之外，主要是基于对当时形势所作的正确判断和得到至亲好友的大力支持。

概而言之，当时元王朝在农民起义的强大声势之下，已是苟延残喘，大厦将倾。朝廷内部依然勾心斗角，内讧不断：顺帝与太子阿裕尔实哩达喇、察罕特穆尔、李思齐与博啰特穆尔之间先后构兵寻衅，相互残杀，从而加速了灭亡的进程。可见元廷气数已尽，灭亡已成定局，只是时间迟早而已。

天下大乱，人心思定。百姓饱受战争之苦，渴望安居乐业，此乃人心所向，

---

[1] 〔明〕曹学佺编：《石仓历代诗选》卷三二六。

大势所趋！问题是这"残局"到底由谁来收拾，未来新王朝究竟由谁来主宰。

当时群雄逐鹿的形势是：

北方红巾军以摧枯拉朽之势席卷中原大地，无疑是摧毁元军的主力。因其横截中原，而使长江流域诸路义军得以迅速发展、壮大，各成局面。但其弱点也是非常明显的：徒假宋室后裔之虚名，而无明确的政治目标；刘福通本人缺少领袖风范，诸将各自为政，甚至自相吞并；所下城邑，多就地取粮，食尽弃去，无巩固之根据地，其最终败亡，在所难免。

江南群雄当中，方国珍发难最早，浙东数州，为其所据，然胸无大志，其反复无常的"骑墙"作风，注定了他难成气候，最终结局，势必为他人吞并。

陈友定身为"义兵"元帅，因平"乱"建功，元廷授其为行省参知政事，"八闽"之地归其所有，亦可谓称雄一方。但他仅满足于做一位"封疆大吏"，并无更高远的志向，对下属则擅作威福，残忍暴虐，部属违令，动辄诛杀，因而不得人心。元廷已是四面楚歌，自顾唯恐不暇，陈友定日后亦必陷于绝境无疑。

张士诚雄踞浙西、淮、吴诸郡，兵不嗜杀，俭以自奉，重视人才，优礼儒生，原本真可谓江南一豪杰也！然据有吴中富庶之地以后，即不思进取，不事开拓，生活日渐骄奢，贪图安逸，怠于政事。且已向元廷请降，元廷授其太尉之职，故声名狼藉，处境日蹙。

在东南群雄中，最具实力争霸天下者，仅为挟持徐寿辉之陈友谅与迄今仍奉龙凤年号的朱元璋两人而已。

陈友谅据有湖广、江西之域，地广兵悍，雄心勃勃，在江南群雄当中数他最具军事实力。但他生性猜疑，好使权术，故威有余而恩不足，部将不能自安。赵普胜是其手下的一员大将，骁勇无比，号"双刀赵"，攻城掠地，屡建战功。然朱元璋略施离间之计，赵普胜便成了陈友谅的刀下之鬼，即此可见陈友谅亦难成大事。更何况陈友谅兵悍而骄，奢靡风盛，军纪败坏。众所周知，骄兵必败。不遇强手，尚可逞威一时；一遇劲敌，势必土崩瓦解。

朱元璋则不然。他立志高远，胸襟博大；反元立场，坚定不移；重视人才，深得民心；善于应变，工于谋略；军纪严整，身体力行；善抚士卒，受人拥戴。

其军事实力虽一时尚难与陈友谅相比，但具有强劲的发展势头。与当时其他军事集团相比较，朱元璋无疑是最具备一统天下的领袖风范的，他是群雄当中的佼佼者。刘基若想再度出山，自然会首选朱元璋作为自己的辅佐对象。

当然，刘基最终迈出这艰难的一步，与亲朋好友的支持也分不开。黄伯生《行状》云：

> 公决计趋金陵，众疑未决。母夫人富氏曰："自古衰乱之世，不辅真主，讵能获万全计哉？"众乃定。

也就是说，刘基的出山，在关键时刻得到了老母亲富氏的大力支持。

此外，与友人的规劝、支持也有关系。譬如宋濂、胡深等人都是他的好友，在此之前，他们都已投至朱元璋的麾下，一方面，他们会在朱元璋等人面前极力举荐，另一方面，他们也会以各种方式竭诚规劝刘基再度出山。刘基在《仁佑郑先生招隐文》中自述：

> 戊戌秋①，予与仲渊胡公、景渊叶公、可纠赵公辈，访仁佑于鼎潭之湄，将偕有拨乱反正之志。而仁佑方受院判耿公黄龙寨之寄，与予酣饮于舟中，指象纬而告予曰："五星缠北斗，将有圣人出矣。当得王佐之才辅成大业，应于吴分，其兆莫非在公辈也耶！宜速去，以顺天时。"二三子执酒以谢，翌旦遂行，遇真主于婺城，计行言听，大定四海，此固仁佑所指教者也。②

《招隐文》虽不见于刘基文集诸版本，但从文风、立意等方面来看，都基本

---

① 朱元璋是至正十八年冬十二月抵婺，次年五月回建康；后文谓刘基于"戊戌（至正十八年）秋""遇真主于婺城"，时间不符。耿再成进兵缙云是在至正十九年四月间，后文谓郑仁佑"方受院判耿公黄龙寨之寄"，亦时间不符。疑"戊戌秋"为"己亥夏"之误，"己亥夏"为至正十九年（1359）夏季，具体说，应在是年的四五月间，时朱元璋尚未离开婺州。

② 见缙云县《五云郑氏宗谱》民国甲子年（1924）本卷尾四《纪载录》。

上可以认定为刘基手笔。从文中自述可见，当时包括刘基本人在内的处州一带的有识之士，对元王朝都已失去信心，足智多谋的缙云隐士郑仁佑①则以实际行动给刘基等人作了示范，并从象纬学的角度给同样精通象纬之学的刘基予以点拨，这都说明刘基的出山，在一定程度上也受了友人的影响。此外，《招隐文》还为世人揭示了一个大秘密：刘基与宋濂等同行至金陵投奔朱元璋之前，早在至正十九年夏季就已与朱元璋在婺州打过照面，这也为刘基最终投奔朱元璋打下了一定的基础。

刘基的出山，很可能还跟方国珍有关。至正十七年（1357）八月，朝廷任命方国珍为江浙行省参知政事、海道运粮万户如故；至正十八年五月，又升任江浙行省左丞兼海道运粮万户；至正十九年十月，再升任为江浙行省平章政事。是时，江浙行省丞相由达实特穆尔担任，张士诚也成了行省的太尉，其弟张士信亦成了行省的平章政事。江浙行省的要职竟有三个落到了张士诚和方国珍他们手中！达实特穆尔则徒有虚名，实则受制于方、张，且成了他们向朝廷要官要权的传声筒。刘基与他们（尤其是与方国珍）势不两立，在方国珍执政的地盘上，刘基想平平安安地度过一生都难！反观之，元廷如此用人还能维持多久呢？

概言之，刘基走上反元之路，客观地说，是元朝廷不会用人，而绝非刘基等一批有识之士背叛朝廷。

风云际会

至正二十年（1360）三月，"浙东四先生"——刘基与龙泉章溢、丽水叶琛、浦江宋濂应召结伴而行至金陵。

刘基临行之际，有人曾劝说他将以前从处州跟随他上南田山的"义兵"带走，刘基不予采纳，他说："天下之事在吾与所辅者尔，奚以众为？"（《行状》）遂将部从悉数托付其弟刘升，命家人叶性、朱佑参掌之，并再三叮咛他

---

① 当地民间传说称郑仁佑为"郑国师"，与"刘国师"刘基齐名。

们：要高度警惕方国珍部的侵扰，保住家园南田山，别让他出门在外担忧牵挂。

刘基一行北上金陵的路线是自丽水而金华，在金华约齐宋濂后，出双溪，"买舟溯桐江而西"，入皖境之徽州路，由徽州路而宁国路，而太平路，而集庆路，最后沿江而下至金陵。

刘基他们经过桐庐时，曾想劝说隐士徐舫一同前往金陵，对此，宋濂在《故诗人徐方舟墓铭》中有详细的记载：

> 庚子之夏，皇帝遣使者奉书、币，起濂于金华山中。时则有若青田刘君基，丽水叶君琛、龙泉章君溢同赴召。遂出双溪，买舟溯桐江而西。忽有美丈夫戴黄冠，服白鹿皮裘，腰绾青丝绳，立于江滨，揖刘君而笑，且以语侵之。刘君亟延入舟中。叶、章二君竞来欢谑，各取冠服服之，竟欲载上黟川，丈夫觉之，乃止。濂疑之，问于刘君曰："此何人斯，诸公乃爱之深耶？"刘君曰："此睦之桐庐徐舫方舟也。"[1]

徐舫是刘基的好友，刘基自然希望他也能出山，去辅佐朱元璋共成大业，但却遭到了拒绝，并且徐舫还对刘基等说了些冷嘲热讽的话，看来徐舫对刘基等人归顺朱元璋是不太理解的。

是夜，刘基他们就在桐江驿过了一宿。桐庐，这是刘基曾经栖息盘桓过的地方，对这里的山水充满感情，并在这里他结交了许多朋友，徐舫是其中的一位。徐舫的人品、学问、文章都曾令他折服，而当时刘基仕途受挫，情绪低落，其心志亦与徐舫契合，所以彼此成为好友亦在情理之中。但从根本上说，他们俩的心志是截然不同的。刘基的归隐是暂时的改心换志，他对功名事业的追求是矢志不渝的；而徐舫的遁迹于世，是真的看破了红尘。正因为如此，徐舫对刘基等人的再度出山表示不可理解，"以语侵之"，也是十分自然的。可刘基听了徐舫的话，总觉得不是滋味，不过刘基并没因此动摇他的决心，《夜泊桐江驿》一诗大概就是他当时的内心独白吧：

---

[1]〔明〕宋濂：《文宪集》卷一九。

伯夷清节太公功，出处非邪岂必同？

不是云台兴帝业，桐江无用一丝风。（卷之十五）

这首诗的前两句所说的伯夷、姜太公同为商周时人，伯夷归隐首阳山，不食周粟而死；姜太公则辅佐武王灭商有功，被封于齐。一出一处，判然有别。但"出处非邪岂必同"？人各有志罢了。"云台"典出《后汉书·马武传论》："永平中，显宗追感前世功臣，乃图画二十八将于南宫云台。"其实，三、四两句亦隐含着两位历史人物，即马武和严光，皆东汉时人。马武原先为绿林军，后归顺刘秀屡建战功，任侍中骑都尉，而严光却不与刘秀合作，泛舟于桐江之上，故马、严两人亦形成鲜明对照。察其诗意，刘基是针对白天徐舫的讥刺有感而发的，他以姜尚、马武自况，显示出积极入世的人生态度。

虽然徐舫的讥刺并没动摇刘基、宋濂等人投奔朱元璋的决心，但要告别并亲手去埋葬一个自己曾尽忠过的朝代，感情上难免藕断丝连。这可从他们四人途经泾县时，刘基、宋濂的一次诗歌唱和当中得到进一步的印证。刘基在泾县赠给宋濂一首诗，其主题是以往诗歌所常见的，不外乎反映战乱给百姓带来的灾难。宋濂见诗后，亦和诗一首，内容也无特别之处。但两首诗的题目却很值得我们注意，刘诗名《泾县柬宋二编修长歌》，宋诗题《和刘经历韵》。徐永明博士曾就此议论："刘基称宋濂可称景濂，也可称他的号，为什么偏偏要以排行称他呢？既已与元朝决绝，为什么偏要在这个时候用一个宋濂并未曾接受的旧朝官职称呼他呢？宋濂可以直接称刘基的字一如以往，为什么这个时候略而不书呢？为什么要用刘基在元朝的最后一个官职称呼他呢？这里面体现了刘、宋告别旧朝，接受新主时复杂的思想感情，刘、宋毕竟在元朝出生长大，对元朝曾寄予希望，他们的老师都在元朝做官，尤其是刘基，他是元朝的进士，在元朝的仕途上留下过足迹。宋濂被举荐为翰林编修，虽然没有接受，但在自己的人生道路上，毕竟也是一件大事。所以，他们在这个时候用官职称呼，既是纪念，也是告别。但是，用旧朝的官职称呼对方，又明明白白地写上对方的名讳，不是招忌而不合时宜么？这是诗中不愿写上对方名讳的原因。"①

这种对旧王朝在感情上的藕断丝连还在一首题作《上山采蘼芜》的古乐府诗中反映出来：

上山采蘼芜，山峻路迢递。下山逢故夫，悲风生罗袂。

忆昔结发时，愿得终百年。变故不可期，中道相弃捐。

莲实生水中，石榴生路侧。未尝挂齿牙，中心岂能识？

上山采蘼芜，罗袖生芳菲。因君赠新人，莫道［遗］秋霜霏。

落叶辞故枝，不寄别条上。白日无回光，谁能不惆怅！（卷之五）

自宋代理学盛行以来，人们把臣事二主等同于女子改嫁，女子改嫁是不贞，臣事二主为变节。如果说汉魏乐府中的同题诗主要是表达女子对前夫另觅新欢的责备，那么，刘基这首诗则表达了女主人公对前夫的留恋，借以反映自己政治上重新选择的艰难和内心的痛苦。但不管怎么说，这艰难的一步，最终他还是迈出去了。

刘基一行四人于至正二十年（1360）三月到达南京。朱元璋的江南行省公署就设在原来的元江南行御史台公署。孔子庙则成了安置来自五湖四海贤能之士的临时处所，刘基等人就下榻在孔子庙中。朱元璋得知"浙东四先生"悉数到齐，自然高兴不已，于是很快就接见了他们。

朱元璋曰："我为天下屈四先生，今天下纷纷，何时定乎？"章溢对曰："天道无常，唯德是辅，唯不嗜杀人者，能一之耳。"②

朱元璋深以为然，称善不已。而刘基与朱元璋初次见面时，献上的一份厚礼是：向朱元璋面陈"时务十八策"。学界将其比作三国刘备与诸葛亮的"隆中对"，然"庐山真面目"已不可见，实为憾事一桩。在我看来，这"十八策"除了针对元季群雄割据、天下大乱的动荡局面作形势分析，为朱元璋提供战略对

① 徐永明：《刘基与婺州文人》，见吕立汉、潘玉花主编：《刘基文化论丛》，第219页。

② 《明史》卷一二八，《章溢传》。

策之外，还应包括平定天下之后，如何治国安邦的一系列宏观设想，即治国方略。而这些治国方略应是刘基站在历史的高度总结千古社会兴衰、王朝更替的经验教训，且针对"元室之弊"而制定的，因此具有理论的深度，也具有付诸实施的可操作性。否则，一味地高谈阔论，恐怕是农民出身的朱元璋所难以接受的。笔者以为刘基向朱元璋陈述的治国方略是以《郁离子》写作时对国是的深沉思考为蓝本的，其核心内容散见于《郁离子》，大致包括正己、慎微、修纪、远利、尚诚、量敌、审势、用贤、治民等方面的理论。黄伯生《行状》、《明史》刘基本传以及其他相关史料都说朱元璋听后十分高兴，且"悉从之"，由此可见，刘基所论当不同于一般儒生之见了。于是，"筑礼贤馆以处基等，宠礼甚至"①。

一日，朱元璋问陶安："刘基四人之才如何？"

陶安回答说："臣谋略不及刘基，学问不及宋濂，治民之才不及章溢、叶琛。"

陶安，字主敬，当涂人，元末举江浙乡试，授明道书院山长，后避乱家居。朱元璋渡江取太平，陶安与李习等出迎，见朱元璋状貌，谓其"龙姿凤质，非常人也"，遂归附之。其谋略、学识颇受朱元璋赏识，后来，朱元璋还赠给陶安一副对联"国朝谋略无双士，翰苑文章第一家"，可见也是个王佐之才，乃"三吴豪杰"之佼佼者也。陶安在朱元璋面前称赞刘基等人，类似于三国的徐庶向刘备推荐孔明，虽说是一种自谦，但后来的事实证明，陶安并非妄言。

朱元璋听了陶安的介绍，自然对"浙东四先生"更加器重，没过多久，即以宋濂为江西等处儒学提举司提举，遣世子受经；以章溢、叶琛为营田司金事；而留刘基于帷幄之中，"预机密谋议"。②这样，刘基一生最辉煌的事业就真正开始了。

野史记载：刘基初见太祖，问"能诗乎？"基曰："儒者末事，何谓不能？"时帝方食，指所用斑竹箸，使赋之。基应声曰："一对湘江玉并看，二妃曾洒泪

---

① 《明史》卷一二八，《刘基传》。

② 《明史纪事本末》卷二。

痕斑。"帝釁蹙曰："秀才气味。"基曰："未也。汉家四百年天下，尽在张良一借间。"帝大悦，以为相见晚。①此诗写得相当奇俊，但未必是刘基所作，恐为后人"附会语"也。明人王世贞早就指出："盖伯温初见，与宋濂、章溢、叶琛同，不应有此问，而《犁眉公集》不载，应制之作必非真。"但不管怎么说，这则逸闻还是能反映出刘基的睿智和才学，朱元璋也确实把刘基看作是诸葛孔明和张良一类再世，这是事实。

---

① 〔明〕王世贞：《弇山堂别集》卷二一。

第十一章 运筹帷幄 屡建奇功

龙湾大捷

朱元璋诚聘刘基出山，是因为刘基谋略过人，在此群雄并立、天下未定之际，朱元璋为尽快剪灭诸雄、打下江山，自然急于向刘基问征讨大计；而刘基应聘出山，归顺大明，已然横下一条心，想干一番大事业。对朱元璋来说是如虎添翼；对刘基来说，则英雄有了用武之地，他自然会珍惜这一难得的际遇，所以彼此间的合作自然也非常融洽。刘基投奔朱元璋之后，其当务之急是要协助朱元璋制定出一整套反元征讨的战略思想和战略方针，这是朱元璋一生事业的关键，也是初来乍到的刘基能否在应天政权站稳脚跟的关键。

我们知道，自至正十六年（1356）应天政权建立之后，经过不断的消长、分合与变化，南北诸雄中能对朱元璋的反元统一大业构成严重威胁的仅有北方的察罕特穆尔养子库库特穆尔（亦称王保保）和南方的陈友谅、张士诚三个政治军事集团。其中，北方的库库特穆尔最具军事实力，且十分骁勇善战，但从整个形势来看，尚一时难以对朱元璋构成直接的威胁，因为在朱元璋与库库特穆尔所控地盘之间，不仅有长江天险相隔，而且在长江北面的安丰（今安徽寿县南）、盱泗等地尚有韩林儿、赵均用等颇具实力的反元力量存在。这样，韩林儿、赵均用等便无形中成了朱元璋与库库特穆尔之间的一片缓冲地带，对包括朱元璋在内的江南反元义旅都有重要的捍蔽作用。另外，库库特穆尔与李思齐、张思道等人之间亦心存隔阂，向江南用兵不无后顾之忧。所以，库库特穆尔对朱元璋的威胁虽然很大，但毕竟暂时还是间接的，因此，在朱元璋一整套反元征讨战略当中，"先南后北"的最为宏观的战略思想在应天政权的文臣武将当中业已达成共识。问题在于如何处置在眼前对应天政权构成直接威胁的江南两大政治军事集团——陈友谅和张士诚。

在地理方位上，陈友谅居其西，张士诚居其东，所辖地盘互相接壤，犬牙交错，两家一旦联手，则腹背受敌，其威胁无时不在。那么在确定"先南后北"的总战略方针的大前提之下，是先打东面的张士诚还是先打西面的陈友谅呢？陈友谅兵众地广，张士诚积储殷富。在刘基到来之前，朱元璋手下的文武百官绝大多数都主张先打张士诚，其理由是张士诚与陈友谅比较，其军事实力稍弱，而且张士诚所据地盘富庶殷实，顺利取之，又可免部队缺饷之虞，朱元璋此前大致也倾向于这一战略方针。

刘基则不以为然。他从容分析天下大势，比较敌我各方军事力量，然后提出了一条切实可行的战略方针。他对朱元璋说：

> 明公因天下之乱，崛起草昧间，尺土一民，无所凭借，名号甚光明，行事甚顺应，此王师也。我有两敌：陈友谅居西，张士诚居东。陈友谅包饶、信，跨荆、襄，几天下半；而士诚仅有边海地，南不过会稽，北不过淮扬，首鼠窜伏，阴欲背元，阳则附之，此守虏耳，无能为也。友谅劫君而协其下，下皆乖怨；性剽悍轻死，不难以其国尝人之锋，然实数战民疲，下乖则不欢，民疲则不附，故汉易取也。夫擒兽先猛，擒贼先强，今日之计，莫若先伐汉。汉地广大，得汉，天下之形成矣。①

刘基的观点非常鲜明，其战略思想是竭力避免两线作战或四面受敌，集中优势兵力，各个击破。他认为张士诚怯懦，"无远图"，充其量是个"自守虏"而已，若朱元璋对陈友谅用兵，其性格和心态决定了他只会作壁上观，而不会

---

①《资治通鉴后编》卷一七九。

与陈友谅联手，贸然出兵。陈友谅则不同，他雄心勃勃，企图称霸江南，对长江下游的朱元璋地盘早已虎视眈眈，且挑衅不断，"其心无一日忘我"。朱元璋若先对张士诚用兵，则正中陈友谅下怀，他必然会配合张士诚主动出击，以致应天政权陷入腹背受敌的不利境地。因此，刘基坚决主张"先南后北，先西后东"的战略方针，具体分四步走：第一步，消灭陈友谅；第二步，征服张士诚；第三步，解决方国珍和陈友定；第四步，北伐中原，统一全国。

朱元璋听了刘基的一席话，觉得很有道理，深深感到刘基的见识确实高人一筹，从而定下征讨大计。可是，这"征讨大计"还没来得及付诸实施，陈友谅却先下手为强，率兵沿江而下，打上门来了。

至正二十年（1360）闰五月，陈友谅杀手下大将赵普胜之后，乃以轻兵袭池州，为徐达、常遇春等击败，师尽覆。旋即，又率师东下，猛攻太平。太平城防坚固，难以攻拔。乃引巨舟泊西南城墙之下，士卒缘舟尾攀堞而登，遂克之，戍守太平的朱元璋义子朱文逊、黑将军花云、守将王鼎、知府许瑗均遭不幸。自此，陈友谅志益骄横，引兵进驻采石矶，于舟中击杀徐寿辉。徐寿辉既死，即以采石五通殿为行殿，即皇帝位，国号"汉"，改元大义，仍以邹普胜为太师，张必先为丞相，张定边为太尉。登基那天，会大风雨，部下群立江岸，衣冠尽湿，只好草草行礼了事，显得十分狼狈。

至此，陈友谅尽有江西、湖广之地。陈友谅恃其地广兵强，邀约张士诚联手出兵，从东、西两侧夹攻应天。不等张士诚回应，陈友谅便急不可待地径自从采石顺流东下，直扑应天，试图一举消灭朱元璋。顿时，应天府阴霾笼罩，气氛骤然紧张起来。

于此大兵压境之际，朱元璋显得格外老成持重，他沉着应对，在果断决策之前没忘记征询一下部下的看法。所以，他马上召集文武百官到行辕议事厅商讨对策。当刘基来到议事厅时，只见文武将官已是挤满一堂，不少人已被陈友谅"投戈断江、舳舻千里"的声势吓得无所适从，个个面露惊恐之色。或言兵力悬殊，与之抗衡，有如以卵击石，不如权且献城纳款，保全有生力量，以图他日东山再起；或言钟山有帝王之气，不如退据钟山，暂避锋芒，以期自保；或言议降、议走都为时过早，不如先决一死战，不胜而走，未为晚也。文臣武将，众说纷纭，莫衷一是。唯独刘基静坐一旁，张目不语。朱元璋见此情形，便单独将其召入密室，屏退左右，向刘基讨计。

刘基奋然献言："先斩主降议及奔钟山者，乃可破贼耳。"①投降，意味着朱元璋一生事业前功尽弃，出此下策者根本就不了解朱元璋究竟具有怎样的远大抱负；弃城溃遁，亦非上策。大敌当前，兵刃未接，便抱头鼠窜，落荒而逃，岂非长他人志气？气可鼓而不可泄也！刘基此议，其目的是稳定军心，以此激励全军将士拼死抗击来犯之敌。

刘基的"开场白"掷地有声，正中朱元璋下怀。朱元璋问："计将安出？"②

刘基曰："如臣之计，莫若倾府库，开至诚，以固士心。且天道后举者胜，宜伏兵，伺隙击之。取威制敌，以成王业，在此举。"③刘基认为"可以一战"的理由是我军"以逸待劳"。《孙子·军争》曰："以近待远，以佚（逸）待劳，以饱待饥，此治力者也。"采用的战术是"诱之深入"④、伺隙歼之。"倾府库"赈民济贫，以示慷慨诚意，是为了取信于民，争取民众的全力支持，以达到鼓舞士气的目的。

如果说朱元璋在此之前尚有些许犹豫的话，如今听了刘基的一番高论之后，则已是心中有数、胸中有谱，击败入侵之敌的决心更加坚定了。他回到了议事厅，仍与诸将就作战方略进行了反复筹划。诸将中有人主张出兵攻袭太平，以牵制陈友谅兵力，来解应天之危。甚至有人主张朱元璋亲率大军杀向太平，与陈友谅一决雌雄。此计听起来很振奋人心，但实际上很冒险，与上述主降主奔钟山者，是一左一右，本质上没有区别，都是错误的，与刘基所献之计亦不相合。

为什么攻袭太平是冒险的呢？首先，陈友谅据朱元璋上游，舟师的兵力10倍于朱元璋的水军，当时朱元璋之所以能攻取并控守太平，主要也是依靠占绝对优势的舟师，如直取太平，以己所短，攻彼所长，势难猝拔。其次，一旦两军在太平胶着，陈友谅以偏师牵制着朱元璋，而以主力乘舟顺流东下，仅需半

①②③〔明〕张时彻：《神道碑铭》。
④〔明〕王世贞：《刘基传》，《弇州山人四部稿续稿》卷八五。

日，即可与已达应天外围的陈军会合，直捣应天。而朱元璋要从百里之遥的太平府回师救援，则鞭长莫及矣。如此，则进不能取、退不及援，必然造成被动，甚至大受损伤。所以，朱元璋断然予以否定，他说："百里趋战，兵法所忌，非策也。"①

于是，朱元璋调兵遣将，对战斗作出具体部署：遣胡大海率兵直捣信州，以牵制陈友谅后路；命常遇春、冯国胜率五翼军3万人驻守石灰山（即幕府山）侧，徐达等陈兵南门外；再以杨璟驻兵大胜港，张德胜、朱虎率舟师出龙江关外。常、徐、杨、张实际上形成了控守应天的第二道防线，若第一道防线失守，尚有强大的第二道防线可以御敌。朱元璋本人则亲自领兵督战于城外的卢龙山，且事先约定信号，发现敌军即举红旗；黄旗举起，伏兵同时出击。

各方面部署已定，剩下的问题就是如何实施刘基"诱敌深入"之计了。对此，明人项笃寿在《今献备遗》卷二《李善长传》中有较详细的记载：

> 上与康茂才谋，速友谅。茂才曰："吾家有老阍，尝事友谅，今赍书往约为内应，友谅信之，必速来。"以问善长，善长曰："方以贼来为忧，奈何速之？"上曰："使二贼合，吾何以支？先破此贼，士诚胆落矣！"善长曰："善！"乃遣老阍。老阍进书，友谅甚喜，问："康公何在？"曰："今守江东桥。"又问："桥何如？"曰："木桥也。"乃遣还，曰："吾当即至，至则呼'老康'为号。"老阍还，具以告。善长乃以铁石易江东桥，一夕而成。友谅至，见非木桥，呼"老康"，无有应者。惶遽还走，伏发大败之。

陈友谅中计，遭康茂才伏击后，即与其弟号令"五王"者率舟师趋龙江，先遣万人登岸立栅，其势甚锐。时值酷暑，朱元璋穿紫茸甲，张盖督兵于军中，见士卒挥汗如雨，即命收起遮阳盖，以示与官兵同甘共苦。士卒深受鼓舞，斗志昂扬，纷纷请战。朱元璋曰："天将雨，诸军且就食，当乘雨击之。"是时，天空万里无云，众未信雨将至。忽然间，大风起于西北，随之，大雨倾盆而下。

---

①《明史》卷一，《太祖本纪》。

红旗举处，诸军将士奋勇争先，冲向敌栅。两军刚交战，大雨即止。顷刻间，鼓声大震，黄旗挥动，常遇春等率伏兵一跃而起，喊声震天，冲向敌阵。是时，徐达亦率兵赶到，张德胜、朱虎舟师并集，内外合击，陈友谅大溃败，急命趋舟撤退。时值潮水退去，战舰搁浅，陈友谅乘小舸脱走。后于所乘舟中得康茂才书信，朱元璋笑曰："彼愚至此，可嗤也！"①遂命部从追击陈友谅至慈湖，时风向正顺，故纵火焚烧船只无数，陈友谅再遭败绩而退至采石。

于采石，两军再度交战，廖永忠率所部大呼冲向敌阵，华云龙横枪跃马捣其中坚；王铭冲锋陷阵，如入无人之境，额头中槊，血流满面仍力战杀敌，英勇无比；张德胜浴血奋战直至战死。三军士气如虹，陈友谅终难抵挡而退守太平。朱元璋乘胜追击，太平守军皆无斗志，陈友谅无奈，只好收散兵余卒弃太平而去，太平重回朱元璋手中，继之，又攻下安庆，胡大海也攻克信州。

龙湾一仗，大获全胜：斩敌数万，生擒两万余人；得"混江龙""塞断江""撞倒山""江海鳌"等巨舰百余艘，战舸数百只。②

在此战役中，利用康茂才与陈友谅有旧交，投书诈降陈友谅，引陈友谅速来，并钻进事先设置的伏击圈，这是获胜的关键所在。此举，当初李善长大惑不解，他曾质疑道："方忧寇来，何为诱致之？"朱元璋向他解释说："二寇合，吾首尾受敌，唯速其来而先破之，则士诚胆落矣。"③不出所料，陈友谅果然中计败北，而张士诚竟不敢出兵。此战表明，在谋略方面，李善长亦不如刘基。战斗结束，朱元璋以克敌之赏赏刘基，刘基婉言辞谢。④

陈友谅攻打应天失败，其主观原因有二。一是虚骄狂躁，急功近利。当其大张旗鼓逼近应天之时，一方面约张士诚从东面夹攻朱元璋，另一方面还指望朱元璋内部有人为之策应。朱元璋、刘基正是利用了陈友谅的轻浮性格和急功心理，引诱他快速进入预设的圈套。而陈友谅自恃有30万大军，故骄而未防其诈，终于轻信上当。二是疑神疑鬼，勇而寡谋。朱元璋与刘基商定的诈降计中，

---

① 《明史》卷一，《太祖本纪》。
② 《钦定续文献通考》卷一三二。
③ 《明史》卷一；《明史纪事本末》卷三。
④ 《明史》卷一二八，《刘基传》；〔明〕黄伯生：《行状》。

有故意将江东桥一夜之间便由木桥改为铁石桥的重要环节，其用意正是使陈友谅惊疑中计而自乱阵脚。三是杀赵普胜导致将士离心。赵普胜是徐寿辉手下的一员虎将，率兵镇守安庆。安庆位居长江中下游要地，是陈友谅顺流东下威胁应天的门户，为历来兵家必争之地。先此，赵普胜守之，颇难攻取。陈友谅疑忌赵普胜，设计杀之。陈友谅既杀赵普胜，用别将守之，随后又驱使赵普胜部将张志雄率所属部队一并攻打应天，其部下则"怨陈友谅杀普胜"，因而斗志全无，张志雄直接率部归降，并献攻取安庆之策，以致朱元璋顺利进克安庆。可见在两军主帅的设计用谋及用人上，陈友谅明显不是朱元璋的对手，因而此战陈友谅之败北完全在情理之中。

此次龙湾大捷的意义，诚如刘基所言：王业之兴，在此一举。因为朱元璋自起兵到定鼎金陵以来，虽大小所历不下数十战，但真正能检验其军事实力的大规模战争，这还是第一次。如上所述，在元季诸雄当中，最有实力与之抗衡的军事集团仅有陈友谅、库库特穆尔、张士诚三家。陈友谅虽然骄躁寡谋，但他地广兵众，骁勇过人，后人将其比作楚汉之争时期的项羽，对朱元璋事业构成威胁的程度超过了其他任何一个政治军事集团。而朱、陈之间的生死决战仅有两次，即龙湾之战和后来的鄱阳湖之战。龙湾决战，旗开得胜，朱元璋声威震惊天下。而陈友谅遭此惨败之后，其针对朱元璋的军事行动就基本上是出于自卫和图存。可以这么说，没有龙湾大捷，就不会有以后多次战役包括鄱阳湖大战的胜利，也就不会有一统天下、登上皇位的明太祖。

对刘基来说，此战大捷的意义也非同小可。初试身手，便战果辉煌，表现了他杰出的军事才能。首先，证实了"先西后东"的征讨方略是正确的，在龙湾之战中，张士诚果然不敢轻举妄动，正如刘基所言，他充其量是个"自守虏"罢了。其次，料敌如神，用计设伏，环环紧扣，使战斗进入事先设想之中，从而牢牢掌握战斗的主动权。再次，刘基的天文、地理知识在战斗中起了很大的作用。朱元璋说"天将雨"，须臾大雨即至；陈友谅登舟撤逃，正好潮水退去，巨舰搁浅。如此等等，都是刘基运用天文、地理知识准确推算的结果。毫无疑问，刘基在此战中设计用谋的成功，也为他自己在朱元璋政治军事集团中站稳脚跟打下了扎实的基础，此后不离朱元璋左右，成了他的高级智囊。

江州之战

当朱元璋在江南的军事行动取得重大胜利之时，在小明王旗帜下的江北红巾军则连连失利，形势危急。元军主力察罕特穆尔收复关（今陕西关中地区）、陇（今甘肃东部地区），山东红巾军内部分裂，赵均用杀了毛贵，毛贵部将又杀了赵均用，"花马王"田丰与"扫地王"王士诚两军反目。察罕特穆尔乘机攻拔汴梁，小明王退守安丰。随之，察罕特穆尔招降田丰、王士诚，收复山东，军威复振。元军若再陷安丰，兵锋所向便直指朱元璋了。按照既定的"先南后北"的征讨方略，为避免四处受敌，过早与元军主力硬拼，朱元璋必须想方设法稳住察罕特穆尔。为此，朱元璋两次遣使与察罕特穆尔通好。

对张士诚的用兵，朱元璋也是按既定的"征讨大计"行事。至正十六年（1356）二月，张士诚陷平江，并陷湖州、松江及常州诸路，改平江为隆平府，且自高邮迁都至此。这一年，朱元璋也攻克了集庆，他马上派遣杨宪与张士诚通好。张士诚扣留杨宪，又遣舟师攻镇江，为徐达所击败。徐达、汤和奉命攻常州，张士诚率兵来援，又败。乃修书遣使求和，愿岁输粟20万石、黄金500两、白银300斤。朱元璋答书，责令其速即放归杨宪，并岁输粟50万石，张士诚复得书不报。至正十七年，朱元璋对张士诚发动了较强的攻势，从张士诚手中连得长兴、常州、江阴等地。继而，徐达兵徇宜兴攻常熟，张士德迎战，为前锋赵德胜所擒。至此，张士诚不得已而请降于元，受封太尉，虽去伪号，擅甲兵、土地则如故。元顺帝遣使征粮，赐之龙衣御酒，张士诚自海道输粮11万石，岁以为常。朱元璋拔婺州后，又命胡大海从张士诚手中得诸全（今浙江诸暨）、嵊县两地。自刘基来到应天之后，张士诚为夺回长兴、诸全等地与朱元璋虽有过多次军事接触，但从总体上看，朱元璋都采取了防守的态势，以击退敌人、保住地盘为原则，并未穷追猛打，其目的还是先稳住对方，以便集中优势兵力征讨陈友谅。

至于方国珍，当朱元璋攻取婺州之后不久，他就曾请以温州、台州、庆元三郡来献，并遣送其子方关为人质，以示通好之意。朱元璋当时也是出于战略考虑，退回了他的礼物和人质，并慰勉了一番。

至正十九年（1359）九月，朱元璋遣博士夏煜以书谕方国珍，授方国珍福建行省平章事，授其弟方国瑛为参知政事、方国珉为枢密院佥事。方国珍仅受平章印，称疾告老，未赴任。

次年正月，夏煜从庆元回到应天，言方国珍奸诈状，非兵威无以服之。朱元璋说："吾方致力姑苏，未暇与较。"乃遣都事杨宪、傅仲章往谕之曰："及今能涤心改过，不负初心，则三郡之地，庶几可保。不然，吾恐汝兄弟败亡，妻子为僇，徒为人所指笑也。"方国珍置之不理。[①]

是年冬，朱元璋复致书曰："吾始以汝豪杰识时务，故命汝专制一方。汝顾中怀叵测，欲觇我虚实则遣侍子；欲却我官爵则称老病。夫智者转败为功，贤者因祸成福，汝审图之。"[②]

方国珍对朱元璋的一再警告置若罔闻，骑墙作风依旧不改，仍治海舟为元廷漕运张士诚粟10万余石至大都，给行将就木的元廷输血。而元廷累晋方国珍官爵至江浙行省左丞相、衢国公，分省庆元，方国珍受之如故。

朱元璋又遣夏煜往谕之："福基于至诚，祸生于反复，隗嚣、公孙述故辙可鉴。大军一出，不可虚辞解也。"至此，方国珍才惶恐谢罪，以金玉饰马鞍舆来献，朱元璋却之曰："今有事四方，所需者人材，所用者粟帛，宝玩非所好也。"[③]

尽管如此，对方国珍，朱元璋还是"只打雷，不下雨"，对其反复无常采取了容忍的态度，并未因此而改变既定的征讨方略。

在龙湾大战之后到至正二十一年（1361）夏季，在这差不多一年的时间里，朱元璋与陈友谅之间也没有很大的军事冲突。龙湾战役之后不久，为了防御陈友谅的再次入侵，并针对小明王退守安丰，元军主力随时皆可捣毁之而进逼应天这一现实，朱元璋决定更筑太平城防。

太平府城墙始筑于三国东吴黄武间，东晋咸安二年（372）桓温重筑，南唐保大三年（945）复高广之。城高三丈，周十五里，跨姑溪河。宋建炎中，知州

---

①《资治通鉴后编》卷一七九。

②《明史》卷一二三。

③《明史》卷一、卷一二三。

郭伟改筑新城，割姑溪于城外，而与城墙紧挨，故陈友谅舟师得缘舟尾攀堞而登，导致太平失守。为此，朱元璋将太平府城墙移离姑溪20余步，并增置接堞，比以前更为坚固。

在这段相对平静的日子里，刘基也并非无所事事。朱元璋在《弘文馆学士诰》中说："每于闲暇，数以孔子之言开导我心，是以颇知古意。"又说刘基"居则每匡治道"。①也就是说，刘基在这段时间里为朱元璋今后为君治国补上了必修的一课。这看起来下的是"务虚"功夫，但对朱元璋这样一位并没多少文化的人来说，却很有必要，也十分重要。后世论刘基勋业者认为刘基之于明王朝的最大功劳是在为君治国上给予朱元璋诸多启迪，如明正德年间进士叶式即云朱元璋"自谓初无取天下之志"，"启其衷者"并非别人，而是刘基②；清康熙时人张汝瑚则谓刘基"引君当道，勤勤恳恳"，乃"孔明、子房所未有也"。③

至正二十一年（1361）七月，应天的酷暑令人难熬，朱元璋与陈友谅之间的较量也再次升温。

陈友谅谓大将张定边攻安庆，李明道攻信州。胡大海奉命驰援信州，与守将胡德济内外夹攻，擒获李明道，并将其押送应天。张定边则攻陷安庆，守将余某等战败，奔还应天，朱元璋怒而斩之。李明道则归降，朱元璋释而用之，以期征江州、南昌之时派上用场。

安庆失守，客观上加速了朱、陈再度较量的进程。秋八月，会元军主力察罕特穆尔攻益都未下，北方当暂无后顾之虞，朱元璋遂决计征伐陈友谅。这时，他想起了陈友谅的降将李明道，问曰："陈氏何如？"

李明道答："友谅将士离心，且政令不一，擅权者多。骁勇之将如赵普胜者，又忌而杀之，虽有众，不足恃也。"④

---

①〔明〕朱元璋：《弘文馆学士诰》《御宝诏书》，《诚意伯文集》卷二〇。
②〔明〕叶式：《题诚意伯刘公集》，见乾隆十一年南田果育堂刊本《太师诚意伯刘文成公集》二十卷卷首。
③〔清〕张汝瑚：《刘文成先生集序》，见康熙二十一年温陵书林刊本《刘文成先生集》五卷卷首。
④《资治通鉴后编》卷一八〇。

朱元璋召集诸将作战前动员："友谅杀主僭号，犯我近疆，殒我名将，观其所为，不灭不已，尔等各厉士卒以从！"[1]

徐达进曰："师直为壮，今我直而彼曲，焉有不克！"

刘基对此次用兵也充满信心，他以天象之兆来坚定朱元璋征伐的决心。他说："昨观天象，金星在前，火星在后，此师胜之兆，愿主公顺天应人，早行吊伐。"[2]

朱元璋遂命徐达、常遇春等为先头部队，向安庆进发。八月某日，朱元璋偕刘基乘龙骧巨舰，亲率舟师以进。巨舰之首，竖一杆大纛，上书"吊民伐罪，纳顺招降"八个大字。诸军皆旗帜鲜明，枪戟严整，俨然王者之师，浩浩荡荡，乘风溯流而上，数万羽鸟簇拥着龙骧巨舰展翅飞翔，好不壮观！陈友谅江上巡兵见此状，即望风逃遁。

抵安庆，陈友谅军闭紧城门，固守不战。朱元璋以陆兵佯攻，命廖永忠、张志雄以舟师袭击水寨，破敌舟80余艘。复猛攻安庆城，自旦及暮不拔。

这时，刘基向朱元璋进言："安庆，弹丸地，何足久劳哉？友谅胆破矣，急进薄江州（今江西九江），彼必遁。江州下，皖城焉往？"[3]

朱元璋从刘基言，遂以偏师围城，自率大军西上，直捣江州，倾其巢穴。[4]

大军长驱至小孤山，陈友谅守将傅友德及丁普郎率所部归附。

傅友德是宿州人，世代务农。至正十五年（1355）投奔了红巾军，初从山东李喜喜，后李喜喜兵败，又归明玉珍，但不得重用，转而投奔陈友谅。其人勇略冠于一世，陈友谅虽纳之却未予重用，仅使其协助丁普郎驻守小孤山。傅

---

①《明史纪事本末》卷三。

②《资治通鉴后编》卷一八〇。

③〔明〕王世贞：《浙三大功臣传》，《弇州山人四部稿续稿》卷八五。

④ 朱元璋是先复安庆再克江州还是先克江州再复安庆，史书记载不一。黄伯生《行状》、李贽《刘文成传》皆谓朱元璋攻皖城，以其城坚不拔，从基言，弃安庆，径趋江州，下江州后，陈友谅遁，而江州何时克复，则未予交代。《明史纪事本末》则谓下江州后，旋复安庆。《廿二史札记·刘基传》曰："盖戊戌但克安庆水寨，即径趋九江，仍留（仇）成等攻安庆，迨克江州，而安庆亦已克复。"然《明史》中《太祖本纪》《仇成传》及《明实录·太祖实录》等皆谓先复安庆，继克江州。兹从《行状》之说。

友德因觉不得志，与陈友谅不和。朱元璋大军攻到小孤山，傅友德便以兵挟持丁普郎投降。归降后却成了朱元璋的统兵大将，并立下赫赫战功，受到朱元璋的多次奖赏，洪武年间晋封为颍国公，加太子太师而彪炳青史，此乃后话。

过后，大军驻扎湖口，遇陈友谅战船出江巡逻，常遇春奋力击退之，并乘胜追至江州城下。

江州，即今江西九江市。唐初即称江州，后改浔阳郡，宋为定江军，元至元十二年（1275）置江东西宣抚司，次年改为江西大都督府，隶扬州行省。至元十四年罢都督府升江州路，隶龙兴行都元帅府，后置行中书省，江州直隶焉。至元十六年（1279）隶黄、蕲等路宣慰司，领德化、瑞昌、彭泽、湖口、德安五县。江州"陆通五岭，势拒三江"，城坐落于鄱阳湖之入江口，自古为兵家必争之地，至正二十年（1360），陈友谅自称"汉王"，即都此城。

朱元璋出其不意，攻其不备，倏忽间，大军已趋城下，这着实令陈友谅措手不及，以为神兵自天而降，慌乱中亲自率兵应战。朱元璋分舟师为两翼，夹击陈友谅，大破之，获战船百余艘。陈友谅穷蹙，夜半，挈妻子、儿女弃城奔武昌。朱元璋入江州城，获战马两千余匹，粮数十万石。复遣徐达率舟师追击陈友谅，乘胜拔蕲州（今湖北蕲春境内）、黄州、兴国、黄梅、广济等处，而后久围陈友谅于武昌。

在江州，刘基自然免不了要去江州府邸走一遭，因为数年之前，江州知府李黼于此殉难，彼此间虽未谋面，但他一直是刘基所仰慕的一位英雄。瞻仰遗迹，肃然起敬，并赋诗一首，以表崇敬之情：

《江行杂诗》其九

江州太守文儒宗，骂贼就死真从容。

天翻地覆元气在，斯人万古其犹龙。（卷之十）

江州大捷，无疑进一步动摇了陈友谅的军心，其所属州邑守将纷纷投诚归降。

这一年的十二月，陈友谅江西行省丞相胡廷瑞，遣其部将郑仁杰往江州拜谒朱元璋，表示愿献龙兴（今江西南昌）以降，但有个条件，即请求不要解散其旧部；既降之后，仍由他统帅原有军马。朱元璋初有难色，时刘基在侧，急用脚踢其所坐胡床，朱元璋会意，于是就一一爽快答应，并修书一封由郑仁杰转达胡廷瑞。书曰：

> 郑仁杰至，言足下有效顺之诚，此足下明达也；又恐分散所部，此足下过虑也。

> 吾起兵十年，奇才英士，得之四方多矣。有能审天时，料事机，不待交兵，挺然委身来者，尝推赤心以待，随其才任使之，兵少则益之以兵，位卑则隆之以爵，财乏则厚之以赏，安肯散其部曲，使人自危疑，负来归之心哉！且以陈氏诸将观之，如赵普胜骁勇善战以疑见戮，猜忌若此，竟何所成？

> 近建康龙湾之役，予所获长张、梁铉、彭指挥诸人，用之如故，视吾诸将，恩均义一。长张破安庆水寨，梁铉等攻江北，并膺厚赏。此数人者，其自视无复生理，尚待之如此，况如足下不劳一卒，以完城来归者耶？得失之机，间不容发，足下当早为计。[①]

这封信写得言辞恳切，委婉动人，不露骄狂之态，确有明主风范，十有八九为刘基所代笔也。

胡廷瑞得朱元璋书后，疑虑顿释，即遣其甥康泰至江州请降。这以后，陈友谅部将如余干吴宏、龙泉（今江西遂川）彭时中、吉安曾万中、孙本立等皆相继遣使请降。朱元璋又命赵德胜、廖永忠等分兵攻打瑞州、临江诸郡；邓愈率兵袭击浮梁，继而师攻安庆，安庆亦下。至此，赣皖一带十之八九已为朱元璋所有。

至正二十二年（1362）春正月，朱元璋、刘基等从江州至南昌，胡廷瑞率僚属迎谒于新门外。入城后，军令肃然，民皆安居。而后，谒孔子庙，过铁柱

---

① 《明史》卷一二九。

观，复出城开宴于滕王阁之上，诸儒云集，皆赋诗为乐。改日，筑台于城北龙沙之上，朱元璋召集城中父老民众悉集台下，谕之曰：

> 自古攻城略地，锋镝之下，民罹其殃。今尔民得骨肉安全，生理无所苦者，皆丞相胡廷瑞灼见天道先机来归，为尔民之福也。陈氏据此，军旅百需之供，尔民甚苦之。今吾悉去其弊，军需供亿，俱不以相累，尔等各事本业，毋游惰，毋作非为以陷刑辟，毋交结权贵以扰害良民，各保父母妻子，为吾良民。[①]

于是，民皆感悦。

不久，朱元璋改龙兴路为洪都府，任命邓愈为江西行省参知政事，叶琛任洪都知府事。春二月，朱元璋凯旋，东还应天。

安庆、江州战役，刘基佐命帷幄，不离朱元璋左右，积极献计献策，功勋卓著。黄伯生《行状》对这次战役刘基的用兵有如下描述：

> 江州平。上使都督冯胜等将兵攻某城，使授方略。公（刘基）书纸授之，使夜半出兵，云："至某所，见某方青云起，即伏兵。顷有黑云起者，是贼伏也，慎勿妄击。日中后黑云渐薄，回与青云接者，此贼归也。即衔枚蹑其后击之，可尽擒也。"众初莫肯信，至夜半，诣所指地，果有云起如公言。众以为神，莫敢违，竟拔城擒贼而还。

正史对平江州后攻打"某城"战役没有记载，黄伯生的记载看来有些夸张，但基本可信。从这则故事看，至少有一点可以肯定，即刘基在军中的威望已非常高，其克敌用兵的出神入化亦令朱元璋折服，正因如此，朱元璋才放心地"使授方略"，冯胜等将领也"莫敢违"。

如果说龙湾之战刘基献计献策，得到了朱元璋的初步赏识，那么安庆、江

---

① 《资治通鉴后编》卷一八〇。

州之战，刘基的谋略又有了进一步的展示，从而得到了朱元璋的高度信任和器重，无疑刘基已坐稳了朱元璋门下策士的第一把交椅。

浙东平乱

出师大捷，凯旋而归，全军上下喜气洋洋。作为朱元璋帷幄的核心人物，刘基在攻打安庆、江州这次重大战役中发挥了重要作用，其功甚伟，自然也分享着胜利的喜悦。然而这喜悦之情终究无法冲淡他内心抑制已久的无比痛楚和悲哀。

是什么事情让刘基如此痛楚和悲哀呢？原来，刘基年逾八旬的老母亲富氏已于至正二十一年（1361）八月溘然去世，家中正等他回去发丧。噩耗传至，刘基悲恸欲绝，意欲速归。

人非草木，孰能无情？况且去世的是生他养他的母亲，正是这位知书达礼的母亲承担起了对刘基的启蒙教育，也正是这位明于事理的母亲在关键时刻能审时度势，勇敢果断地支持鼓励儿子刘基再度出山，投奔大明！按常理，刘基无论如何都得火速返程，为母亲料理后事。但刘基最终还是没走，他留了下来，因为安庆、江州战役已经打响了。这次战役是刘基所制定的"征讨大计"的重要部分，为了打赢这一仗，已整整用了将近一年的时间进行筹划和准备；刘基以必胜的信心支持、鼓励朱元璋实施这一军事行动，如今战幕已经拉开，胜负尚难预料，在此节骨眼上，刘基若回家奔丧就得退出战斗，他当然放心不下，朱元璋大军万一不慎而失利，岂不是自己的罪过？怎对得起朱元璋与全军数十万将士？所以，刘基既悲痛又犹豫，正面临忠与孝的两难抉择。

为了打好这一仗，朱元璋竭力宽慰他、挽留他，今见刘基文集中录有当时朱元璋的亲制《慰书》一封，其书云：

> 今日闻知老先生尊堂辞世去矣，寿八十余岁。人生在世，能有几个如
> 此？先生闻知，莫不思归否？先生既来助我，事业未成，若果思归，必当
> 且宽于礼。我正当不合解先生休去。为何？此一小城中，我掌纲常，正宜

教人忠孝，却不当当先生归去。昔日徐庶助刘先主，母被曹操操将去，庶云："方寸乱矣，乞放我归。"先主容去，致使子母团圆。然此先生之母若生而他处，以徐庶论之，必当以徐庶之去。今日先生老母任逍遥之路，踏更生之境，有何不可？先生当以宽容加餐，以养怀才抱道之体，助我成功。那时必当遣官与先生一同乡里，荐母之劬劳，岂不美哉！①

朱元璋的这篇《慰书》终于留住了刘基，他在忠孝不能两全的情况之下选择了"忠"，这虽然是理智的选择，但又是痛苦的选择，一般人难以做到。他辅佐朱元璋完胜安庆、江州战役，而把丧母之悲埋在心底，这需要多么顽强的毅力啊！

如今，历经半年的安庆、江州之战已告结束，刘基是该回家一趟了。所以，当至正二十二年（1362）春二月，朱元璋凯旋启程东还应天之时，刘基当即告假，于江西同朱元璋分手而匆忙上路，取道衢州，还乡葬母去了。但江西到老家青田这一段路程，却足足走了两个多月，回到故里南田山，已是孟夏四月了。个中原因在于衢州、婺州、处州一带苗军反叛，导致政局不稳，人心悼悼。

自朱元璋攻克浙东后，即令胡大海、耿再成分守婺州、处州，数年下来，两地百姓安居乐业，社会安定，已经成为朱元璋势力向东、西、南方向扩展的重要战略据点。这次苗军反叛事件的发生，自然是由于胡大海等过于轻信苗军降将。

至正二十二年（1362）二月，也就是刘基告假还乡之时，金华苗军元帅蒋英、刘震、李福等密约处州苗帅李佑之等于二月七日同时举兵。刘震当初自桐庐来降，胡大海喜其骁勇，而留置麾下，用之不疑，所以，刘震不忍下手击杀胡大海。李福则曰："胡参政待我辈信厚，然兵权在主将，不杀之则大事不成，

①〔明〕朱元璋：《御制慰书》，见成化本《诚意伯刘先生文集》卷之一。《明史》及王鸿绪《明史稿》刘基本传作"基丧母，值兵事未敢言"。但黄伯生《行状》记载不同："初，公闻母富氏丧，悲恸欲即归。上以书慰留之，期以成功。公不得已，遂从征伐，至是辞归。上遣礼官伴送，累使吊祭，恩礼甚厚。"《本朝分省人物考》《弇州山人四部稿续稿》等均从《行状》。《御制慰书》最初收录于《翊运录》，而刘璟在世时即谋重刻，可足凭信。而《御制慰书》内容正与《行状》吻合，可见《明史》《明史稿》记载不准确。

举大事宁顾私恩乎?"众遂从之。

二月七日这一天，蒋英等入分省署，佯请胡大海至八咏楼观弩，胡大海未知有诈，欣然允诺，将上马，忽有苗将"钟矮子"跪于马前，诈称："蒋英等欲杀我!"胡大海未及应答，反顾蒋英。蒋英从衣袖中取出铁锤，看似对着矮子，实则瞄准胡大海奋力一击，胡大海顿时脑浆迸出，死于非命。蒋英即断胡大海首级，提于马上，复杀胡大海儿子胡关住及郎中王恺。唯典史李斌幸免于难，他身怀省印，逃出城外至严州（今浙江建德）告变。李文忠急遣部将率兵讨之，胡大海养子胡德济闻讯亦引兵前往救援。蒋英自知难以抵御，乃大掠城中女子而投奔张士诚。李文忠率将士至金华镇抚之，民乃定。而后，朱元璋命左司郎中杨元杲至婺州，总理军储事。①

处州苗军元帅李佑之、贺仁德闻蒋英已杀胡大海，亦放胆作乱。当时行枢密院判耿再成正与客人对酌，惊闻兵变而匆忙上马，收战卒不满20人，而李佑之等已经杀入。耿再成叱曰："贼奴，国家何负于汝，乃敢反耶!"贼持槊直刺耿再成，耿再成挥剑连断数槊，终因寡不敌众，中槊坠马，骂不绝口而死，胡深等收其尸藁葬之。都事孙炎、知府王道同及朱元璋义子元帅朱文刚等亦被害。孙炎初被执，反贼将其幽禁于空室之中，胁迫其投降，孙炎不屈。贺仁德给孙炎送来烤雁美酒，曰："以此与公诀!"孙炎拔刀割雁肉，且饮且骂："今日乃为鼠辈所困，我死，为主；尔反复贼，死，狗且不食!"贺仁德恼羞成怒，拔刀怒叱孙炎脱去上衣，孙炎曰："此紫绮裘，主上所赐，吾当服以死。"终被害。闻处州兵变，李文忠复调兵屯缙云，以防不测。②

婺州、处州兵变，使衢州形势亦骤然紧张起来，军中已有人煽乱图谋不轨，企图"翻城应之"，衢州守将夏毅惊惧，计无所出。适逢刘基丁母忧回乡途经衢州，夏毅喜出望外，即将他迎入城中，请求授计稳定局势。这样一来，刘基就再也无法脱身了，因为婺、衢、处三州对于朱元璋的攻守方略极为重要，若不及时平乱，势必影响周边地区的局势稳定，甚至影响整个征讨方略的实

---

① 参见《明史纪事本末》卷二，《资治通鉴后编》一八〇。

② 参见《明史纪事本末》卷二；《资治通鉴后编》一八〇；《明史》卷一三三《耿再成传》，卷二八九《孙炎传》；〔明〕方孝孺：《逊志斋集》卷二一《孙伯融传》。

施；再者，三处兵变，不光朱元璋失去了好几员大将，也使刘基失去了两位好友。胡大海曾自言："吾武人，不知书，唯知三事而已：不杀人，不掠妇女，不焚毁庐舍。"胡大海每到一处，即求贤访才，刘基、宋濂等"四先生"都是由他推荐给朱元璋的，刘基对其人品很是景仰。孙炎气豪才雄，以经济自负，能文能武，为当时天下难得之人才。正是他奉朱元璋之命，数度遣使，赠书赐诗，动员刘基出山，归顺大明。彼此间虽交往不多，但处州一晤，孙炎的谈吐、才华和气度都令刘基折服，自那以后，刘基即视其为同道朋友。如今，他们都死于非命，刘基当然感到悲痛。他又只好把孝心收起，义无反顾地留了下来，全身心参与平乱。

刘基听取夏毅的军情汇报之后，进行了形势分析，仅用一夜时间，就定下了"平乱"之计。刘基认为：婺州、处州的几个苗兵叛将根本成不了大事，不必过于惊恐。蒋英风闻李文忠自严州出兵，就惊慌失措，投奔了张士诚，这便是明证。关键在于自身要稳住，千万别乱了阵脚，阵脚一乱，局面就不好收拾了。刘基当夜即以自己的名义发函至婺、处、衢三州各属县，谕以沉着应对，"固守所部"，候援军到来，共同进讨。但处州叛军如不及时剿灭，对周边的局势必然产生影响，尤其是业已扎根绍兴的张士诚之弟张士信部极有可能在行动上作出反应。张士信一动，诸全州的谢再兴倘若招架不住，而镇守严州的李文忠又不能轻举妄动，这样局势就变得复杂了。所幸的是朱元璋闻报，即命平章邵荣领军往处州进发。

果然不出所料，于春三月，张士诚闻蒋英之乱，即遣其弟张士信、同金吕珍率兵万余围攻诸全州。朱元璋守将谢再兴与之鏖战29天，难分胜负。谢再兴还算得上是个会用兵的将领，眼看硬拼不成，即改为智取，暗遣部将于城外设伏，自己引兵出战。两军交战不久，即伏兵四起，将敌军团团围住，打了一个漂亮的歼灭战，擒其将士千余人。

张士信恼羞成怒，重新集结兵力，以更大的声势再度攻城，谢再兴担心敌众我寡，力不能支，遂向浙东行省左丞李文忠告急求援。李文忠自度兵少，且需随时防范桐庐之敌入侵，故难以应援，闻邵荣将至，乃与都事史炳商谋："兵法先声而后实，今诸全被围日久，寇势益盛，而我军少，非谋不足以制之。今邵平章来讨处州，宜借以张声势，亦制寇一奇也。"史炳点头称善。遂扬言右丞徐达引兵5万出徽州，平章邵荣引兵5万出江右，约会金华，克日抵达诸全，并暗遣部下揭榜于义乌之古朴岭。没想到此招果然奏效，张士信兵卒见榜文而大惊，因此军心动摇，吕珍欲退军五里下营，以待决战。

这时，同佥胡德济奉李文忠之命，自信州率兵已赶到诸全，有降卒言贼情，具得虚实，即与谢再兴商定：于当日夜半时分，发壮士开门出击，鼓噪从之。张士信部卒不战自乱，争相逃命，自相蹂践及溺水身亡者甚众，诸全遂得以完保。[①]

未几，洪都降将祝宗、康泰反。此两人原为胡廷瑞的部下，当初归降，非其本心，故投诚之后曾多次流露出反叛的意图，经胡廷瑞反复开谕，故未即发。胡廷瑞曾提醒朱元璋要小心提防，所以当朱元璋离开洪都之时，即令祝宗、康泰率所部往湖广归徐达节制。两人舟次女儿港（在江西行省德化县东南35里处），遂以其众叛，回击洪都。是日黄昏，兵至城下，叛军将士擂鼓举火，攻破新城门。当时邓愈居住在故廉访司，闻变，仓促间以数十骑出走，且战且走，最终从抚州门突围还应天，从者多遇害。都事万思诚、知府叶琛则死于难。[②]

叶琛是刘基的故交，彼此间所建立的深情厚谊非同一般。当年于处州"平乱"，出生入死，患难与共；而后弃暗投明，同赴应天，可谓志同道合；如今任职洪都知府，正是大展宏图之时，凭其学识、才干，定当能为大明王朝立下更为卓越的功勋，谁曾料会横生不测，死于非命？我们在刘基文集中虽然没有看到有关悼念叶琛的诗文，但可以肯定地说，噩耗传至，刘基定然悲痛不已。

夏四月，平章邵荣及元帅王佑、胡深率领大军会同李文忠所得耿再成余部进逼处州，刘基随同前往。邵荣兵至处州城下，放火烧其东北门，军士乘城以入。李佑之自知不敌，自杀身亡；贺仁德奔走缙云，为农夫所擒，将其捆缚槛送应天伏诛。朱元璋命王佑、耿再成之子耿天璧[③]守处州，邵荣还师，并任命胡

---

① 参见《资治通鉴后编》一八〇，《明史纪事本末》卷四。

② 参见《明史》卷一，《资治通鉴后编》卷一八〇。

③ 耿天璧闻父难，纠集部曲杀贼，比至，李文忠已破贼斩之，遂以天璧守处州。见《明史》卷一三三《耿再成传》。

深为行省左右司郎中，总制处州军民事。至此，浙东兵变遂平，刘基才得以放心回家葬母。

待刘基葬母事毕，徐达克复洪都的捷报便已传到。洪都兵变，朱元璋即令徐达自汉阳率军赶赴洪都，兵临城下，祝宗、康泰分兵拒守，皆为徐达所破。祝宗兵败，奔走新淦，归依了邓克明，后为邓克明弟邓志明所杀，函其首以献于朱元璋；康泰奔走信州，为追兵所获，送应天，因为他是胡廷瑞的外甥，而被从宽发落。有鉴于此次兵变以及洪都控引荆越、屏藩西南的重要地理位置，朱元璋从两方面加强了防范：一是派遣亲信重臣前往主持军政大事并扩充军事实力，命大都督朱文正、统元帅赵德胜等同参政邓愈镇洪都，又以阮宏道为郎中，李胜为员外郎，汪广洋为都事，前往佐之，并以程国儒知洪都府事；二是加紧城防修缮，文正上任伊始，即增浚城池，严为守备。①

至正二十二年（1362）四月到至正二十三年正月，刘基居家丁忧。丁忧即守孝，这是中国几千年来的传统习俗，刘基遵循之以尽孝思。但他身在南田，却心系应天，这期间他的一言一行仍与朱元璋的统一大业紧密地联系在一起。

首先，刘基丁忧在家，对稳定温、外一带局势起了重要作用。处州兵变虽已平定，但处州局势的隐患依然存在。时处州城郭"甫被兵，民物凋瘵，而山寇乘间窃发，人情未固"②，胡深总制处州军民事，是朱元璋历经两年"考察"后对胡深表示信任的正确决策。刘基是胡深的老友，自然将不遗余力地帮助胡深尽快恢复社会治安，让百姓安居乐业，也让朱元璋对整个浙东文人集团能予以足够的重视。从有关史料来看，刘基首先是协助胡深等详细制定了守备之策，以防类似事件再度发生；再是利用自身威望，不失时机地做一些思想工作。刘基在老家一带是极有威望的名士，当年的地方武装首领，除了战死之外，大都已归降了朱元璋，但不少人并非心服，一旦有机可乘，还将作乱，这时刘基在家，原先的"战友们"常会登门讨教。刘基总是不厌其烦地向他们分析天下形势，介绍朱元璋的德行和能耐，指出大势所趋，天命所在，力图解开他们心中

---

①《资治通鉴后编》卷一八〇。

②〔明〕宋濂：《大明故王府参军追封缙云郡伯胡公神道碑铭》，《文宪集》卷一八。

的疑窦，规劝他们做一个安分守己、立功报国的良民。"于是，乡里及邻附郡县，翕然心服"（《行状》），处州的不安定因素得到了进一步消除。对此，朱元璋致函刘基予以高度赞扬：

> 郎中胡深转奉到先生喻以守备之书，知人情之见，山中豪杰可否，尽在其书。愚观先生之诚，又何言也！似先生有此护顾之心，栝城可使愚高枕无忧矣。[①]

刘基居家也使得方国珍不敢轻举妄动。方国珍向来畏惧刘基，而如今的刘基已威名远扬，成了朱元璋手下的重臣，就愈加不可得罪了。听说刘基还乡奔母丧，便遣使者前往吊唁，还不时遣人致书奉礼，以表敬意。对此，刘基谨慎从事，所赠礼物，概予退回，并一一向朱元璋作了汇报。朱元璋因令刘基与方国珍通问，刘基才回书方国珍，宣示朱元璋的威德，告诫他要保持清醒的头脑，做一个识时务的俊杰。自此，方国珍遂入贡。所以，黄伯生在《行状》中说："方氏虽据温、台、明三郡，其士大夫皆仰公为景星庆云，其小民未尝不怀公之旧德也。"由此，刘基在家乡一带的影响就更大了，也使得朱元璋可以暂时解除来自方国珍一方的后顾之忧。

其次，刘基居家期间，朱元璋时常以军国大事相咨询，刘基均条分缕析，一一予以及时作答，且"悉合机宜"。今见刘基文集中尚录有朱元璋所赠书札数则，兹转录于次：

御讳书

顿首奉书伯温老先生阁下：

> 愚与先生自江西别后，屡有不祥，皆应先生前教之言。幸获殄灭奸党，疆域少安。收兵避暑，遣人专诣先生前，虔求一来。望先生发踪指示耳，日夜愚愚。六月二十二日克期回得教墨，谕以六月七月间举兵用事不利先

[①]《又帖》，成化本《诚意伯刘先生文集》卷之一。

动，当候土木顺行、金星出见则可。使愚一见教音，身心勇跃，足不敢前。如此者何？盖以先生一二年间以天道发愚，所向无敌，今不敢违教。然择在七月二十一日甲子，未得吉时，是以再差人星夜诣前，望先生以生民为念，德教为心，早赐来临，是所愿也。如或未可即来，可将年月吉日时辰方向门户择定，密封发来，实为眷顾。唯先生亮察，不备。

御讳书

顿首奉书伯温老先生阁下：

去岁先生行，曾言湖广之事一去便得，然得不得，直候正月尽间、二月内可得。果然，初至湖广，贼人诈降，后又坚壁不出，至今未下，实应先生之言矣。兹者再行差人赍书诣前，专望先生早为起程前来，万幸。希亮察，不具。[①]

朱元璋的第一封《御讳书》当作于至正二十二年（1362）的六月底或七月初。从书信中可知，朱元璋原本打算于六七月间用兵，有鉴于刘基在"一二年间以天道发愚，所向无敌"，为慎重起见，还是先去征求刘基的意见，而刘基回书则认为不宜于六七月间举兵用事，须等到"土木顺行，金星出见"方可。朱元璋接回书后，虽"身心勇跃"，却"足不敢前"，因此又致函刘基，向他讨教，这充分说明了朱元璋对刘基的器重。第二封《御讳书》当作于至正二十三年正月，所言"湖广之事"史无明载，但从朱元璋的书信来看，刘基已有预言在先，认为对湖广用兵，难以一举成功。后来的事实证明刘基的判断是准确的，使朱元璋不得不服。信中催促刘基早日启程返回应天，看来又一次重大的军事行动已在酝酿之中。

至正二十三年（1363）春正月，刘基有感于朱元璋的一片诚意，便匆忙上路，奔赴应天。

还应天途中，路过建德，恰巧遇上张士诚部入侵，当时是李文忠为帅镇守建德，李文忠欲率兵迎敌，刘基以为不可，他说："不出三日，贼当自走，追而

---

① 成化本《诚意伯刘先生文集》卷之一。

击之，此成擒耳。"李文忠听从了刘基的建议，紧闭城门，以观其变。时过三日，刘基登城而望曰："贼走矣。"众见敌壁垒旗帜如故，且闻严鼓声声，毫无退兵之迹象，不敢贸然出击。在刘基一再催促之下，李文忠才下令出击，至敌所，则已空壁，所留者皆为老弱病残，遂尾追至东阳，全歼之。（《行状》）

刘基的自信源于熟读兵书，《孙子兵法》即有"以逸待劳，以饱待饥"一法，凡敌军远征，若粮食不继，则势必不能持久围城，待其退走，而纵兵追击，则破之必矣，如此，则可避免正面迎战而导致的巨大伤亡，此乃刘基胜人一筹的高明之处。

第十二章　西平江汉　东定吴会

阻救安丰

果然不出所料，朱元璋敦促刘基火速返回应天，正是为了跟陈友谅决战，以完成"征讨方略"的首要一步。就陈友谅一方来说，至正二十年（1360）龙湾之战、至正二十一年安庆江州之战两战皆大败于朱元璋，尤其是安庆江州一战，导致江西地盘丧失殆尽，逼得他只好弃江州老巢而奔命武昌。但陈友谅亦非等闲之辈，这口气他绝对咽不下去，这一年多来正在加紧备战，大治舟舰，以图东山再起。如今，数百艘巨型战舰业已造成。史书载：其新造楼船皆高数丈，饰以丹漆，有橹数十只，橹箱皆以铁皮包裹；每船上下三层，层置走马棚，下设板房为隐蔽之所，上下人语，声不相闻，堪称当时世界上的"航空母舰"。[1]可见陈友谅也正在积极主动地寻觅战机，以求与朱元璋一决雌雄。

至正二十三年（1363）春二月，陈友谅终于在饶州重新点燃了战火。当时朱元璋部将于光镇守饶州，与陈友谅降将吴宏等人不和，都昌盗贼江爵乘衅诱使张定边入寇，于光等仓促无备，弃城出走，饶州告陷。

朱元璋正想还以颜色，张士诚又兵围安丰，刘福通已遣人来应天告急求援。

元军下山东后，安丰本已岌岌可危。没想到的是张士诚居然率先发难，于

---

[1]《明史纪事本末》卷三。

二月间以吕珍为先锋，以其弟张士信率大军继之，直扑安丰。吕珍将安丰小城围得水泄不通，久之，城中粮绝而"人相食"，"有尸埋于地而腐者，亦掘而食之；或以井泥为丸，用人油炸而食之"，①可见处境已十分艰难。无奈之下，刘福通只得告急求援。

在要不要派兵去解安丰之围这一问题上，刘基与朱元璋意见相左。朱元璋认为无论从道义上还是从战略上都毫无疑问应向刘福通伸出救援之手，因为毕竟自己至今尚打着韩林儿的旗号，况且"安丰破，则张士诚益张，不可不救"。刘基则极力谏阻，他问："假使救出来，当发付何处？"②

在如何处理与小明王的关系上，刘基向来坚持自己的观点。早在至正二十一年（1361）正月，中书省设御座奉小明王，行庆贺礼。刘基不拜，且怒骂道："彼牧竖耳，奉之何为！""太祖召基入问之，基遂陈天命所在。太祖大感悟，乃定征伐之计。"③刘基反对设御座供奉小明王，其用意显然是要朱元璋尽早摆脱韩林儿，树立雄心壮志，成就王业。朱元璋则以为时机尚未成熟，小明王的旗号仍需利用，故未采纳。但从史书记载来看，刘基之所为对朱元璋还是深有启发的。

今天看来，刘基力阻朱元璋出兵救援安丰，无疑是正确的。刘基这样做的目的有二：一则想借张士诚之手除掉小明王，不至于今后朱元璋在"如何处置小明王"的问题上感到为难，如此便可名正言顺地自立旗号，争霸天下了；二来若朱元璋以主力去解安丰之围，陈友谅乘隙大举入侵，则应天难固，刘基所虑并非没有道理，但朱元璋未予以采纳。

这一年的三月，朱元璋亲率徐达、常遇春驰援安丰。遗憾的是，朱元璋大军未至，吕珍已击杀了刘福通。朱元璋率领全军将士浴血奋战，常遇春一马当先，三败吕珍；庐州（今安徽合肥）左君弼出兵助珍，亦为常遇春所败。吕珍败走，朱元璋挟小明王归滁州，并在滁州大兴土木，建造宫殿，让其居住，且供养甚厚，所不同的是宫中一应宦侍都换上了自己人，故朱元璋所做的是表面

---

①②《资治通鉴后编》卷一八一。

③刘基怒骂小明王一事，究竟发生于何时，史籍记载不一。《资治通鉴后编》即谓发生于至正二十四年春正月，多数史籍未明确时间，但都以为是发生在安庆江州之战以前，而安庆江州之战是在至正二十一年，故姑从《明史纪事本末》之说。

文章，目的还在于笼络人心，事实上，他已经把韩林儿牢牢地控制在手中。

安顿好了小明王，朱元璋又命徐达、常遇春移师围庐州，而自己回到应天。

一切都在刘基的预料之中：得知朱元璋亲率大军救安丰，陈友谅知道一年来苦苦寻觅的战机终于到了！张士诚在安丰牵制了朱元璋的主力，自己正可乘虚而入，如此，朱元璋将腹背受敌，处于两线作战的窘境，这正是陈友谅比张士诚高明的地方；但是，他没让自己的数百艘巨型战舰一直沿江而下去端朱元璋极为空虚的老巢应天府，而去围攻洪都，无疑又是重大失策。

至正二十三年（1363）四月，陈友谅亲率60万大军及数百艘巨型战舰，自武昌沿江而下，从九江入鄱阳湖，真可谓舳舻千里，旌旗蔽天，浩浩荡荡地向洪都进发。陈友谅此次出征，大概是抱着必胜的信念，其家小百官一概随征，抑或有破釜沉舟、决一死战之用心。

洪都城原本紧挨着赣江，此前陈友谅攻城，时值水涨船高，士卒从船上攀附登城，以致失守。洪都收复后，朱元璋即令加固城防，推倒沿江旧城墙，退后30步重新建筑，所以此次陈友谅攻城，巨型战舰就难以靠近城墙，只好登岸围攻。

洪都主帅朱文正坚壁不出，众志成城，顽强固守，与陈友谅大军从四月到七月历经85天的惨烈激战，虽说伤亡惨重，但洪都城池寸土未失。《明史纪事本末》卷三记载了这一战役的具体经过。

洪都被围既久，内外阻绝。朱文正派遣千户张子明赴应天告急。张子明昼行夜止半个多月到了应天。当时朱元璋正解了安丰之围，返回应天。张子明至，朱元璋问陈友谅兵势何如，张子明对曰："友谅兵虽盛，战死亦不少。今江水日涸，巨舰将不利，又师久粮乏，援兵至，可必破也。"太祖曰："归语文正，但坚守一月，吾当自取之。"乃命令张子明先还，朱文正等听说援军很快就到而士气大振，戍守益坚。

这时，徐达、常遇春正围左君弼于庐州，朱元璋派遣使者传令解庐州之围，曰："为一庐州而失南昌，非计也。"

七月初，朱元璋亲率大军驰援洪都，陈友谅围攻洪都凡85日而城未下，闻朱元璋至，即撤围东出至鄱阳湖。这样，一场决定生死存亡、历时37天的鄱阳湖大会战就正式拉开帷幕了。

决战彭蠡

鄱阳湖，古称彭蠡、彭泽、彭湖，位于江西行省之北部，为赣江、修水、鄱江、信江诸河流之总汇。湖面延袤数百里，北由湖口连入长江，为我国淡水湖之最。湖分南北，中为细腰，南又称宁亭湖、族亭湖，北又称蒋星湖、左彭蠡。王安石有诗云："茫茫彭蠡春无地，白浪春风湿天际。东西掞柂万舟回，千岁老蛟时出戏。"此诗描绘出了鄱阳湖的壮观气势。如今，朱元璋与陈友谅两军之间的大决战就以这广袤的湖面为战场，从而演绎了中国军事史上继三国赤壁之战之后又一以少胜多、以弱胜强的水军作战的典型战例。

先此，朱元璋亲督诸将会师祸蠡于龙江，舟师凡20万。七月十七日，大军进驻湖口，先遣指挥戴德以一军屯于泾江口（即禁江口，今安徽宿松南长江边），又以一军屯于南湖嘴（今江西湖口北），以遏陈友谅归路。又派遣使者调信州兵马戍守武阳渡（今江西南昌东南），以防陈友谅奔逸。陈友谅撤围后，退至康郎山（即鄱阳湖内之康山）水域。

七月二十一日，朱元璋率诸将由松门（今江西都昌南）入鄱阳湖至康郎山水域，与陈友谅水军正面相遇。陈友谅"联巨舟为阵"，朱元璋乃分舟师为11队，每队都配备大小火炮、火铳、火箭、火蒺藜、大小火枪、神机箭和弓弩。下令各队靠近敌船时，先发火器再用弓弩，敌我舟舰相接之时，则以短兵器进行格斗，一切部署停当。

七月二十二日，两军主力首次交战。朱元璋下令徐达、常遇春、廖永忠等率兵出击，一时间"呼声动天地，矢锋雨集，炮声雷锅，波涛起立，水色尽赤"。徐达身先诸将，杀敌1500余人，获一巨舰而还；俞通海又乘风发火炮焚烧敌船20余艘，敌军溺死者甚众。徐达等激战不已，火延及战船，敌军乘机登船，与徐达军短兵相接。朱元璋急遣战船驰援徐达，徐达力战，敌乃退。这时，陈友谅骁将张定边正向朱元璋所乘之舟进犯，舟搁浅，不得退，其势甚危。常遇春从旁射中张定边，俞通海复来援，舟骤进水涌，朱元璋才脱离险境。指挥韩成，元帅宋贵、陈兆先、万户程国胜等皆阵亡。战至日暮，双方鸣金收兵。

朱元璋初战获胜之后，恐张士诚乘虚袭击后方，命徐达回应天坐镇，以防张士诚乘虚而入。

七月二十三日，双方再次交锋。陈友谅军所有巨舰连锁出战。朱元璋亲自督战，众将领见陈军连锁巨舰具有排山倒海之势，一个个都心寒胆怯，不敢向前。朱元璋见此情状，立命斩队长十余人，犹不止。郭兴进言："非人不用命，舟大小不敌也，臣以为非火攻不可！"朱元璋采纳了他的建议。黄昏时分，大风起于东北，朱元璋命敢死之士以七条小船满载火药，上饰以芦苇和手持兵器的草人，直逼陈军巨舰。小船逼近时，顺风纵火，风急火烈，迅速蔓延。没过多久，陈友谅水寨数百艘战舰全都着了火，但见烟焰漫天，湖水尽赤，陈军阵脚大乱，诸将鼓噪向前，斩首2000余级，焚溺死者不计其数。陈友谅弟陈友贵、陈友仁及其平章陈普略皆被火烧死。至此，陈友谅部队已遭重创。

七月二十四日，朱元璋又激励众将领说："友谅战败气沮，亡在旦夕，今当拼力蹙之。"于是，战将个个斗志更旺，士卒人人奋勇争先。当时朱元璋所乘之舟的樯桅为白色，被陈友谅察觉后，陈军就拼力来攻。朱元璋坐胡床督战，刘基侍其侧。刘基忽跃起大呼："难星过，速更舟！"朱元璋在刘基等人的护卫下，迅速登上一艘小船，尚未坐定，只见原来的指挥船顷刻间已被飞炮击得粉碎。陈友谅登高见白樯之舟中炮立碎，满以为朱元璋已死于非命而喜形于色。谁曾料朱元璋竟死里逃生，而且在一夜之间，所有船只的樯桅全被涂成白色，视莫能辨，以致敌军无法辨认。

七月二十五日，陈友谅重新集结兵力，连舟再战，又大败。当时廖永忠、张兴祖、赵庸等以六条战舸深入搏击，这六条战舸势如蛟龙，纵横驰骋，出没于陈军巨舰之间，如入无人之境。众将士见之，士气大振，合战愈力。双方自清晨激战至中午，陈军终于不支，向后败退，兵器、盔甲浮蔽湖面。陈友谅企图退守鞋山（今江西湖口南大孤山），但出口已被朱军扼住，于是，陈友谅只好敛舟自守，不敢再战。当晚，朱元璋进扼左蠡（今江西都昌西北），控制江水上游，陈友谅亦退保渚矶（今江西星子县南）。

两军相持三日，陈军屡战屡败，形势更加不利。陈友谅左右金吾见大势已去，率所部相继投降，陈军士气更加低落。

此后，朱元璋对陈友谅采用长期包围的战术，将其围困于鄱阳湖之中达一个月之久。此间，陈友谅曾出兵至洪都劫粮，被朱文正击退，朱元璋则采纳了刘基等人的建议，将主力暗移至湖口，在长江南北两岸设置木栅，并做火筏置于江中以防陈友谅突围；又调兵遣将夺取蕲州、兴国，以控制长江上游。

不出所料，至八月二十六日，陈友谅食尽穷蹙，进退失据，欲奔还武昌，乃率楼船百余艘冒死突围，企图经南湖嘴退入长江，却为南湖军所遏。又改从湖口突围，欲绕江之下游由泾江口遁去，却不料朱元璋主力已在此严阵以待，等候多时。陈军一到，朱元璋即麾诸将出击猛攻，以火舟、火筏冲之，追奔数十里，自辰时至酉时，激战仍在继续。陈军至泾江口，又遭到泾江之师的迎面截击。至此，陈友谅军四面受敌，已是瓮中之鳖，想脱离险境，除非天助！

傍晚时分，残阳如血，激战犹酣。陈友谅在所乘朱红楼船的船舱之内，已然听见四围朱元璋将士的呐喊声，他知道大势已去，末日即将来临，但困兽犹斗，无论如何得冲出重围！此时，四围杀声大作，朱元璋已将包围圈越缩越小，陈友谅若有所思，将头探出窗外，却不料骤中流矢，贯睛及颅，一声未出，倒地而死，中国历史上曾一度叱咤风云的英雄豪杰犹如苍穹的一颗行星就此陨落了！

陈友谅一死，军中无帅，全军大溃，陈友谅长子被俘；张定边夜挟陈友谅次子陈理载陈友谅尸体冲出重围，遁还武昌。次日，平章陈荣率残部5万余人投降。武昌城中，张定边嗣立陈理为帝，改元德寿。冬十月，朱元璋围武昌，并分头出击湖北诸路，皆下。冬十二月，朱元璋班师，仍命常遇春留督诸军，继围武昌。①

次年二月，朱元璋又亲至武昌督战。时陈理援军在其丞相张必先的率领下进驻城郊洪山，朱元璋为孤立武昌之敌，命常遇春率五千精兵往攻，以绝其外援。常遇春如期克敌，擒张必先。此后，朱元璋派陈友谅旧臣罗复仁入城劝降，

---

① 鄱阳湖之战，参见《明史》卷一《太祖本纪》、卷一二八《刘基传》、卷一二三《陈友谅传》,《明史纪事本末》卷三,《资治通鉴后编》卷一八一,〔明〕黄伯生《行状》等。

陈理见外援已绝，武昌势孤难为，遂衔璧肉袒出降；不久，陈友谅之弟亦在潭州（今湖南长沙）降。至此，汉政权宣告灭亡。

鄱阳湖之战，是朱元璋和陈友谅为争夺南部中国的一次战略决战，在中国水战史上占有重要地位。此战前后历时37天，其时间之长、规模之大、投入兵力舰只之多、战斗之激烈都是空前的。从双方兵力对比来看，陈友谅号称拥兵60万，朱元璋仅20万兵力；从装备来看，陈友谅的战船大多是新造的，船体高大，装备精良，朱元璋的战船主要靠收编缴获所得，以小船居多。两相比较，陈军显居优势，但交战的结果却是朱军以劣势兵力战胜了优势兵力的陈军。战后，朱元璋在分析胜利原因时指出："陈友谅兵虽众，人各一心，上下猜疑，矧（何况）用兵连年，数败无功"，而我"以时动之师，威不振之虏，将士一心，人百其勇，如鸷鸟搏击"，所以取胜。

鄱阳湖大会战，刘基不离朱元璋左右。作为首席谋士，刘基参与了鄱阳湖大会战的全过程，这一经历，让他永生难忘。后来他在《赠杜安道》一诗中仍壮怀激烈地回忆起这段峥嵘岁月：

> 忆昔天兵伐荆楚，舳舻蔽江齐万橹。
> 欢声激烈似雷霆，猛气咆哮震貔虎。
> 拔栅皖城犹俯拾，探穴九江无险阻。
> 明年大战康郎下，日月块扎相吞吐。
> 冯夷蹋浪群水飞，巨鳌掉首三山舞。
> 云随太乙拥锋旗，鼍为丰隆拊灵鼓。
> 将军金甲箭攒猬，战士铁衣汗流雨。
> 火龙熺焰绛天衢，燧象隖烟煎地府。
> 鲸鲵既翦挽抢落，草木熙阳鱼出谷。（卷之十六）

朱元璋后来在赐给刘基的书函中也曾回忆道："至于彭蠡之鏖战，炮声击裂，犹天雷之临首，诸军呐喊，虽神鬼也悲号，自旦日暮，如是者凡四，尔亦在舟，岂不同患难也哉？"①刘基参与鄱阳湖大战，许多史籍都提及"刘基救主"，如《明史·刘基传》和《明史纪事本末》都有记载。《明史·刘基传》对"刘基救主"是这样描述的：

> （太祖）遂自将救洪都，与友谅大战鄱阳湖，一日数十接。太祖坐胡床督战，基侍侧，忽跃起大呼，趋太祖更舟。太祖仓卒徙别舸，坐未定，飞炮击旧所御舟，立碎。友谅乘高见之，大喜。而太祖舟更进，汉军皆失色。

而《明史纪事本末》卷三的记载就夸张得多，说刘基当时在仰观天象，发现有异，就纵身跃起大喊一声："难星过，速更舟！"今天看来，鄱阳湖大战期间，刘基曾救朱元璋于危难之中，这可能是事实，说明两人在战争岁月里曾风雨同舟，患难与共；但说刘基发现天象有异，而急呼更舟，这恐怕不仅仅是在炫耀刘基的先知先觉，更重要的是要告诉读者，朱元璋这条"真龙"能一统江山，实乃"天命"所归。因此，所谓"难星过"，可以理解为"有灾难""有危险"。当时朱元璋、刘基所乘之舟因樯橹颜色独特，被敌军发现，陈友谅就认准目标拼力来攻，处境十分危险，刘基当机立断，建议"更舟"，这足以说明刘基对形势判断的准确。可事情又如此凑巧，刚一换船，原本的指挥船便被敌炮击得粉碎，这就使得当时的史学家们可在这上面大做文章了。今天，我们重新审视这一"历史事件"，则大可不必过于在意那些夸张的描述，而对于刘基在这场决定着朱元璋集团命运和前途的生死大决战中，到底发挥了怎样的作用，倒值得我们认真总结。

鄱阳湖大战，朱元璋只带了两个儒臣，一个是刘基，一个是夏煜，②毋庸置疑，作为首席谋士的刘基，他自然参与了大决战全过程当中的重大军事决策，所起的作用是无可替代的。

首先，刘基在此生死决战当中从一开始就具有战必胜、攻必克的坚定信念，

---

① 《御宝诏书》，成化本《诚意伯刘先生文集》卷之一。
② 《明史》卷一三五《夏煜传》称："太祖征陈友谅，儒臣唯刘基与煜侍。"

并以此激励主帅和全军将士。决战之初，朱元璋对战争的胜负也无把握，颇为担心。从兵力上看，陈友谅号称60万大军，朱元璋只有20万兵力；从装备上看，陈友谅战舰高大坚固，置身船上，如履平地，稳性好，载兵多，具有居高临下的作战优势，而朱元璋则以小船居多，不耐冲击，不利仰攻，实力相差悬殊。七月二十一日，两军在康郎山水域正面相遇。陈友谅"联巨舟为阵，楼橹高十余丈，绵亘数十里，旌旗戈盾，望之如山"。朱元璋见此阵势，心中不免发怵，遂问刘基气色如何，刘基果断回答："我兵必胜之气，当力战。"①

其实，刘基的必胜信念是建立在对敌我双方优势和劣势的正确分析的基础之上的。虽然陈友谅军队在兵力和装备上都占有很大的优势，但朱元璋一方也具备"可以一战"的有利条件：朱军斗志高昂，千里救危城，同仇敌忾，陈军围洪都三月，伤亡惨重，已如强弩之末，此其一也；陈军战船高大，联舟布阵，虽不惧怕风浪，却不利进退，朱军船小，虽难以正面突防，却机动灵活，进退自如，此其二也；朱元璋一进入鄱阳湖水域，便做好严密布防，将陈军后路统统切断，届时陈军粮尽兵疲，无援可待，而朱元璋则有洪都与大后方源源不断接济粮草、补充兵力，此其三也。我之优势即敌之劣势也，关键在于如何扬长避短，以己之长去击敌军之短。可以这么说，正是刘基斩钉截铁的回答给了朱元璋十倍的信心和百倍的勇气，朱元璋随后的战前动员令极大鼓舞了士气，他对全军将士说："彼巨舟首尾连接，不利进退，可破也！"②

其次，刘基在战略决策上起了关键性的作用。康郎山水域一战，毁陈军巨舰数十艘，首战告捷，但朱元璋一方的伤亡也十分惨重，后被设祠祭祀于康郎山的著名将领就有丁普郎、张志雄、韩成、宋贵等36人，还不包括祭祀于洪都的赵德胜、李继先、叶琛等15人，其不及载录的一般阵亡将士就更多了。因此，刘基认为急于求胜，则代价太大，殊非上策，故建议"移军湖口"，③对陈军实行长期围困战术，待其粮尽援绝之时，再行决战。"移军湖口"是一个战略

①〔明〕刘辰：《国初事迹》。

②《资治通鉴后编》卷一八一。

③刘基建议"移军湖口"一事，《明史》卷一二八《刘基传》和《明史纪事本末》《行状》《神道碑铭》都有记载。

性决策，朱元璋虽在决战之前，已经在湖口一带派兵布防，但随着战事的发展，刘基料定陈友谅必从湖口遁去退还武昌，如没有足够的兵力则难以扼住陈军的归路；再者，湖口水面相对狭窄，可在最大程度上限制陈军舰队的作战优势，以己之长，击敌之短，给陈友谅以致命一击。事实证明，刘基的建议是完全正确的。果然不出所料，仅过一个月时间，陈友谅已支撑不住，就孤注一掷，妄图从湖口突围，致使全军覆灭。至于刘基建言须在"金、木相犯日决胜"，笔者认为应该确有其事，这可从朱元璋给刘基的书函中得到证实，如此重大的战役，朱元璋必然要选个大吉大利的日子，这在当时是不足为怪的。

又次，刘基和朱元璋面对强敌，能根据战局的进展采取灵活多变的战术，以己之长，克敌之短。决战之初，以兵分多路向陈军艨艟巨舰发起进攻，充分发挥小船机动灵活、进退自如的优势，连续突击陈军，正是典型的扬长避短的战法，很能鼓舞士气；后来采纳部下建议，以火攻破敌，使陈友谅重蹈了三国火烧连环的覆辙，也是以己之长克敌之短的胜利成果。

用兵之道，攻心为上。战斗过程中，刘基不光重视军事上的进攻，还不失时机地采用了攻心战术，他与夏煜先后两次为朱元璋代笔致函陈友谅。其一曰：

> 曩者公犯池州，吾不以为嫌，生还俘虏，将与公为约从之举，各安一方，以俟天命，此吾之本心也。公失此计，乃先为我仇，我是以破公江州，遂蹂蕲、黄、汉、沔之地，龙兴十一郡，奄为我有。今又不悔，复起兵端，自洪都迎战，两败于康山，杀其弟侄，残其兵将，捐数万之命，无尺寸之功，此逆天理、悖人心之所致也。公乘尾大不掉之舟，顿兵蔽甲，与吾相持。以公平日之狂暴，正当亲决一战，何徐徐随后，若听吾指挥者，无乃非丈夫乎？公早决之。①

信写得理直气壮，又绵里藏针讽刺挖苦，陈友谅见之大怒，扣留了送书使者，又将所获俘虏尽数杀之，朱元璋则反其道而行之，将俘虏悉数放还，伤者

---

① 《续资治通鉴》卷二一七。

赐药疗之，且祭其亲戚诸将阵亡者，并下令："但获彼军，皆勿杀！"这着棋非常高明，对动摇陈友谅军心起了极大作用。

鄱阳湖大战，刘基与朱元璋同舟督战，直接参与谋划、指挥，其功伟矣！

九月，朱元璋凯旋，师还应天，论功行赏。他给鄱阳湖大战作了总结，觉得这一仗胜得很惊险，好像是从钢丝索上走过来一般。他对刘基说："我不当有安丰之行，使友谅乘我之出，建康空虚，顺流而下，我进无所成，退无所归，大事去矣。今友谅不攻建康而围南昌，计之下者，不亡何待！"①朱元璋的这段话，无非是说陈友谅的灭亡乃是"天意"，但他毕竟反省了"安丰之行"，认为这是失策，这从反面证明了刘基在谋略上的高人一筹。

东定吴会

陈友谅政权被消灭后，朱元璋所统治的疆域渐次扩大，统一中国、成就帝业之心更加迫切。至正二十四年（1364）春正月，李善长、徐达等率百官上表劝进帝位，朱元璋未允，他说，如今"戎马未息，疮痍未苏，天命难必，人心未定，若遽称尊号，诚所未遑"②。固请，乃即吴王位。其实，朱元璋见群臣屡次上表劝进，心里是很高兴的，否则，李善长等人也不会有劝进之举。事实上，朱元璋在与陈友谅交战时即以"真命天子"自居，他曾致书陈友谅，警告他"勿作欺人之寇，却帝名而待真主，不然，丧家灭姓，悔之晚矣"③！朱元璋这次不称"帝"而称"王"，只能说是摆出了一种姿态，其实质内容并无二致，也就是说其内心早就以"皇帝"自居了，只因小明王尚在滁州，一时半刻想不出解决的办法而已，所以就只能姑且称王。当然，这里面还有一个原因，那就是早一年的九月，张士诚已自立为"吴王"，而童谣有云："富汉莫起楼，贫汉莫起屋，但看羊儿年，便是吴家国。"④应天是三国时期孙吴政权的都城，为了应

---

① 《资治通鉴后编》卷一八一。
② 《明实录·太祖实录》卷一四。
③ 《明实录·太祖实录》卷一二。
④ 《元史》卷五一。

验童谣，也非称"吴王"不可。此后，民间称张士诚为"东吴"，朱元璋为"西吴"。

朱元璋称王之后，即建百官司属，置中书省，以李善长为右相国，徐达为左相国，常遇春、俞通海为平章政事，汪广洋为右司都事，张昶为左司都事，立朱标为世子。

春二月，朱元璋亲率水陆大军征武昌，陈理降，三月即还应天。此次出征，刘基是否随行，史书不载。按情理推测，如此重大之战事，刘基应当随征，因为他是朱元璋的首席策士。《湖广通志》卷四八谓朱元璋既下武昌，即遍访耆旧，而至黄州，刘基当与朱元璋同行。时婺源人詹同文正避乱黄州，朱元璋召见之，询用兵之策。詹同文以"兵不贵多而贵精"为对，朱元璋嘉纳并重用他，后来升任翰林学士，与刘基情投意合，多有诗文来往。

刘基到黄州还到过团湖董氏镜心楼。镜心楼位于黄冈县北龙邱东隅团湖，为隐士董敬中所建。董敬中，字仁辅，元大德八年（1304）参知政事，元季隐居团湖，因以自号。他是刘基的好友，此行登门拜访自然有"招隐"之意，但没成功。《黄州府志》有"刘基屡荐（董敬中），复躬往聘之，竟不成"的记载。刘基文集所录《黄州团湖董氏镜心楼》一诗，当作于是时：

> 团湖四面开明镜，中有高楼接太清。
> 绛气往来蟾影入，碧光浮动日华生。
> 云间威凤孤飞下，空里游鱼作队行。
> 安得翠軿呼弄玉，金银台上卧吹笙？（卷之九）

朱元璋、刘基湖广之行除了彻底消灭陈友谅政权之外，另一重要收获就是在"遍访耆旧"的过程当中，发现有许多类似詹同文这样的"岩穴之士"尚未为我所用，所以回应天后即命中书省征辟文武人才。

推翻陈友谅政权之后，朱元璋自然把注意力集中到了张士诚的身上，他对天下形势作了如下分析：

天下用兵，河北有博啰特穆尔，河南有库库特穆尔，关中有李思齐、张良弼。然有兵而无纪律者，河北也；稍有纪律而兵不振者，河南也；道途不通，馈饷不继者，关中也。江南则唯我与张士诚耳。士诚多奸谋而尚间谍，其御众尤无纪律。我以数十万之众，固守疆土，修明军政，委任将帅，俟时而动，其势有不足平者。[1]

从上述朱元璋纵论天下形势可以看出，他对剿灭张士诚集团，平定中原，拓土西北，进而推翻元朝统治登上帝位，已是豪情满怀，信心十足，而这一系列重大的军事决策则仍由他和刘基所定。黄伯生《行状》云："上还京，定计取张士诚，因定中原，拓土西北，公密谋居多。上或时至公所，屏人语，移时乃去，虽至亲密，莫知其由。"可见刘基此后在朱元璋军事集团当中仍然扮演着"军师"的角色，朱元璋的训谕计谋多半出自刘基，只因后者不敢居功外传，故十有八九莫为人知。

从表面上看，张士诚还是相当有实力的。其所据地盘，南抵绍兴，北逾徐州，达丁济宁之金沟（今江苏沛县一带），西距汝、颍、濠、泗，东到滨海，有地两千余里，带甲数十万。但其实不然。首先，张士诚降元被封为太尉，向元廷岁纳粮十余万石，支持元廷苟延岁月，从而失去了民众的拥护。其次，张士诚为人外持重寡言，似有器量，而实无远图，据有吴中富庶之地以后，生活渐趋奢纵，怠于政事，大权旁落至其弟张士信和女婿潘元绍手中。此两人尤好聚敛，金玉珍宝、古书名画无不充牣。张士信拥有妻妾百余人，日夜以歌舞自娱。其他文武百官也都忙着搜刮钱财，购置田产，营造豪宅；将帅偃蹇不用命，每有攻战，辄寻找借口，百般推脱，无利可图，就不愿出兵，军队毫无纪律可言，故战斗力锐减。

至正二十三年（1363）九月，张士诚自称"吴王"，元朝廷不允。张士诚怒将元江浙行省左丞相达实特穆尔毒死，让张士信接任。张士信上台后，令潘原明守杭州而自还姑苏，继续寻欢作乐，一应事务全归参军黄敬夫、蔡彦文、叶

---

[1]《资治通鉴后编》卷一八二。

德新三人办理。朱元璋得悉这种情况后说："我诸事经心，法不轻恕，尚且有人欺我。张九四终岁不出门，不理政事，岂不受人欺乎！"①

当时民谣有云："丞相做事业，专用黄菜叶。一朝西风起，干瘪！"②"黄菜叶"，指黄，蔡、叶三人，"西风"，喻朱元璋的军队。

朱元璋对张士诚用兵，分三步进行：先取泰州、徐州、淮安、宿州（今安徽宿县）等苏北和淮河下游地区；次取湖州、杭州，对平江形成钳形包围；最后才南北夹击，拿下平江。

自至正二十五年（1365）十月至次年四月，朱元璋发起猛烈攻势，尽下张士诚淮水流域诸城。至正二十六年五月，传檄声讨张士诚，历数其"八大罪状"：

> 唯兹姑苏张士诚，为民则私贩盐货，行劫于江湖，兵兴则首聚凶徒，负固于海岛，其罪一也；恐海隅一区，难抗天下全势，诈降于元，坑其参政赵琏，囚其待制孙搗，二也；厥后掩袭浙西，兵不满数万，地不足千里，僭号改元，三也；初寇我边，一战生擒其亲弟，再犯浙省，扬兵直捣其近郊，首尾畏缩，四也；又诈谋害杨左丞，五也；占据浙江钱粮，十年不贡，六也；知元纲已坠，公然害其丞相达实特穆尔，南台大夫布哈特穆尔，七也；恃其地险食足，诱我叛将，掠我边民，八也。凡此八罪……理宜征讨，以靖天下，以济斯民。③

这篇檄文指责张士诚反元、降元都是罪，显得有些强词夺理，看来朱元璋已忘记自己也是靠反元起家的，写得实在不够高明，或以为出自"身在江南，心思塞北"之张昶手笔，④未可定论。

至正二十六年（1366）八月，朱元璋命徐达、常遇春率师20万攻取张士诚

———————————

①《资治通鉴后编》卷一八二。

②〔清〕姚之骃：《元明事类钞》卷五。

③《高帝平伪周榜》，见〔明〕王世贞：《弇山堂别集》卷八五；〔明〕吴宽《平吴录》一卷。

④郝兆矩：《刘伯温评传》，第139页。

腹心地区，先后下湖州、杭州、绍兴、嘉兴等地，至十一月，即对平江形成了包围。

平江被围困了整整10个月，到至正二十七年（1367）九月终于被攻破，徐达、常遇春率师进城。张士诚还想坚持巷战，最后没法坚持了，才下令把户籍图册烧毁，把国库里的金银财宝、绫罗绸缎分给百姓，然后一把火把家人全部烧死，自己上吊自杀。他的气还没断，就被李伯升抱下来交给常遇春送到应天。过了几天，他还是乘人不备自杀了。

早在至正二十六年（1366）十二月，平江已被围，张士诚成瓮中之鳖时，朱元璋眼看新的一年丁未年就要到来，丁未年属羊，童谣"眼看羊儿年，便是吴家国"，既是"吴家国"，就不能再用龙凤年号了。但棘手的问题是：要废掉龙凤年号，就得首先处理掉尚在滁州的小明王才行，也就是说当年刘基曾摆到桌面上来的关于如何处置韩林儿的问题，终于到了非解决不可的时候了。

至正二十六年（1366）年底，朱元璋派廖永忠去滁州迎小明王到应天。如前所述，那时的小明王已被朱元璋玩弄于掌心之中，即便小明王不愿去，也得去。当至瓜步渡江之时，廖永忠趁机将船弄翻，小明王溺水身亡。关于小明王之死，《明史》韩林儿本传是这样表述的：

> 明年（至正二十四年），太祖为吴王。又二年，林儿卒。或曰太祖命廖永忠迎林儿归应天，至瓜步覆舟沉于江云。（卷一二二）

对此，《明史》在廖永忠本传也有记载：

> 初，韩林儿在滁州，太祖遣永忠迎归应天，至瓜步覆其舟死，帝以咎永忠。（卷一二九）

今天看来，这是一个阴谋。要不是朱元璋授意或暗示，廖永忠必不敢害死小明王；洪武八年（1375），朱元璋"恶永忠之不义"，将廖永忠这位有赫赫战功的将领"赐死",也许是为了杀人灭口吧!

近人陈登原一针见血地指出:"瓜步之沉,司马昭之杀曹髦也;永忠之死,司马昭之诛成济也。"①

---

① 陈登原:《国史旧闻》卷四二。

第十三章　弃武归文　立法定制

天下归一

小明王既死，朱元璋正式摆脱了小明王与龙凤年号，于次年，即至正二十七年（1367）开始称吴元年，统一全国的步伐也就大大加快了。

根据"征讨大计"这一既定方针，朱元璋同时进行南征北战。吴元年（1367）九月，即遣朱亮祖、汤和、廖永忠等讨伐方国珍。十月，任命徐达为征虏大将军，常遇春为副将军，率师25万，北取中原。又任命胡廷瑞为征南将军，何文辉为副将军，取福建；杨璟、周德兴、张彬取广西。

4年前（至正二十三年），温州一带周宗道以平阳州归降，那时候是方国珍从子方明善戍守温州。方明善率兵力争平阳地盘，朱元璋的参军胡深出兵将其击败，遂下瑞安，进兵温州。为此，方国珍恐惧，请求朱元璋罢兵，愿以岁输白金3万两为条件，待西吴军攻下杭州，即纳土来归。

吴元年（1367），朱元璋攻克杭州，方国珍则据境自如，非但不守诺言，反而加紧与北方的库库特穆尔以及福建的陈友定联络，图为犄角，并日夜运珍宝、治舟楫，为日后逃归大海作准备。朱元璋闻之，怒甚。是年九月，朱元璋破平江，命参军朱亮祖攻台州，方国瑛迎战败走，随后朱亮祖进克温州。征南将军汤和率大军长驱抵庆元（今浙江宁波），方国珍率所部遁入海中，又为廖永忠水军所败。无奈之下，只好遣子奉表乞降。朱元璋见其表文情辞恳切，遂发恻隐之心，赐书曰：

> 汝违吾谕，不即敛手归命，次且海外，负恩实多。今者穷蹙无聊，情词哀恳，吾当以汝此诚为诚，不以前过为过，汝勿自疑。[①]

方国珍接书后即入朝谢罪，朱元璋面责其过曰："若来得毋太晚乎？"方国珍无言以对，顿首谢罪不已。朱元璋授其广西行省左丞之职，但不给食禄，官数岁，卒于京师，此为后话。

方国珍归降之后，朱元璋水师配合胡廷瑞、何文辉所率之征南大军，水陆并进取福建，其势甚锐，所向披靡。因陈友定辖境与元朝本部隔绝，故孤立无援，未几，福州、建宁即告失守，延平（今福建南平）被围，危在旦夕。

这时，朱元璋和刘基的注意力已转向北方。大都城内，元顺帝依旧醉生梦死，朝廷内部的纷争愈演愈烈。库库特穆尔称霸于河南，与占领山西的博啰特穆尔争夺地盘，火并激烈。元顺帝封库库特穆尔为河南王，统率天下兵马，南下镇压朱元璋，但李思齐、张良弼等结成联盟，不听库库特穆尔指挥，双方打得不可开交，顺帝无奈，只好又下令罢了库库特穆尔的兵权。就在这样的形势之下，朱元璋举行了北伐。由于登基在即，诸多大事都须亲手筹划，所以朱元璋不能亲征，刘基也未随军，但北伐军的组成和北伐的总体作战方案，还是由朱元璋与刘基等人制定的。

北伐军以徐达为大将军，常遇春为副将军，两人才勇相类，时称名将，皆为朱元璋所倚重，又辅以勇冠三军的冯胜、傅友德等为左右翼，这样的配备无疑为北伐军首领集团的最佳组合。徐达治军严明，用兵持重，长于谋略，是朱元璋靠得住、放得下心的一员大将；常遇春有万夫莫敌之勇，摧锋陷坚，所向披靡，但有健斗轻敌之弱点，所以，朱元璋于出师前亲谕之曰："不虑不能战，虑轻战耳"[②]，希望他能改掉这老毛病，并就进取方略作出具体部署。

---

①《明史》卷一二三，《方国珍传》。

②《明史》卷一二五，《常遇春传》。

北伐军所向披靡，攻无不克，很快就攻下了山东全境。朱元璋与刘基等密切注视战局，随时给前方将领以新的指示。北伐军下沂州（今山东临沂）后，刘基等对朱元璋说，"宜大展兵威"，乘胜攻下益都。①这一建议为朱元璋所采纳，他当即遣使命徐达等向益都进军："遣精锐将士于黄河扼其冲要，以断援兵，使彼外不得进，内无所望，我军势重力专，可以必克。如未下益都，即宜进取济宁、济南，二郡既下，则益都以东势穷力竭，如囊中之物，可不攻而自下矣。"②

徐达遵旨自率大军拔取益都，攻克潍州（今山东潍坊）、胶州（今山东胶县）诸州县，济南降。继而取登州（今山东蓬莱）、莱州（今山东掖县），至十二月，山东悉平。南征军亦一路高奏凯歌，降方国珍后，即移师福建，围住宛平，使陈友定插翅难飞，夺取全国性的胜利已不远矣！

应天府城之内，皇宫、祭坛、方丘等重要建筑物业已落成，一应改朝换代的大小事务皆已准备就绪。于是李善长率文武百官劝进，朱元璋谦让再三，而后乃允。遂择吉日良辰祭告上苍，祭文曰：

> 唯我中国人民之君，自宋运告终，帝命真人于沙漠，入中国为天下主，其君父子及孙百有余年，今运亦终。其天下土地人民，豪杰分争。唯臣，帝赐英贤为臣之辅，遂戡定诸雄，息民于田野。今地周回二万里广，诸臣下皆曰生民无主，必欲推尊帝号，臣不敢辞，亦不敢不告上帝皇祇。是用明年正月四日于钟山之阳，设坛备仪，昭告帝祇，唯简在帝心：如臣可为生民主，告祭之日，帝祇来临，天朗气清；如臣不可，至日当烈风异景，使臣知之。③

祭文说："文武百官一定要我当皇帝，说这是民心所向，如此一来，我也就不敢推辞了。皇帝乃天之子也，他是替天行道，所以还得问问天意，我朱元璋

---

① 《资治通鉴后编》卷一八四谓"宜大展兵威"是太史占卜的结果，时刘基为太史令。
② 《续资治通鉴》卷二二十。
③ 《明实录·太祖实录》卷二四。

能不能当皇帝。"所以祭文又说："来年正月初四这天，倘若天朗气清，则表明上苍认可我朱元璋做皇帝；如果有异常天象出现，则说明天意不允。"这样的发誓好像十分悬乎，万一天气不好咋办，难道朱元璋真的就不当皇帝了吗？

其实大家不用担心，朱元璋之所以敢对天发誓，那是因为他有十分的把握，届时天气肯定很好，而这种自信是以刘基天文地理学问的高深造诣为基础的。朱元璋相信，刘基是一心一意想让自己当皇帝的，所以刘基定然能为自己挑得一个好日子。

至正二十八年（1368）正月初四这一天，果然是风和日丽，天意既然如此，朱元璋就不好再推辞了。他再次祭告天地于南郊，祭文曰：

> 唯我中国人民之君，自宋运告终，帝命真人于沙漠，入中国为天下主，其君父子及孙百有余年，今运亦终。其天下土地人民，豪杰分争。唯臣，帝赐英贤为臣之辅，遂戡定采石水寨蛮子海牙、方山陆寨陈埜先、袁州欧普祥、江州陈友谅、潭州王忠信、新淦邓克明、龙泉彭时中、荆州姜珏、濠州孙德崖、庐州左君弼、安丰刘福通、赣州熊天瑞、永新周安、萍乡易华、平江王世明、沅州李胜、苏州张士诚、庆元方国珍、沂州王宣、益都老保等，偃兵息民于田里。今地幅员二万余里，诸臣下皆曰，生民无主，必欲推尊帝号，臣不敢辞。是用以今年正月四日，于钟山之阳，设坛备仪，昭告上帝皇祇，定有天下之号曰大明，建元洪武。[1]

祭毕，朱元璋身穿皇帝衮冕，在众臣僚三呼万岁的颂扬声中登上了皇位，一个新的王朝终于诞生了！

新王朝国号曰"明"，建元洪武。立妃马氏为皇后，世子朱标为太子；以李善长、徐达为左、右丞相，诸功臣进爵有差。之所以定国号为"明"，据说这是刘基的意思。刘基为一个新王朝定国号，必然是经过深思熟虑的。首先，"明"有丰富的内涵：日月为明，《易》即云："日月相推而明生焉。"在远古时代就有

---

① 〔明〕俞汝楫：《礼部志稿》卷五九。

祭祀"大明"的典礼，祭祀的就是太阳、月亮。其次，明是火，象征光明，传说中的金陵就是火神祝融氏的故乡；火赤色，赤者朱也，"朱明"一词，又正好把皇帝的姓氏和国号连在一起，朱元璋当然高兴。

开国之后，明太祖继续南征北讨，全面出击。洪武元年（1368）正月，胡廷瑞攻克建宁，继而汤和攻克延平，俘虏了元平章陈友定，福建平。二月，以汤和提督海运，以廖永忠为征南将军，朱亮祖为副帅，由海道取广东。常遇春攻克东昌，山东平。三月，周德兴攻克全州，邓愈攻克南阳，徐达徇汴梁，左君弼降。四月，朱元璋让李善长、刘基留守应天，自己亲赴汴梁，召集众将领，申明纪律，商议进兵大都事宜。同月，廖永忠师至广州，元守臣何真降，广东平。徐达、常遇春大破元军于洛水北，遂围河南，梁王阿抡降，河南平。七月，廖永忠下象州（今广西象州县），广西平。闰七月，徐达会诸将于德州，从水陆两路沿运河北上，占领长芦（今河北沧州境内），攻克青州，到达直沽，兵锋所向，已直指大都。二十八日夜，元顺帝携三宫后妃、文武百官仓皇北逃。八月二日，徐达大军浩浩荡荡挺进大都，统治中国近一个世纪的元王朝终告灭亡了。

任太史令

自至正二十四年（1364）朱元璋自立为吴王，建百官司属之后，刘基虽仍然参与军机，但已渐次将精力转移到未来国家的制度建设上来。至正二十五年七月，吴置太史监，即以刘基为太史令，这是刘基投奔朱元璋之后所得到的第一个实职。

《明史》卷七四载："明初即置太史监，设太史令，通判太史监事，金判太史监事，校事郎，五官正，灵台郎，保章正、副，挈壶正，掌历，管勾等官。以刘基为太史令。"吴元年（1367），改太史监为太史院，以太史令刘基为院使，秩正三品。

西周、春秋时期，朝廷就设太史一职，掌管起草文书、记载史事、编写史书，兼管国家典籍、天文历法、祭祀诸事，为朝廷大臣。秦汉设太史令，职位渐低。魏晋以后，修史的职责划归著作郎，太史仅掌管推算历法。隋改称太史监，唐又称太史局，宋则有太史局、司天监、天文院诸名称，至元朝则改称为太史院，与司天监并立，但推步测算之事皆归太史院，司天监仅余空名而已。

明初太史监的主要职责，是掌管察天文、定历数、占侯、推步之事，凡日月、星辰、风云、气色变化之预测，皆在其职责范围之内。在朱元璋看来，太史监令一职非刘基莫属，手下诸臣的阴阳术数之学无人能与刘基相比。自刘基来归之后的数年间，凡其所预测的大小之事，可以说无不应验，用朱元璋的话来说，那就是刘基"一二年间以天道发愚，所向无敌"①，所以，刘基任此职是顺理成章的事。黄伯生《行状》和《明史》本传都记载了刘基在阴阳术数方面的神奇之处。刘基任太史令后，最重要的是做了下面几件大事：

一是定历法。刘基上任之初，即着手为未来的新王朝定历法。初稿撰成，刘基率其属高翼以录本进呈朱元璋审阅。朱元璋览毕，问刘基："此众人之为乎？"刘基回答："是臣二人详定。"朱元璋指示："天象之行有迟速，古今历法有疏密，苟不得其要，不能无差。春秋之时，郑国为一辞命，必裨谌草创，世叔讨论，子羽修饰，子产润色，然后用之，故少有缺失。辞命尚如此，而况于造历乎？卿等推步须各尽其心，必求至当。"②刘基等顿首而退，以所录再加详校。至吴元年（1367）十一月冬至日，刘基上《大统历》4卷，朱元璋遂定明年即洪武元年（1368）刊行天下。③洪武元年，岁次戊申，故名其为《戊申大统历》。

《明史》卷三一云："黄帝迄秦，历凡六改。汉凡四改。魏迄隋十五改。唐迄五代十五改。宋十七改。金迄元五改。唯明之《大统历》，实即元之《授时》，承用二百七十余年，未尝改宪。"也就是说，《戊申大统历》基本上是元朝《授时历》的翻版，所不同者，《大统历》申述了立法之原，以补前者之未备。

刘基极为精通天文、历法之学，此次为新王朝定历法，又何以要沿袭元朝的《授时历》呢？《授时历》为元朝郭守敬、王恂、许衡所创制，至元十八年

①〔明〕朱元璋：《御诔书》，成化本《诚意伯刘先生文集》卷之一。

②〔明〕俞汝楫：《礼部志稿》，卷八八。

③《资治通鉴后编》卷一八四。

（1281）开始实施。它应用弧矢割圆术来处理黄经和赤经、赤纬之间的换算，并用招差法推算太阳、月球和行星的运行度数，以365.2425日为一年，29.530593日为一月，精确度很高。推算节气的方法是将一年的二十四分之一作为一气，以没有中气的月份为闰月。它正式废除了古代的上元积年，而截取近世任意一年为历元，所定的数据全凭实测，从而打破古来制历的习惯，是我国历法史上的第四次大改革。正因为如此，刘基等人认为《授时历》并未过时，宜于沿用，故有明近300年间，并未改历。

二是卜地筑新宫并参与规划建康城的拓建。早在至正十五年（1355），朱元璋克太平路，耆儒陶安就曾进言："金陵帝王之都，龙蟠虎踞，可据形势，以临四方"①，朱元璋听后大悦。大概从那时开始，朱元璋便设想有朝一日打下天下，即以金陵为京城。至正十六年三月，朱元璋克金陵，改集庆路为应天府，此后，金陵即成为朱元璋政治军事集团的中心腹地。到至正二十六年，全国局势已非常明朗，朱元璋登上皇位是迟早的事，建康城的拓建、皇宫的选址诸事宜就自然而然地提上了议事日程。当年八月，刘基承朱元璋之命，着手上述工作。

为什么朱元璋会把城建工作交给刘基呢？因为刘基懂风水，而朱元璋又笃信风水。风水是我国古代的一种文化现象，包含丰富的内容，不能简单地把它与迷信画上等号。当今学术界就有人认为风水是古代人们对居住环境进行选择和处理的一种学问，是集天文学、地理学、环境学、建筑学、规划学、园林学、伦理学、预测学、人体学、美学于一体，综汇性极高的一门学问。②这项工作非刘基莫属。

吴王宫原为江南行御史台的衙门，当作皇宫则未免过于寒碜。刘基在府城东隅钟山之阳，所谓钟山"龙头"之处，为朱元璋相中了新皇宫的宫址。从秋八月开始设计至冬十二月完成设计，方案呈朱元璋审阅，朱元璋命将宫室雕饰绮丽之处去除。根据朱元璋的修改意见，年底即破土动工，仅用了一年时间，

---

① 乾隆《江南通志》卷一。

② 楼庆西：《中国古建筑二十讲》，三联书店2001年版，第299页。

主体工程即告竣工。

《资治通鉴后编》卷一八三载："八月庚戌朔，吴拓建康城。初，旧城西北控大江，东尽白下门，距钟山既阔远，而旧内在城中，因元南台为宫，稍卑隘。王乃命刘基等卜地，定作新宫于钟山之阳，在旧城东白下门之外二里许，增筑新城，东北尽钟山之阳，延亘周围凡五十余里。规制雄壮，尽据山川之胜焉。"

关于皇宫的选址和建康城的拓建，《剪烛丛编》载逸闻一则：

> 高皇帝建都金陵，命刘诚意相地，筑前湖为正殿。基业已植桩水中，上嫌其逼，少徙于后，诚意见之，默然。上问之，对曰："如此亦好，但后不免迁都之举。"时金陵城告完，高皇帝与诚意视之曰："城高若此，谁能逾之？"诚意曰："除非燕子能飞入耳。"其意盖为燕王也。高祖又问诚意国祚短长，诚意曰："国祚悠久，万子万孙方尽。"后泰昌，万历子；天启、崇祯、弘光皆万历孙，果符其谶。

上述记载只能把它看作一种传说，不可信以为真，后世托名伪作之《烧饼歌》盖源于此，[1]但新宫卜址于"前湖"则为事实。

刘基卜选宫址在做法上与古代占卜都城惯常使用的堪舆术是相悖的：新宫基址选在湖泊之中，可谓史无前例，此其一也；将朱元璋的宫室卜于城垣东隅，也有违古制，此其二也。之所以如此，是因为刘基得到了朱元璋的授意，如此安排"不仅弥补了建都南京时客观存在的一些缺憾，还将自己打扮成'国之中土'的洞察秋毫的'天神'和'奉天承运'的'真命天子'，真可谓用心良苦"。[2]

新皇宫确乎气象雄伟，朴素庄严。宫城，俗称紫禁城，正方形设计。城之周围，东北以古青溪、西南以新开御河（今称明御河）沟通为护城河。城开六

---

[1]《烧饼歌》预测明、清两代近600年间重大政变，毫发不爽，为后世托名伪作无疑。篇中云："帝曰：'朕今都城筑坚守密，何患之有？'基曰：'臣见都城虽属巩固，防守严密，似觉无虞，只恐燕子飞来。'""帝即问以天下后世之事若何，基曰：'茫茫天数，我主万子万孙，何必问哉！'"

[2] 杨国庆：《明南京城墙设计思想探微》，《东南文化》1999年第3期。

门：正南曰午门，其左曰左掖门，其右曰右掖门，东曰东安门，西曰西安门，北曰北安门。其内建筑，分中、东、西三路。中路建有奉天、华盖、谨身三殿，称作"前朝"。奉天殿，俗称"金銮殿"，用于皇帝登基等各种庆贺大典；用于帝、后日常办公与居住的乾清、坤宁二宫，称作"后廷"。前后相合，即所谓"朝廷"。东路建有文华殿、文楼、东六宫等殿宇；西路建有武英殿、武楼、小六宫、御花园等建筑。

宫城之外，建有一圈城，称皇城，合此二城，称作"皇宫"。皇城亦开六门：正南曰洪武门，其东侧曰长安左门，西侧曰长安右门，东曰东华门，西曰西华门，北曰玄武门。在洪武门至午门的千步廊上，还建有承天门、端门。于皇城之内、宫城之外，东南建有太庙，西南建有社稷坛等殿宇建筑。

在建成新宫的同时，刘基还帮助朱元璋规划了建康城的拓建工程。

我国古代都会之城建，历来取方形，这几乎已成古制，在金陵建都的历朝城池也不例外。而朱元璋所建之建康新城却不拘泥古制，它在南唐古城的基础之上，利用其东、西两段城垣加固、加高，进而扩建，把古城之外的卢龙山（狮子山）、鸡笼山（北极阁）、覆舟山（小九华山）、龙广山（富贵山）、马鞍山诸山，尽圈入城，整座都城充分利用山脉、堤坝、湖泊、河流的走向而建，其形状非方非圆，极尽自然之势；又利用宽阔的秦淮河与玄武湖连接，作为护城河，使其"高、坚甲于海内"，成了据可守、进可攻的坚固城池。新城城垣周围六十七里余，高、厚度因地势而异，最高地段达十二丈，一般在二丈八尺；最宽处达五丈，一般在八尺至二丈左右。"东尽钟山之南岗，北据山控湖，西阻石头，南临聚宝，贯秦淮于内"，上建雉堞13616个、窝棚200座，堪称世界第一大古城。

当时的金陵新城，除将古城内门、大西、水西三门分别更名为聚宝门（今中华门）、三山门（今水西门）、石城门（今汉西门）并加以扩建之外，还增开了十个城门，正阳（今光华门）、通济、太平、神策（今和平门）、金川、钟阜、朝阳（今中山门）、清凉、定淮、仪凤（今兴中门），共计十三门。所有城门之上都建有城楼（又称敌楼）；每门都有木门、千斤闸（又称闸门）各一道。重要城门都建有一道至三道瓮城及数个至数十个不等的藏兵洞。所以，明朝的南京不愧为华夏之奇观。

当然，南京城建并非在一两年间就大功告成的，朱元璋前后征调20万匠户，历时21年，才建成了这座气势恢宏的明朝皇城。但总体设计早就定下，刘基对此功不可没。

升迁乌台

吴元年（1367）十月，朱元璋敕礼官分别于安庆、九江为元右丞余阙、江州总管李黼等树碑立祠，岁时祀之。

余阙、李黼皆为元朝廷忠臣，并为之死节，朱元璋何以要为他们立祠祭祀呢？其实道理非常简单，因为任何一个朝代的执政者都希望臣子们能尽忠于己，朱元璋即将登基，给余阙、李黼树碑立祠，其真正用意显然是给他自己的臣子们树立榜样，希望他们都能恪尽职守，做个忠臣。

余阙是刘基的同年，为余阙立祠，理应前往，但史书没有记载，不敢妄断。今见清人徐釚《词苑丛谈》卷八录刘基凭吊余阙词作一首，兹转录于次：

沁园春

生天地间，人孰不死，死节为难。羡英伟奇才，世居淮甸。少年登第，拜命金銮。面折奸贪，指挥风雨，人道先生铁肺肝。平生事，□扶危济困，拯溺摧顽。　清名要继文山。使廉懦闻风胆亦寒。想孤城血战，人皆效死。阖门抗节，谁不辛酸。宝剑埋光，星芒失色，露湿旌旗也不干。如公者，□黄金难铸，白璧谁完。

此词写得慷慨激昂，其对同年好友的崇敬之情溢于言表。昔日文天祥过张、许二公庙，作《沁园春》，词旨壮烈，清人王奕清认为刘基此词可与文天祥同题之作相匹。[1]

----

[1] 〔清〕王奕清：《历代词话》卷一〇。当今学界也有人认为刘基此词系明人伪作，详见吕立汉、李飞林主编：《刘基文化论丛》（2），延边大学出版社2007年版。

也就在这个时候，吴设置了御史台。御史台以汤和、邓愈为左、右御史大夫，刘基、章溢为御史中丞，刘基仍兼太史院院使。御史台左、右御史为从一品，御史中丞为正二品。

御史台掌"纠察百官善恶，政治得失"①，是我国古代的监察机关，西汉时开始设置，当时称御史府，其长官为御史大夫。东汉光武帝时以御史中丞为长官，时称宪台，亦称御史台，别称乌台。唐代一度改称肃政台，旋复旧称，此后即相沿不改，所以，到明初仍称御史台。但到后来则改称为都察院，清沿袭这一名称，御史台之名遂废。

从明初御史台职官配置分析，其左、右御史大夫皆为行伍出身，而且当时战争尚未平息，汤和、邓愈都还在前线带兵打仗，所以，当时真正履行御史台职责的是刘基和章溢。从这个角度去看，朱元璋对刘基、章溢等人还是重用的。上任伊始，朱元璋谕曰："国家所立唯三大府，总天下之政。中书，政之本；都督府，掌军旅；御史台，纠察百司，朝廷纪纲，尽系于此。其职实为清要，卿等当思正己以率下，忠勤以事上，毋徒拥虚位而漫不可否；毋委靡因循以纵奸养恶；毋假公济私以伤人害物。《诗》云：'刚亦不吐，柔亦不茹。'此大臣之体也，卿等勉之。"②

国家机器的健全，是司法行政的基础。但所谓的"司法"首先得做到有"法"可司，因此，法制建设便刻不容缓。黄伯生《行状》谓刘基任太史令期间，逢大旱之年，"上命公谳（审）滞狱，凡平反出若干人，天应时雨，上大喜。公因奏请立法定制，上从之"。刘基及时地将"立法定制"提到了朱元璋的议事日程上来，并得到了后者的首肯，这说明刘基治国安邦之方略确实高人一筹。

不久，朱元璋即命中书省定律、令，以李善长为总裁官，参知政事杨宪、傅瓛，御史中丞刘基，翰林学士陶安等人为议律官。朱元璋谕之曰："法贵简当，使人易晓，若条绪繁多，或一事两端，可轻可重，吏得因缘为奸，非法意也。夫网密则水无大鱼，法密则国无全民，卿等悉心参究，日具刑名条目以上，

---

①《元史》卷八六。

②《资治通鉴后编》卷一八四。

吾亲酌议焉。"①

　　朱元璋所言是针对元朝法律的弊端而说的。元朝的法制没有采用传统的以法典为主的形式，而是以单行法规、法规汇编为法制主体，导致法律条文过于繁缛，不仅普通百姓无法理解，甚至司法官员也难以全部掌握，如此一来，倒是为那些贪官污吏图谋不轨提供了方便，所以朱元璋在立法之初就定下了一条基本原则，即法贵简、严。法律简明，官吏就难以作弊；法律严厉，百姓就不敢轻易犯法。

　　法律上的"简"，是指法律要简单明了，少用或不用普通人听不懂的法律术语，让人一听就懂；用朱元璋的话来说，就是要使"所定律令，芟繁就简，使之归一，直言其事，庶几人人易知而难犯"②。同时，"简"也是指法律的条文不要太多，要突出重点，着重打击危及统治秩序的重大犯罪，"网密则水无大鱼，法密则国无全民"。

　　法律上的"严"，是指法律要严厉处罚重罪，尤其是严重影响统治秩序的犯罪行为，必须予以严惩，从而达到民众不敢轻易触犯刑律的目的。

　　在唐朝初年，统治者强调法律应宽大简明，简明是以宽大为前提的，但明初的统治者却以严厉为简明的前提，这反映了明初专制统治的加强。在这一点上，刘基与朱元璋的看法是一致的。以朱元璋为首的明初统治集团普遍认为：元末社会动荡的主要原因是宋、元两朝的政治过于宽纵、姑息，因此有必要援引儒家传统的"刑乱国用重典"的理论，以法制加强镇压。朱元璋在洪武四年（1371）八月写给刘基的信中就说："胡元以宽而失，朕收平中国，非猛不可。"③加强法制，是刘基的一贯主张。早在投奔朱元璋之前，刘基就认为元季致乱的重要原因之一是纲纪不振、法律松弛。他在组诗《感时述事十首》其七中指出："虞刑论小故，夏誓珍渠魁。好生虽大德，纵恶非圣裁。官吏逞贪婪，树怨结祸胎。法当究其源，剪锄去根荄。"（卷之七）像方国珍之类的"首恶者"，就是要严惩不贷，用他的话说，就是"牧羊必除狼，种谷当去草"（卷之

---

①《明史》卷九三。

②〔明〕黄训：《名臣经济录》卷四五。

③《皇帝手书》，见成化本《诚意伯刘先生文集》卷之一。

七《从军诗五首送高则诚南征》其四）。所以，当刘基入乌台任御史中丞之后便及时献言："宋、元以来，宽纵日久，当使纪纲振肃，而后惠政可施也。"（《行状》）朱元璋十分赞同刘基的观点。

在朱元璋的亲自过问下，李善长、刘基等人仅用短短的两个多月时间，就将律、令制定完毕。这是有明一代法典的雏形，其中的"律"，史称《吴元年律》；其中的"令"，则称之为《大明令》。

《吴元年律》，没能流传下来，只知道这部律书以朝廷六部分篇，有吏律18条、户律63条、礼律14条、兵律32条、刑律150条、工律8条，共计285条。

《大明令》也按六部分篇，有吏令20条、户令24条、礼令17条、兵令11条、刑令71条、工令2条，共计145条。这部令典是唯一一部保存至今的古代令典，也是中国法制史上最后一部以"令"为名的法典。

《吴元年律》《大明令》成书之际，朱元璋唯恐百姓不能周知，遂命大理卿周桢等取所定律、令，除礼乐、制度、钱粮、选法之外，凡民间所行事宜，类聚成编，训释其义，颁之郡县，名曰《律令直解》。朱元璋览其书曰："吾民可以寡过矣。"

在《吴元年律》《大明令》的基础上，于洪武六年（1373）制成《大明律》，后又几经修订，于洪武三十年正式颁行。《大明律》条理简于《唐律》，精神严于《宋律》，是中国法制史上极其重要的一部法典。

御史中丞是刘基仕明之后所担任的最高实职，刘基将其任职诰诏妥为珍藏，其后代还将其附录于刘基文集。《御史中丞诰》曰：

奉天承运，皇帝圣旨：太史公之职，天下欣闻；中执法之官，台端清望。唯亲信之既久，斯倚注之方隆。前太史令兼太子率更令刘基，学贯天人，资兼文武，其气刚正，其才宏博。议论之顷，驰骋乎千古；扰攘之际，控驭乎一方。慷慨见予，首陈远略，经邦纲目，用兵后先，卿能言之，朕能审而用之，式克至于今日，凡所建明，悉有成效。且栝苍为卿乡里，地壤幽遐，山溪深僻，承平之世，民犹据险，方当兵起，乘时纷纭。原其投戈向化，帖然宁谧，使朕无南顾之忧者，乃卿之嘉谟也。若夫观象视祲，特其余事。天官之署，借重老成，以至谳狱审刑罚之中，议礼新国朝之制，运筹决胜，功实茂焉。乃者肇开乌府，丞辅需贤，断自朕衷，居以崇秩，清要得人，于斯为盛。於戏！纪纲振肃，立标准于百司；耳目清明，为范模于诸道。永绥福履，光佐丕图。可资善大夫、御史中丞、兼太子赞善大夫，宜令刘基准此。

此诰文下于洪武元年（1368）三月，而刘基实际上担任此职已近半年，大致可以理解为是新王朝宣告成立后的"正式任命"吧。诰文对刘基的才学、人品作出了精辟概括，对其军事谋略、经邦良策予以充分肯定，并特别指出了他在稳定处州局势上所起的重要作用。①诰文中有一句话很值得我们注意：谓刘基的观象视祲，仅"余事"而已，这也说明了朱元璋心目中的刘基并非只是一个"风水先生"，其重要贡献还在于他的"运筹决胜"。如今，大局已定、帝业将成，朱元璋把刘基安置在御史中丞这个职位上，表面上看，不能不说是对刘基的重用。

对此，刘基本人看来也是满意的，不仅仅是满意，而且还有些激动，他可能觉得大干一番事业的时机终于到了！

更让他激动的是：当时刘基好友御史中丞章溢奏定处州七县税粮，比宋制亩加五合，朱元璋特命青田县粮止作五合起科，余准所拟，且曰："使伯温乡里子孙世世为美谈也。"②

刘基是一个血性男儿，又向来以儒士自居，滴水之恩，当以涌泉相报的古训他是知道的。所以他要报朱元璋的"知遇之恩"，同时也身体力行，以实现心目当中的理想王国。但事实说明，他把问题想得太简单了，而把问题想得过于简单的根本原因还在于他没从骨子里去认识朱元璋到底是怎样的一个人！

---

①其实处州局势的安定，对于朱元璋的意义远不止于"无南顾之忧"。刘辰《国初事迹》谓："太祖克处州，宣谕百姓曰：'我兵足而食不足，欲加倍借粮，候克浙江，乃依旧科征。'"宋濂《御史中丞章公神道碑》也说："处州之粮，一万三千石有奇。后以军兴，加征至十倍。"又据宋濂《王府参军胡公神道碑》等史料，胡深、章溢旧部数万人，在刘基等人出山后，也集送其部，以听调用。正如周松芳在其博士学位论文《刘基研究》中所云："在后来与陈友谅等的决战中，如果没有处州士大夫提供的物力、人力、智力上的支持，成败尚难逆料。"

②参见〔明〕黄伯生《行状》、《明史》卷一二八《刘基传》等。

朱元璋经过那么多年的历练，已经成了十分老练的善于玩弄权术的政治家，在如何用人上自有他一套独特的办法。当时朝廷形成了两个集团：以李善长为首的淮西官僚集团和以刘基为首的江南文人集团。前者为朱元璋打天下出生入死，赴汤蹈火，在所不辞，自然是朱元璋政权得以维系的核心力量，但这些功成名就的元老们在战争岁月中都逐渐形成了各自的势力范围，他们飞扬跋扈，不可一世。这种现象若得不到遏制，势必影响到国家的长治久安，朱元璋正是出于这方面的考虑，才把刘基等人安放在御史中丞的位置上，借以挫挫淮西官僚集团的锐气。而以刘基为首的江南文人集团一旦真的与淮西官僚集团较起劲来，则明显处于劣势，终将陷入四面楚歌的境地，到头来则是两败俱伤，这样的局面大概是朱元璋最乐意看到的，只有如此，他才能牢牢地把大权独揽手中，后来的事实也证明了这一点。

当时朝廷流行着"杀运三十年"的说法，刘基不以为意，他慨然宣称："使我任其责者，扫除弊俗，一二年后，宽政可复也。"（《行状》）这说明当时的刘基确实雄心勃勃，想继续干一番大事业。《明史》刘基本传称其于任职期间"令御史纠劾无所避，宿卫宦侍有过者，皆启皇太子置之法，人惮其严"。《明史纪事本末》卷一四说得更为具体："基素刚严，凡僚吏有犯，即捕治之。宦者监工匠不肃，启皇太子捕置法；宿卫、舍人弈棋于直舍，按治之，人皆侧足立。"《明实录·太祖实录》卷四三也有相同记载。

刘基执法之严自然会得罪不少权贵，这跟他此后不久即激流勇退、告老还乡，无疑是有直接的联系。洪武元年（1368）四月，朱元璋北巡汴梁，命李善长、刘基留守京师。中书省都事李彬因贪纵犯法，罪当死，刘基依法奏斩李彬。李彬素附李善长，李善长请缓其狱，刘基不听，仍遣人驰奏请诛李彬，朱元璋准其奏。时值大旱，李善长等正张罗祈雨事宜，就在这个时候，诛斩李彬的批文已到。李善长曰："今欲祷雨，可杀人乎？"刘基怒曰："杀李彬，天必雨！"遂斩李彬。李善长因此与刘基结怨。①

---

① 参见《明史》卷一二八《刘基传》、《明史纪事本末》卷一四。又《明史·李善长传》："时李善长以天旱祈雨不宜杀人为由阻止，刘基愤然曰：'周饥克殷而年丰，卫旱伐邢而雨，杀李彬，天必雨。'李善长怒极而诬。"

大明王朝建立之初，刘基还秘密献上一计，在军队当中实施军卫法。黄伯生《行状》云："洪武元年正月，上登大宝于南郊，公密奏立军卫法，外人无知者。"《钦定续文献通考》卷一二八载："明太祖洪武元年，以刘基言，立军卫法，遂为一代定制。"《明史》刘基本传等亦有类似记载。作为一个依靠武力征服天下的皇帝，军队是保证国家长治久安的强大支柱，朱元璋自然十分重视军队建设，在这一点上，君臣间亦可谓一拍即合。

军卫法的基本内容为："自京师达于郡县，皆立军卫。大率以五千六百人为卫，一千一百二十八人为一千户所，一百一十二人为一百户所。设总旗二名，小旗十名，管领钤束，通以指挥使等官领之，大小相维，以成队伍。抚绥操练，务在得宜。有事征伐，则诏总兵官佩将印领之，既旋，则上所佩印于朝廷，军士则各归其卫，而大将军单身还第，其权皆出自朝廷，不敢有所擅调。"①

卫所兵制的本质特征是"将不专军，军不私将"，刘基与朱元璋之所以想到这一点，除吸取了历代王朝军政管理的经验教训之外，其实也还有现实的原因。这就是谢再兴投敌与邵荣、赵继祖相继谋叛两个事件。

谢再兴是淮西旧将，朱元璋亲侄朱文正的岳父。当时正守诸全，与张士诚绍兴守将吕珍对垒。如前所述，在至正二十二年（1362）三月，张士诚乘朱元璋金华、处州苗军叛变之际，以张士信统万余人围攻诸全，谢再兴曾苦战29日，大败张士信。可是不久，谢再兴却投降了张士诚，消息传至，朱元璋大吃一惊！原来，谢再兴的两个部将派人带违禁物到扬州贩卖事发，朱元璋怕泄露军机，便杀了他们，并把尸首挂在谢再兴的厅堂上以示警告。谢再兴以为这是对他的羞辱。没过多久，朱元璋又擅作主张，将谢再兴次女嫁给徐达。接着，又另派参军李梦庚节制诸全军马，谢再兴成了副将。这几件事凑在一起，便让谢再兴忍无可忍，一气之下，竟执李梦庚投降于吕珍。朱元璋得到消息后，怒不可遏，说："谢再兴是我亲家，反背我降张氏，不可恕！"

邵荣、赵继祖皆骁勇善战，从朱元璋南征北战，屡建功勋。邵荣于至正十八年（1358）和徐达攻克宜兴，十九年大破张士诚军于余杭，攻湖州大败李伯

---

① 乾隆《浙江通志》卷九〇引《钦定续文献通考》。

升，二十一年三月以战功从枢秘院同知升为中书平章政事，地位在大将军常遇春之上。二十二年（1362），邵荣统兵平定处州苗军叛乱，回师应天不久，竟与参政赵继祖密谋诛杀朱元璋。对此，《资治通鉴后编》卷一八〇作如下记载：

> 自平处州还，遂骄蹇有觊觎心，常愤愤出怨言。部将有欲告之者，荣不自安，与继祖谋俟间作乱。至是，公阅兵三山门外，荣与继祖伏兵门内，欲为变。会大风卒发，吹旗触公衣，公异之，易服从他道还。荣等不得发，遂为部下士宋国所告。公召荣等面诘之，俱伏，曰："死而已！"公不欲即诛，幽于别室，谓诸将曰："吾不负荣，而所为如此，将何以处之？"常遇春曰："荣等一旦忘恩义，谋为乱逆，主公纵不忍杀之，遇春等义不与之俱生。"公乃具酒食饮食之，涕泣与诀，皆就刑。

邵荣谋叛，朱元璋百思不得其解，问曰："我与尔等同起濠梁，望事业成，共享富贵，为一代之君臣，尔如何要谋害我？"邵荣答曰："我等连年出外，取讨城池，多受劳苦，不能与妻子相守同乐，所以举此谋。"[1]原来，朱元璋曾规定："与我取城子的总兵官，妻子俱要在京住坐，不许搬取出外。""将官正妻留于京城居住，听于外处娶妾。"其初衷是想以此为牵制，让将官在外有后顾之忧，不至于谋叛投了敌，然而适得其反，邵荣等正因此而谋叛，这就迫使朱元璋要进一步去考虑如何控制军队的问题。

可以这么说，刘基所奏立的军卫法，从根本上解决了军控问题，进一步加强了中央集权，是刘基对大明王朝制度建设的一大贡献。对此，《明史》卷八九如是云：

> 明以武功定天下，革元旧制，自京师达于郡县，皆立卫所。外统之都司，内统于五军都督府，而上十二卫为天子亲军者不与焉。征伐则命充总兵官，调卫所军领之。既旋，则将上所佩印，官军各回卫所，盖得唐府兵

---

[1]《明实录·太祖实录》卷一一。

遗意。

当代史学家如是评："今唯由明之卫所军以窥见唐之府兵，且知明与唐之初制，其养兵皆不用耗财，而兵且兼有生财之用，兵制之善，实无以复加。"又云："明之初制，无军不屯。此卫所之根本制度，亦即府兵之根本制度也。"①由此可见，明代的军卫制与唐代的府兵制一样，在军事史上有着很高的地位。

---

① 孟森：《明清史讲义》（上），中华书局1981年版，第42页。

第十四章　君臣生隙　功成身退

触怒龙颜

朱元璋自洪武元年（1368）四月自京师赴汴梁，直至闰七月还京。《明实录·太祖实录》卷三四载：因李彬事，"及上还，怨基者多诉于上前。善长亦言基专恣，语颇切"。这时的朱元璋还算是主持公道，并不偏信一面之词，倒是对李善长等人的肆无忌惮、为所欲为颇有看法，并由此提高了警惕，但刘基却已经预感到新王朝官场的险恶了，并因此萌生了激流勇退的念头。

八月，京师旱情不减。朱元璋因此焦虑并向诸臣求言，刘基奏曰："士卒物故者，其妻悉处别营，凡数万人，阴气郁结。工匠死，胔骸暴露。吴将吏降者皆编军户，足干和气。"①以往，刘基凭着卓越的天文地理知识，为他人不知做了多少好事。如吴元年（1367），同样是老天久旱不雨，刘基"请决滞狱"，朱元璋即命刘基平反，"雨随注"。②这次，刘基仍想借此做些好事，在他看来，将数万阵亡将士的遗孀集中于"寡妇营"，不准其改嫁，这实在不人道；工匠是因公殉职，理应及时丧葬；张士诚的降将、降吏也应该予以宽大处理，以显王者的宽宏大量。朱元璋准奏。古语云：智者千虑，必有一失。"寡妇营"中的寡妇是得到解救了，殉职工匠也不再做孤魂野鬼，由东吴投诚过来的将吏也得到了

①②《明史》卷一二八，《刘基传》。

宽恕，可过了十来天，老天仍不下雨！这可让朱元璋大动肝火，怒斥道："刘基还乡为民，御史按察司官俱令自驾船只发汴梁安置！"①

杨讷认为："刘基所言三事，无疑都是应该改正的。他之触怒朱元璋，实际上同雨不雨无关，而是因为三件弊政中至少有两件是朱元璋本人造成的。"②即阵亡将士遗孀集中居住寡妇营，张士诚部属概予充军。这三件事刘基平常就看在眼里，只是找不到发话的由头，现在借着祈雨的机会就直说了。这无疑触犯了朱元璋，但为祈雨，朱元璋不能拒谏，因此准奏，按刘基的意见一一照办。可老天不作美，没有成全刘基的良苦用心，反倒给了朱元璋发泄报复的机会，非但刘基被削职，还殃及御史台一众官员。

刘基被朱元璋削职还乡为民，《明史·太祖本纪》亦有记载，谓洪武元年（1368）八月，"御史中丞刘基致仕"。"致仕"是官员退休的意思，也就是通常人们所说的"告老归田"。但刘基真正的"致仕"还要过好几年。对此，徐朔方先生认为"或本为致仕，后乃改为预告"③，是说得通的。

就在此时，又传来了二夫人陈氏逝世的噩耗，这让刘基找到了一个能够马上离开这是非之地的借口。这在《明史·刘基传》亦有记载，谓刘基借祈雨建言"三事"，帝纳其言，而旬日过后仍不雨，帝怒甚。"会基有丧，遂请告归。"刘基被遣返之时，适逢妻子病丧，这是事实，但绝非刘基还乡的真正原因，其真正的原因是触怒龙颜。

临别之际，刘基又向朱元璋进言："凤阳虽帝乡，然非置都之地。王保保虽可取，然未易轻也。愿圣明留意焉。"（《行状》）刘基说这话是有针对性的。临濠为朱元璋的出生地，当时朱元璋正拟置中都于故里。临濠既非经济中心，亦非文化中心，地理形势、交通条件皆无优势可言，建都于此无非能满足朱元璋本人的虚荣心而已，弄不好，还会给世人落下个类似项羽"沐猴而冠"的笑柄。而事实上，朱元璋并没采纳刘基的建议，他于洪武二年（1369）九月果真建中都于临濠，并置留守司于此。可见当时刘基的话说得不合时宜。

---

① 〔明〕刘辰：《国初事迹》。

② 杨讷：《刘基事迹考述》，北京图书馆出版社2004年版，第122页。

③ 徐朔方：《刘基年谱》稿本。

王保保即库库特穆尔，他是察罕特穆尔的养子，为当时元军主力部队的总指挥。洪武元年（1368）闰七月，徐达、常遇春率师北伐，相继克德州、通州，元顺帝弃京城北走上都，徐达率部从顺利占领元都，元王朝至此灭亡。是时，以王保保为首的元军主力正集结于山西太原，并未受到重创。朱元璋正拟乘胜追击，一举而歼灭之。刘基则以为王保保是一个极难对付的军事对手，不可轻视。一旦逼急了，让王保保率元军遁入浩瀚的沙漠地带，则有如放虎归山，一年半载都奈何不了他。事实证明刘基的判断是正确的。是年八月，徐达克太原，王保保率残部败走甘肃。洪武三年，徐达总兵与王保保大战于沈儿峪，王保保虽遭重创而败走和林（即哈剌和林，元朝岭北行省首府，在今蒙古国境内），但还是没有从根本上解决问题。洪武五年，朱元璋复遣徐达、李文忠、冯胜率15万大军分道出塞取王保保，其结果是大败而归，死者数万人。直到此时，朱元璋才想起了刘基的忠告，他对晋王说："吾用兵未尝败北。今诸将自请深入，败于和林，轻信无谋，致多杀士卒，不可不戒。"①此后，对王保保的用兵就非常谨慎了。话虽如此，可在当时朱元璋急于尽快统一整个中国且用兵十分顺利的情势下，刘基的忠言显然是逆耳的。而对刘基来说，他大概是想在自己离职之前，最后再尽一份职责吧。

八月初九日，刘基怀着落寞的心情，沉重地踏上了还乡之路，途中赋诗颇多。其《客路》诗云：

> 客路秋风里，扁舟夕照时。渚鸿鱼复阵，江树井陉旗。
> 衰朽嗟谁与？愚蒙荷帝慈。山中牧羊子，岁暮尔相期。（卷之十五）

"牧羊子"是指宋濂。诗中流露出愿与宋濂一道隐居山里安度晚年的期待，这是他屡遭政治挫折之后的心境反映。需要说明的是，宋濂与刘基等同至金陵后，于至正二十五年（1365）归省，后又丁母忧于乡，直到洪武元年（1368）之某月返回京师，并于是年闰七月二十九日，与朱元璋论为君之道。不知何故，此

---

①《明史》卷一二四。

后又回到了金华或浦江。直至当年的十二月，因诏修《元史》才返回京城。这次刘基被遣返还乡，宋濂很有可能同行，同行者可能还有时任漳州府通判的王祎。

三人同行至金华，与好友宋濂依依惜别。分别后，又有《寄宋景濂四首》作于途中。其一云：

> 有美一人兮在山中。苍眉黑须兮玉雪其容。饮沆瀣兮食紫虹。澡石泉兮洒清风。邀初平兮从赤松。超逍遥兮乐无穷。安得羽翼兮致我与同？（卷之十五）

这首诗就更能反映出刘基当时心灰意冷的消极心态了。

尤值一提的是《旅兴五十首》。这一大型组诗大半作于此行途中，比较真实地反映出了刘基这一时期厌恶官场、明哲保身的心境。宋濂、王祎皆有唱和之作存世。[1]该组诗其五云：

> 傲福非所希，避祸敢不慎？富贵实祸枢，寡欲自鲜吝。
> 疏食可以饱，肥甘乃锋刃。探珠入龙堂，生死在一瞬。
> 何如坐蓬荜，默默观大运？（卷之十五）

从诗中视富贵为"祸枢"、肥甘为"锋刃"的见解，已然可感其心境的极度不佳。"荣名非我愿，守分敢求余？"（其一）"荣名何足言？息心以为宝。"（其五十）"悼往恨节促，待来患时迟。"（其七）"壮心萧索尽，思念恒苦多。"（其二十八）诸如此类充满感伤情调的诗句于组诗中俯拾皆是。"探珠入龙堂，生死在一瞬"，还流露出对自己过往追求功名事业的后悔之意。

途经处州，与族侄宗文[2]小叙契阔之情，并作诗《鸡鸣一首赠宗文侄》，中

---

[1] 宋濂：《和刘伯温秋怀韵》二十二首，见宋濂《萝山集》，日本国立公文书馆藏；王祎：《次韵刘先生古诗》十首，见王祎《王忠文集》卷一。

[2] 刘基《菜窝说并序》："彬字宗文，少好学有识而未用，其居在处州府城之东门。"（卷一五）

有句云：

> 朝露白如玉，我不敢躅，恐湿我足。夕露光如珠，我不敢逾，恐湿我裙。谁谓河弗广？可航可荡。风波无期，不如勿往。谁谓林弗幽？可遂可游。豺虎无虞，不如勿由。中田有禾，园有树麻。发石有泉，可以为家。中田有麦，园有树核。采山有蔬，可以为宅。（卷之十六）

诗中也明显流露出刘基惧祸归隐的心态。

刘基自幼体弱多病，大致40岁后，便头童齿豁，病魔缠身，到他解甲归田的时候，就更是每况愈下了。他在《老病叹》中写道："我身衰朽百病加，年未六十眼已花。筋牵肉颤骨髓竭，肤膝剥错疮与瘠。人皆爱我馈我药，暂止信宿还萌芽。肺肝上气若潮涌，旧剂再歠犹淋沙。有眼不视非我目，有齿不啮非我牙。三黄苦心徒自瘵，五毒浣胃空矛戈。因思造物生我日，修短已定无舛差。"（卷之十五）从诗中我们已经看到了他的"忧生之嗟"。因为身体的原因，更因为是惧祸心理在起作用，所以刘基还乡后唯恐招惹是非，引来不测，故此终日闭户谢客而明哲保身，用他自己的话来说，那就是"不如闭门谢客去，有酒且饮辞喧哗"（卷之十五《老病叹》）。看来，刘基是决意就此度过晚年了。

可是到了十一月，朱元璋却又把他召了回去。《御宝诏书》云：

> 朕闻同患难异心者未辅。前太史令、御史中丞刘基，世居栝苍，怀先圣道。天下初乱，闻朕亲将金华，旋师建业，尔曾别同里，忘丘垄，弃妻子，从朕于群雄未定之秋。居则每匡治道，动则仰观乾象，察列宿之经纬，验日月之何光，发踪指示，三军往无不克。曩者攻皖城，拔九江，抚饶郡，降洪都，取武昌，平处城之内变，尔多辅焉。至于彭蠡之鏖战，炮声击裂，犹天雷之临首，诸军呐喊，虽神鬼也悲号，自旦日暮，如是者凡四，尔亦在舟，岂不同患难也哉？今年夏，告镜妆失胭粉之容，遗子幼冲，暂回祀教，速赴京师。去久未归，朕心有欠。今天下一家，尔当疾至，同盟勋册，

庶不负昔者之多难。言非儒造，实己诚之意，但着鞭一来，朕心悦矣。洪武元年十一月十八日赐臣基。①

客观地说，《御宝诏书》对刘基辅佐朱元璋平定天下的功绩还是予以充分肯定的，朱元璋的态度也非常明确："你当年与我同患难，如今我当上了皇帝，那么跟我同患难者就应该同享富贵。你刘基就此归田，我心中是过意不去的，你从速返京，我才高兴。"

朱元璋何以要将已经"致仕"的刘基重新请出山呢？

依我看，朱元璋并非真心诚意地请刘基重新出山，而是怕世人非议，说他是过河拆桥的忘恩负义之人，因为刘基毕竟功勋显赫，在民间威望很高，况且在任期间没犯什么大的过错，就此了结他的政治生命，实在难以服人，由此可见朱元璋是故作姿态，这出戏是演给世人看的。当然，极有可能还出于如下考虑：自刘基还乡之后，以李善长为首的淮西官僚集团气焰更加嚣张，动用刘基这颗棋子，正可挫其锐气，灭其威风，其真正目的还是稳固朱家的天下！

就刘基而言，皇帝下命令召他回去，他岂敢不服从？况且诏书已把话说绝了，他说"同患难异心者未辅"，意思是说同患难而不能共富贵者是得不到人家的辅佐的，"我今天请你回来共享富贵，说明我朱元璋不是'异心'之人，想来你刘基总该不会是与我朱元璋'异心'的人吧"。话说到这个份上，刘基除了火速回京，是没有其他任何选择的余地的。

君臣论相

洪武元年（1368）十一月中旬，刘基迎着凛冽的寒风，水陆兼程，赶赴京师。这次回京，虽说是朱元璋把他请回去的，然福兮祸兮，实难预料，只能是骑驴看唱本——走着瞧了。

此番进京，刘基到杭州后即沿运河北上。途经苏州，稍事休息，并游览了

---

① 成化本《诚意伯刘先生文集》卷之一。

苏州的山水名胜，作组诗《过苏州九首》。兹录数首如下：

其一

姑苏台下垂杨柳，曾为张王护禁城。

今日淡烟芳草里，暮蝉犹作管弦声。

其二

姑苏台下垂杨柳，落叶萧萧日暮风。

天地山河有真主，迎来送往总成空。

其四

陌上清歌最可听，谁知此是断肠声。

就中更有《杨枝曲》，恨杀昏鸦及晓莺。（卷之十五）

苏州古属禹贡扬州之域，周武王封仲雍曾孙于此为吴国。战国时属越，后属楚，秦置会稽郡，东汉时始分此为吴郡，南朝陈置吴州。隋开皇九年（589）才改吴州为苏州，至宋政和三年（1113）改平江府，元改称平江路，明初又改为苏州府。此处"三江雄阔，五湖腴表"，川泽沃衍，有陆海之饶，乃"江东一都会"也。至正十六年（1356），张士诚攻克平江后，即从高邮迁都到此，直至败亡。《过苏州九首》（其一）即是针对曾叱咤风云一时的张士诚有感而发的①，诗中流露出一种物是人非的悲凉之音，对张士诚晚期因日日笙歌乐舞不事朝政最终导致灭亡予以委婉的讥讽。组诗整个基调比较低沉，给人的感觉是刘基虽然应诏回京，但精神仍然振作不起来，似乎已超然于世，看破红尘了。

没想到的是，刘基这次回京，不仅官复原职，且朱元璋对他格外礼遇。

首先是朱元璋赐给刘基一名侍妾以娱晚景，照顾起居。刘基的陈氏夫人新逝，兰房寂寥，况且年老体弱，身边正需要有人服侍，朱元璋此举倒是笼络人心的高招。钦赐侍妾，刘基是不好拒绝的，且不能怠慢，故也待之以夫人之礼，

---

① 〔明〕李鹏腾汇选的《皇明诗统》卷二录刘基《过苏州九首》其一，并题作《过张士诚故居》。

这就是章氏夫人。章氏夫人自然年轻，后来又为刘基生了两个女儿。①

更让刘基感到脸上有光的是：朱元璋于十一月二十九日一下子就下了5个封诰，把刘基的祖父、父亲追封为"永嘉郡公"，把刘基的祖母、母亲和妻子富氏夫人追封为"永嘉郡夫人"，这可是光宗耀祖、天大的喜事！朱元璋此举，刘基不可能无动于衷。从《明史》刘基本传、《行状》、《神道碑铭》的有关记载来看，接下去，朱元璋似乎就要封赏刘基本人，晋他爵位了，但刘基"固辞不敢当"，他说："陛下乃天授，臣何敢贪天之功？圣恩深厚，荣显先人足矣。"史书说是朱元璋"知其至诚"，也就不勉强他了。

事实情况并非如此。试想朱元璋赐刘基侍妾，追封他祖辈、父辈爵位，都不曾与其商量，怎么一到晋封刘基本人爵位却要先征求意见了呢？显见其诚意不足。朱元璋这番客套，其实是一个圈套，就看刘基愿不愿意往里钻了，其真实意图是想试探一下刘基到底有没有野心，看看刘基到底是不是一个识趣之人。

这次君臣较量，刘基赢了。刘基毕竟是聪明人，他知道什么叫知足常乐，什么叫适可而止，对朱元璋的客套以委婉的辞谢作回应，则是对于此事的最佳处理方式。

其实，朱元璋对刘基的试探此前已经有过一次。《明史·刘基传》云："初，太祖以事责丞相李善长。基言：'善长勋旧，能调和诸将。'太祖曰：'是数欲害君，君乃为之地耶？吾行相君矣。'基顿首曰：'是如易柱，须得大木。若束小木为之，且立覆。'"用今天的话来说，就是朱元璋当着刘基的面数落李善长的过错，刘基却为李善长说话，称他的协调能力不错。朱元璋说："李善长心怀叵测，屡屡想置你于死地，你还帮他说话？看来这丞相要让你来当了！"刘基没从正面回答，则是以"是如易柱，须得大木"为喻来说明没有物色到合适的宰相人选之前，就罢免李善长是不利于国家安定的。这样的回答，朱元璋大概是满意的，因为由此可见刘基没有野心，他压根儿就没想过

---

①〔明〕张时彻《神道碑铭》："公初娶富氏，封永嘉郡夫人。继娶陈氏，赐章氏。"郝兆矩先生认为朱元璋之"赐"当于此时，在理。又，〔明〕黄伯生《行状》谓刘基有两个女儿，皆"章氏出也"。

让刘基来当宰相。

我们知道，刘基此前被解职还乡，与李善长的中伤有直接关系。而当李善长"贵富极，意稍骄"，朱元璋开始讨厌他的时候，刘基却为李善长说话，或许有人会认为这难以理解。其实，并不如此简单。刘基深知朱元璋对淮西旧部的信任远胜于对自己这样的江南文人。这时刘基即便没有趁机落井下石而是实话实说，恐怕也会遭致朱元璋的种种猜疑。据《明史·李善长传》记载："善长外宽和，内多忮刻，参议李饮冰、杨希圣稍侵善长权，即按其罪奏黜之。"对李善长的所作所为，刘基不可能不了解。所以，我以为刘基并没把自己对李善长的真实看法和盘托出，这正是刘基的高明之处。当然，刘基的回答也有真实的成分，那就是"换相"先得有合适的人选，这一职位毕竟是一人之下、万人之上，万一用人不当，整个国家机器的运转就会失灵。

大概是刘基对于此次"君臣对话"颇有感触，所以把它编成了一则寓言：

楚王患其令尹苑吕臣之不能，欲去之，访于宜申，宜申曰："未可。"王曰："何故？"宜申曰："令尹，楚相也。国之大事，莫大乎置相，弗可轻也。今王欲去其相，必先择夫间之者，有乃可耳。"王艴然曰："令尹之不足以相楚国，不唯诸大夫及国人知之，鬼神亦实知之，大夫独以为不可，寡人惑焉。"宜申曰："不然。臣之里有巨室，梁蠹且压，将易之，召匠尔。匠尔曰：'梁实蠹，不可以不易，然必先得材焉，不则未可也。'其人不能堪，乃召他匠，束群小木以易之。其年冬十有一月大雨雪，梁折而屋圮。今令尹虽不能，而承其祖父之余，国人与之素矣。而楚国之新臣弱，未有间者，此臣之所以曰未可也。"（卷之三《郁离子·枸橼》）

明嘉靖三十五年何镗刻本《刘宋二子》载张元《郁离子序》云："束小木之喻，《郁离子》固预志之矣。"笔者以为不是"预志"，而是写实，是针对朱元璋欲罢李善长之职有感而发。

新的一年又开始了，这是朱明王朝的第二个年头。

是年正月，朝廷立功臣庙于鸡笼山。朱元璋亲定功臣位次，徐达、常遇春、李文忠、邓愈、汤和、沐英、胡大海、冯国用、赵德胜、耿再成、华高、丁德兴、俞通海、张德胜、吴良、吴祯、曹良臣、康茂才、吴复、茅成、孙兴祖共计21人立庙鸡笼山下，死者像祀，生者虚其位。又以廖永安、俞通海、张德胜、耿再成、胡大海、赵德胜7人配享太庙。

这次所封功臣，刘基不在其列。清人姚莹在《识小录·诚意伯》中提出如下疑问：

> 青田始与章溢、叶琛、宋濂同以聘至，帝谓："我为天下屈四先生。"既佐帝定天下，谋划计事，敷成王道，帝独以比子房，常呼先生而不名，其见重如此。然尝考汉宣帝之图麒麟阁也，霍、赵、魏、丙十一人，皆文臣；明帝之图云台也，及太傅卓茂；唐太宗之图凌烟阁也，及房、杜、魏、虞，则知不专以武功。今诚意以功名始终，而明祖功臣庙二十一人独不及之，何也？

我以为功臣庙21人中没有刘基，这很正常，因为这次朱元璋封的全是武将，文臣李善长也不在其列。

洪武二年（1369）冬十月，朱元璋欲以杨宪为丞相而征询刘基的看法。《明史》卷一三是这样记载的：

> 及善长罢，帝欲相杨宪。宪素善基，基力言不可，曰："宪有相才，无相器。夫宰相者，持心如水，以义理为权衡，而己无与者也，宪则不然。"帝问汪广洋。曰："此祸浅殆甚于宪。"又问胡惟庸。曰："譬之驾，惧其偾辕也。"帝曰："吾之相，诚无逾先生！"基曰："臣疾恶太甚，又不耐繁剧，为之且孤上恩。天下何患无才，唯明主悉心求之，目前诸人，诚未见其可也。"

这段著名的"君臣对话"在学术界有不同的理解。一般理解为此次朱元璋罢了李善长的职，正为宰相人选而犯难，真心诚意地想请刘基任此要职。

笔者以为朱元璋征询刘基意见仍然是做表面文章，其真实意图依旧是对刘基作进一步试探。有一事实足以说明此点，那就是朱元璋所提及的三人，后来依次被任用为相。也就是说，朱元璋用谁不用谁，他早已心中有底，哪里用得着征求你刘基的意见？

如前所述，朱元璋从骨子里很瞧不起文人。打下天下以后，这一潜意识便暴露无遗。他需要的是听话的臣子，而不是有思想、有主见的部下。像刘基这种充满棱角的文人，他自然是不喜欢的，对于他们所提的建议，自然也就很少采纳，更谈不上如何去重用他们了。朱元璋就是要借此来再次试探一下，看看你刘基到底听不听话。

可惜的是，这次刘基没能摸透朱元璋的心思，真以为朱元璋是诚心诚意地向他请教，所以也就推心置腹地谈了自己的看法，把朱元璋所提的宰相人选一一予以否定。这可惹怒了朱元璋，所以他回了一句说："吾之相，诚无逾先生！"其实，这话是带刺的，意思是说："照此说来，我这宰相实在就没有比你更合适的人选啦？"这可让刘基难堪了。他只好自己找了一个台阶往下走，说自己也是有自知之明的，"疾恶太甚"，"不耐繁剧"，缺点多多，不宜为相，意思无非是说，眼前的几个人选都不甚合适罢了，希望皇上不要误解。

这使我们想起了《郁离子》中的一则寓言，说的是古代梁王喜欢吃水果，吃了吴人送的橘子，甚觉味美可口；再尝吴人送的柑，又觉比橘子更加味美，于是乎就以为天底下最好吃的水果都产于吴了。后来，其使臣在吴地发现了一种名叫"枸橼"的水果，它形似柑、橘，个头更大，便以为"柑不如矣"，买了回去献给梁王。梁王一尝，舌缩而不能下咽，齿柔而不能咀嚼，就责备使臣无能。使臣便问罪吴人，吴人申辩说："吾国果之美者，橘与柑也，既皆以应王求，无以尚矣。而王之求弗置，使者又不询而观诸其外美，宜乎所得之不称所求也……果之所产不唯吴，王不遍索而独求之吴，吾恐枸橼之日至，而终无适王口者也。"（卷之三《郁离子·枸橼》）这则寓言谈的是人才问题，提醒执政者在人才的选拔和任用上不能光看外表，而要重其实质，更不能只在一个门子里找人才，眼界要开阔些。笔者以为这则寓言就是针对朱元璋"选相"有感而发的。

此次"君臣对话",虽说刘基所言均发自肺腑,是为大明江山之稳固从长计议,而且后来的事实也证明了刘基的先见之明,但朱元璋却从这次对话中得出了刘基仍有野心的结论。可想而知,刘基这一辈子都不可能再得到朱元璋的重用了!这只能说是刘基的性格悲剧。刘基在这次对话中还得罪了一位权臣,那就是胡惟庸,从此埋下祸根。胡惟庸后来当上宰相后就时时处处与刘基过不去,为此刘基几乎不得善终,此为后话。

但刘基也因这番话救了自己。洪武三年(1370)七月,中书左臣杨宪因罪被诛。《御批历代通鉴辑览》卷一〇〇对杨宪作如下评述:"宪有才辨,裁决明敏,然意刻深,有不足于己者,辄中伤之。在中书,欲尽易省中故事。凡旧吏皆罢去,更用己所亲信者。汪广洋为右丞,以宪专决,依违不与较,犹不能得宪意,宪竟逐侍御史刘炳劾罢广洋,且请徙之广南。帝不从。已复有所论劾,帝觉其诬,下炳狱,炳吐实,遂诛宪。"杨宪于洪武元年(1368)曾任御史中丞,与刘基交好。这次刘基在朱元璋面前若一味说他的好话,那么当杨宪败露而被诛,在疑心病很重的朱元璋面前,刘基是难脱干系的。所幸刘基实话实说,即便是朋友,也不为他文过饰非,其客观结果是免受株连,救了自己。刘基后来为胡惟庸所构陷,吃尽了苦头,但胡惟庸之不可用,又不幸被刘基所言中,使朱元璋最终想起了他的好处,从远处看,刘基说真话,并未吃亏。还有,若刘基一味迎合朱元璋的旨意,并因此得到进一步的重用,到头来是福是祸还真难说,极有可能连个全尸都难以保住!后来的事实证明,被朱元璋所重用的开国元勋几乎无人能得以善终。

封爵还乡

洪武三年(1370)四月,明廷沿唐宋辽金元之制,设弘文馆。朱元璋任命刘基、詹同等人为弘文馆学士,并强调是重用。《弘文馆学士诰》是这样措辞的:

奉天承运，皇帝圣旨：朕稽唐典，其弘文馆之设，报勋旧而崇文学。以旧言之，非勋著于国家，犹未至此；以儒者言之，非才德俱优，安得而崇？尔资善大夫、御史中丞刘基，朕亲临浙右之初，尔基慕义，及朕归京师，即亲来赴。当是时，栝苍之民尚未深信，尔老卿一至，山越清宁。节次随朕征行，每于间〔闲〕暇，数以孔子之言开导我心，故颇知古意。及将临敌境，尔乃昼夜仰观乾象，慎候风云，使三军避凶趋吉，数有贞利。於戏！苍颜皓首之年，当抚儿女于家门，何方寸之过赤，眷恋不舍，与朕同游。后老甚而归，朕何时而忘也！可御史中丞兼弘文馆学士，散官如前，宜令刘基准此。

洪武三年七月（御宝）日[①]

弘文馆学士到底是怎样的一个官衔呢？弘文馆始设于唐武德四年（621），当时称修文馆，隶属于门下省。武德九年，改名弘文馆，置学士，掌校正图籍，教授生徒诸事，可见弘文馆学士并非要职。但诰文的措辞非常漂亮，一句话，是因刘基"勋著于国家""才德俱优"，朱元璋才赏他这一头衔的。

在弘文馆学士位上，刘基辅佐朱元璋恢复了科举制度，并首任洪武三年（1370）八月京师乡试的主考官。《明史》卷七〇"选举二"云："科目者，沿唐宋之旧而稍变其试士之法，专取四子书及《易》《诗》《书》《春秋》《礼记》五经命题试士，盖太祖与刘基所定。"

科举制度始于隋唐，它取代了九品中正制而成为选拔人才的主要途径。元朝的科举时兴时废，不太正常，元廷崩塌，人才匮乏是重要原因。明初天下归一，百废待兴，招募人才为当务之急。朝廷虽多次下诏，征辟德才俱优之士走出深山岩穴，为国家效力，应征者不少，却仍不能满足数以万计的官吏需求。从这个意义上看，刘基建议恢复科举正是基于后备人才培养的考虑。

明朝的科举基本上沿袭元制，仅设进士一科，与唐宋的诸科并立不同。还有一个不同，那就是考试的内容。我们知道，唐代的进士考试是以诗赋为主，

---

① 成化本《诚意伯刘先生文集》卷之一。

北宋的王安石以为：人"少壮时，正当讲求天下正理，乃闭门学作诗赋，及其入官，世事皆所不习，此科法败坏人才，致不如古"。①在他的建议之下，宋神宗年间的进士科就改以儒家经典《易》《诗》《书》《周礼》《礼记》《论语》《孟子》为主要考试内容。明初科举规定以"四书""五经"为考试的基本内容，其实是对王安石科举考试内容改革的继承和发展。改革的目的是"端士习""崇正学"，把儒家的正统思想灌输到儒生脑中，使其成为维系封建社会秩序所需的合格的人才。

科举制度正式建立后，曾连续三年举行乡试，以缓解人才之缺。到洪武六年（1373），曾一度废止。朱元璋认为，科举所取"多后生少年，能以所学措诸行事者寡"，"但令有司察举贤才，而罢科举不用"。至洪武十五年恢复科举，十七年"始定科举之式，命礼部颁行各省，后遂以为永制"。②

明朝科举确定了"三年大比"之制，即每三年举行一次科举考试。规定每逢子、卯、午、酉之年的八月，各地学生齐集于所属省城参加考试，谓之乡试，考中者谓之举人。乡试共考三场，每场考三天。初场试经义二道和四书义一道，二场试论一道，三场试策一道。中式后，复以骑、射、书、算、律五事试之。各省举人于次年（丑、辰、未、戌之年）二月集结京师，参加礼部举行的考试，谓之会试，考中者谓之进士。再由皇帝举行一次殿试，评定其名次，分三甲出榜。一甲三名，赐进士及第，依次称状元、榜眼和探花；二甲人数不定，赐进士出身；三甲亦无定数，赐同进士出身。后来又通称乡试第一为解元，会试第一为会元，二、三甲第一为传胪。

明朝科场考试经义对文章体裁有一种特别的规定：要求应试者必须用古人的语气代古人说话，并且要用排偶体。全文分八段：破题、承题、起讲、提比、虚比、中比、后比、大结，俗称"八股"，篇幅字数也有规定，这种文章当时谓之制艺文。之所以要有这种规定，是因为有的举子作文好发怪论或太冗长，令考官难以批阅，所以要加以限制。但限制得过死，则千篇一律，成了一种食古

①《宋史》卷一五五。
②《明史》卷七〇。

不化、毫无新意、古怪又死板的八股文。这种以八股取士的科举制度，一直延续到清王朝灭亡才得以废除。事实证明，这种科举制度弊端很多，不利于人才的培养和选拔，由此途步入官场的士子，大多思想僵化、才干平庸，这也是明清两代江河日下的一个重要原因。

但话说回来，如果把这一切都归咎于刘基是有失公允的。明初科举，头场虽主要考"四书""五经"，敷演传注，但不限于排偶，格式没有固定。清初顾炎武、胡鸣玉等人都曾研究过八股文的缘起。胡鸣玉云：

> 今之八股文，或谓始于王荆公，或谓始于明太祖，皆非也。案《宋史》熙宁四年罢诗赋及明经诸科，以经义论策试进士，命中书撰《大义式》颁行，所谓经大义，即今时文之祖。然初未定八股格，即明初百余年，亦未有八股之名，故今日所见先辈八股文，成化以前若天顺、景泰、正统、宣德、洪熙、永乐、建文、洪武百年中无一篇传也。《日知录》云："经义之文流俗谓之八股，盖始于成化以后。股者，对偶之名也。天顺以前，经义之文不过敷演传注，或对或散，初无定式，其单句题亦甚少。"[1]

也就是说，八股文是渐次演变而成的。科举定式成为"永制"，那是后来的事情，与刘基无关。客观地说，当时刘基改诗赋取士为经义之文取士，又何尝不是一种大胆的革新尝试？问题在于后人将其程式化了，并且自成化以后的450年间一成不变，没能做到与时俱进，这才是症结所在。所以我们说八股文害人的罪责是不能算到刘基的头上的。

洪武三年（1370）六月壬申，左副将军李文忠捷报传至，谓元顺帝驾崩。时文武官员正奏事于奉天殿，"闻元主殂，遂相率拜贺"。朱元璋说："元主守位三十余年，荒淫自恣，遂至于此。"又对治书侍御史刘炳说："尔本元臣，今日之捷，尔不当贺也。"于是，朱元璋就命礼部出了一个"榜示"："凡北方捷至，

---

[1]〔清〕胡鸣玉：《订讹杂录》卷七。

尝仕元者不许称贺。"①这个"榜示"无疑已陷刘基于贰臣之境地，其内心肯定
不是滋味。

更让刘基觉得不是滋味的是：洪武三年（1370）十一月初，徐达、李文忠
北伐班师回京，朱元璋率众臣子迎接犒师于龙江，既而大封功臣，封公者6人：
进封宣国公李善长为韩国公，信国公徐达为魏国公，常遇春之子常茂为郑国公，
李文忠为曹国公，邓愈为卫国公，冯胜为宋国公；封侯者28人：汤和、唐胜
宗、陆仲亨、周德兴、华云龙、顾时、耿炳文、陈德、郭兴、王志、郑遇春、
费聚、吴良、吴祯、赵庸、廖永忠、俞通海之弟俞通源、华高、杨璟、康茂才
之子康铎、朱亮祖、傅友德、胡美、韩政、黄彬、曹良臣、梅思祖、陆聚，各
食禄有差。封侯者尚有汪兴祖、薛显两人，但汪因"杀降"，薛因"专杀"，皆
封而不予铁券。

江山一统，胜利来之不易，朱元璋是该以此种方式好好酬谢跟随他出生入
死的患难兄弟们了。可以想象，那封爵庆贺的场面是何等的热闹！相形之下，
刘基是被冷落了。首批受封的功臣共计36人，包括像行省右丞薛显这样的人，
朱元璋面责其专杀之罪而发落海南，仍封他为侯，仅将其俸禄一分为三，除了
他自己一份外，一以赡养被其所杀者的家属，一以给其母妻，"令功过无相掩"
也。乍一看，真是赏罚分明，但这36人当中却没有刘基，怎么说也是不公平
的。若说是论功封爵，那么刘基的功劳无疑在这36人的多数之上，甚至可说不
在李善长之下。但李善长冠群臣之首，刘基则"名落孙山"。刘基虽说历经沧
桑，已淡泊名利，但遭如此冷遇和不公，其心境极为低落。

或许是朱元璋良心发现吧，不给刘基一个爵位难以服众人之心，所以在事
过半月之后，又补封中书右丞汪广洋为忠勤伯，刘基为诚意伯。封诰是这样
写的：

> 奉天承运，皇帝制曰：咨尔前资善大夫、御史中丞兼太子赞善大夫刘
> 基，朕观往古俊杰之士，能识主于未发之先，愿效劳于多难之际，终于成

功，可谓贤智者也，如诸葛亮、王猛独能当之。朕提师江左，兵至栝苍，尔基挺身来谒于金陵，归谓人曰："天星数验，真可附也。愿委身事之。"于是乡里顺化。基累从征伐，睹列曜垂象，每言有准，多效劳力，人称忠洁，朕实广闻。今天下已定，尔应有封爵，特加尔为开国翊运守正文臣、资善大夫、护军、诚意伯，食禄二百四十石，以给终身，子孙不世袭。於戏！尔能识朕于初年，秉心坚贞，怀才助朕，屡献忠谋，驱驰多难，其先见之明，比之古人，不过如此。尚其敷尔勤劳忠志，训尔子孙，以光永世。宜令刘基准此。

洪武三年十一月（御宝）日①

诰文措辞说"今天下已定，尔应有封爵"，换句话说，不给封爵是没道理的。文中还将他比作诸葛亮，谓"其先见之明，比之古人，不过如此"，赞誉之词已无以复加。但诸葛亮自他出山以后一直受到刘备的重用，刘基则受如此冷遇，虽说补封了爵位，可在38人当中是最后一位。论食禄，李善长是每年4000石，同样是伯爵，汪广洋也有600石，刘基只有240石，待遇何其悬殊！难怪后人要说朱元璋是寡恩薄义之人了。刘基是江南文人的杰出代表，能封爵位的也就他一人而已。由此可见，朱元璋打心眼里是瞧不起读书人的。

现实是明摆着的，刘基也不是愚昧之人，他已经深切感受到了朱元璋对他的疏远，所谓加官晋爵，那都是做给世人看的，压根儿没有重用他的意思。但就朱元璋来说，给了刘基一个爵位，于心再不会有愧疚之感了。刘基觉得，此时告退，正是时候，于是便再次请求告老还乡，朱元璋最终同意了。

---

① 成化本《诚意伯刘先生文集》卷之一。

第十五章　奸臣构陷　待命京师

还隐山中

伴君如伴虎。后来的事实证明，当年刘基急流勇退，是明智的选择。据统计，洪武三年（1370）所封功臣38人，后来被朱元璋诛杀的计15人，儿子袭爵位后被杀的5人，共20人；因罪充军革除爵位的2人，儿子袭爵位后被充军或除爵的9人，共11人。两项相加，共计31人。也就是说，当年跟随朱元璋出生入死打天下的名臣宿将几乎都被他斩尽杀绝了。

朱元璋为什么要这样做呢？有一则传说可以解答这一问题。说太子朱标见父皇大开杀戒，曾劝谏道："陛下杀人太滥，恐伤和气。"朱元璋不吭声。翌日，朱元璋故意扔一根棘杖于地上，命太子捡起来，太子面露难色。朱元璋说："你怕刺不敢拿，我替你把刺拔掉，再交给你，岂不更好？"这双关语让太子朱标明白了朱元璋诛杀功臣的用意，就是生怕子孙后代驾驭不了这些勋旧元老！这虽说是个传说，但却形象地说明了朱元璋何以滥杀功臣的真实意图。

赵翼说得好，朱元璋其人乃"圣贤、盗贼之性兼而有之"[1]。刘基投奔大明之后，作为高级策士一直不离左右，对朱元璋的"两面性"自是比一般人了解得更为透彻。其喜怒无常的性格，使得左右臣僚人人自危。朱元璋的报复心理

---

① 〔清〕赵翼：《廿二史札记》。

是很强烈的：因为恨陈友谅，便占有了他的老婆；因为恨张士诚，就加重了原张士诚统治区百姓的税赋，小人之心、盗贼之性暴露无遗。

朱元璋一上台，便大肆鼓吹儒学名教，殊不知也是为其所用，一切都是为了巩固和加强皇权专制。别看他一本正经地令儒臣把《大学衍义》全书抄下来，贴在大殿两壁，装出一副尊儒好学的样子，可一旦发现儒家经典有不利于封建专制的地方，那他就撕下"尊儒"的假面具，露出庐山真面目了。洪武三年（1370），他开始读《孟子》，读到有关民本思想的论述，便大发雷霆："使此老在今日，宁得免耶？"意思是说："要是这老头活到现在，那还免得了砍头吗？"遂下令国子监撤去孔庙中孟子配享的神位，把孟子逐出孔庙。洪武二十七年，还令儒臣刘三吾专门调集人手对《孟子》一书作了检删，共计删除85条，如"民为贵，社稷次之，君为轻"之类。

朱元璋唯我独尊的思想可以说比历史上任何一位皇帝都要严重。我们知道，朱元璋原本是个文盲，起事之后，随着事业的发展也向身边的文臣学了一些文化。他天资聪颖、阅历丰富，比常人学得快，悟得深，也是事实，但其水平要超过像刘基、宋濂这些一辈子与书本、知识打交道的文臣是不可能的。翻阅《明实录·太祖实录》，可发现朱元璋与刘基的几次交谈，几乎都是把刘基作为批评和教育的对象，丝毫看不到如《明史·刘基传》所说"暇则敷陈王道，帝每恭己以听，常呼为老先生而不名"，看不到出身寒微的枭雄对于曾经是他的首席智囊起码的尊重。

至正二十六年（1366），朱元璋问刘基，民生凋敝，理应减轻百姓负担，可战争尚未结束，该怎么办？刘基回答："今用师之日，必资财用，出民所供，未可纾也。"于是朱元璋就教育起刘基来了："我谓纾民之力在均节财用，必也制其常赋乎？国家爱养生民，正犹抱保赤子，唯恐伤之。……今日之计，当定赋以节用，则民力可以不困；崇本而祛末，则国计可以恒舒。"朱元璋训毕，刘基连忙表示诚服："臣愚所不及，此上下兼足之道，仁政之本也。"朱元璋把话说得冠冕堂皇，实际上却行不通，天下未定，战争经费是很难节省下来的。其实，刘基在这方面有更好的对策，他主张做"天地之盗"，用今天的话来说，就是从生产的广度和深度入手，最大限度地从自然界获取人类所需。但刘基并没在朱元璋面前畅所欲言，他了解对方的个性，说也无用。

洪武元年（1368），又与刘基、章溢谈刑政。朱元璋说自己把百姓从战争水火中解救出来，应该宽以待之，以尽"生息之道"。刘基说元廷"法度纵弛"，上下相蒙，目前应"振以法令"。朱元璋驳斥说，百姓历经苦难，应予休养生息，"若更驱以法令，譬以药疗疾而加以鸩，将欲救之，乃反害之。且为政非空言，要必使民受实惠"。见此，章溢赶紧代刘基颂扬道："陛下深知民隐，天下苍生之福也。"实际上，朱元璋比谁都主张使用严刑峻法，后来的《大诰》三编颁行于天下，就体现了这一点。如前所述，他在洪武四年写给刘基的书信中就说："元代以宽而失，朕收平中国，非猛不可。"这说明朱元璋事实上是很欣赏刘基的观点的。当时朱元璋之所以要驳斥刘基的观点，一方面是为了维护自己的尊严，另一方面就是为了挫挫刘基一类文人的锐气。

洪武元年（1368）三月，又与刘基谈论军事。刘基博览群书，通晓兵法，还打了10多年的仗，可谓有理论、有实践，应当说这是他的所长。朱元璋说："克敌在兵，而制兵在将。兵无节制则将不任，将非人则兵必败。是以两军之间决死生成败之际，有精兵不如有良将。"这种老生常谈连普通老百姓都会，俗语中就有"兵怂怂一个，将怂怂一窝"的说法。可刘基却称颂说："臣荷圣上厚恩，得侍左右，每观庙算，初谓未必皆然，及至摧锋破敌，动若神明，臣由是知任将在陛下，将之胜不若主之胜也。然臣观陛下常不拘古法而胜，此其所难也。"[1]这样的回答，若不知内里，就完全可以说是阿谀奉承了。

甚至有时君臣之间的对话，会置刘基于非常尴尬的境地。洪武三年（1370）六月，朱元璋颁平定沙漠诏于天下，文武百官纷纷上表庆贺。朱元璋兴之所至，给臣子们出了一个话题："卿等试言元之所以亡与朕之所以兴。"刘基进言："自古夷狄未有能制中国者，而元以胡人入主华夏几百年，腥膻之俗，天实厌之。又况末主荒淫无度，政令隳坏，民困于贪残，乌得而不亡？陛下应天顺人，神武不杀，救民于水火，所向无敌，安得而不兴？"朱元璋对刘基的发言不置可否，却"顾左右而言他"了，让刘基十分难堪。

---

[1]《明实录·太祖实录》卷三一。

像这样的例子还能够举出一些。总之，《明史》中那个"慷慨有大节，论天下安危，义形于色"的刘基，在《明实录·太祖实录》中是看不到的，所能看到的是一个谨小慎微的侍臣形象。问题是何以前后之刘基在性格上会有如此之大的变化呢？答案只有一个，那就是朱元璋变了，打天下时的朱元璋摇身一变已成了位至九五之尊的洪武皇了！朱元璋唯我独尊、性情叵测，表面粗豪而内心却精于盘算，能使用人但在权力、名誉上又吝于赐予，时时刻刻都准备除掉曾为他卖命的勋旧，面对这样的一位君主，刘基要想保证自身安全的话，能不谨慎从事吗？因此我们说刘基在受封后急流勇退，是最明智的选择。孟森先生云："诚意之归隐韬迹，非饰为名高也，亦非矫情也，盖惧祸耳。"[1]是为至论。

刘基于洪武四年（1371）正月告老归里。临行之际，朱元璋赋《赠刘伯温》一诗送行：

> 妙策良才建朕都，亡吴灭汉显英谟。
>
> 不居凤阁调金鼎，却入云山炼玉炉。
>
> 事业堪同商四皓，功劳卑贱管夷吾。
>
> 先生此去归何处？朝入青山暮泛湖。[2]

此诗对刘基事功勋业的评价不可谓不高，但值得我们玩味的是：诗的结尾给刘基指出了枕石漱流、泛湖耕云一路，这是戒约、警示，还是信笔所至？

刘基一路上车马劳顿，终于二月初四日到家。一抵家就着长子刘琏奉表章去京城谢恩。《谢恩表》是这样写的：

> 伏以出草莱而遇真主，受荣宠而归故乡，此人人之所愿而不可得者也。（中谢）钦唯皇帝陛下，以圣神文武之姿，提一旅之众，龙兴淮甸，扫除群雄，不数年间，遂定中原，奄有四海，神谟庙断，悉出圣衷。舜禹以来，

---

① 孟森：《明清史讲义》（上），第63页。

② 〔明〕朱元璋：《明太祖文集》卷二○。

未之有也。臣基一介愚庸，生长南裔，疏拙无似。其能识主于未发之先者，亦犹巢鹊之知太岁，园葵之企太阳，以管窥大〔天〕，偶见于此，非臣之知有过于人也。至于仰观乾象，言或有验者，是乃天以大命授之陛下，若有鬼神阴诱臣衷，开导使言，非臣念虑所能及也。圣德广大，不遗葑菲。远法唐虞功疑唯重之典，锡臣以封爵，赐臣以禄食，俾臣回还故乡，受荣宠以终其天年。臣窃自揆，何修而膺此！犬马微忱，唯增愧惧。

已于洪武四年二月初四日到家，谨遣长男臣琏捧表诣阙，拜谢圣恩。臣基无任激切屏营之至，谨奉表称谢以闻。（卷之一）

《谢恩表》分三层意思：首先，把朱元璋捧上了天，举凡人间美誉之辞能用就多用，谓其是"真主"，有"圣神文武之姿"，"神谟庙断，悉出圣衷"，如此英明、伟大的君主，"舜禹以来，未之有也"。其次，把自己贬到了地，谓己乃"一介愚庸"，才疏学浅，生长蛮夷，不知礼数。陛下是"太岁"，微臣便是"巢鹊"；陛下是"太阳"，微臣就是"园葵"，不可同日而语。至于"仰观乾象，言或有验者"，是因为天既授命于陛下，微臣便如有鬼神开导了。贬抑自己的同时又褒誉了对方，很有艺术。最后，则对朱元璋封其爵、赐其禄，让其荣归故里、叶落归根表示了由衷的感谢。写得诚惶诚恐，甚为谦恭，真可谓是煞费苦心，绞尽脑汁了。之所以要这样写，归根到底，还是为了避祸，因为刘基明白，普天之下莫非王土，告老还乡并不等于平安无事了。

据《明史·刘基传》所载，刘基还乡后以一介平民自居，"唯饮酒弈棋"而已，"口不言功"，且杜绝与地方官吏来往，以免惹是生非。本传中举了这么一桩事：说青田县知县因仰慕刘基，想拜访他，却始终得不到刘基的允诺。知情人告诉他，刘基不接见的只是官员，平民百姓去了，他谁都见。于是，青田知县只好化装成农夫，挑了一个细雨蒙蒙的日子，穿蓑衣、戴箬帽，从岭脚爬上岭背，来到刘基家。刘基正在洗脚，听说有老百姓来访，就叫侄儿马上请进茅舍，煮饭招待客人。当县令说出自己的真实身份时，刘基大吃一惊，立刻"称民谢去，终不复见"。由此可见刘基韬迹之一斑。

刘基如此小心谨慎，也许与明初的特务政治有关。朱元璋为了防范臣僚的叛逆不轨，时常派遣亲信暗察臣僚的私下行为，为此，文臣武将无不提心吊胆。吏部尚书吴琳告老还乡，朱元璋派人一直跟到黄岗，察看他的行迹。使者回报，说吴琳在家老实务农，朱元璋才放下心来。可见朱元璋是不允许离职官员与地方官吏接触的，刘基虽韬迹山中，也难免朱元璋有暗哨布防，窥视其行踪。

叶盛《水东日记》载逸闻一则，谓钱宰被征聘编写《孟子节文》，罢朝回家，赋诗感慨一日之辛劳："四鼓冬冬起着衣，午门朝见尚嫌迟。何时得遂田园乐，睡到人间饭熟时。"次日上朝，朱元璋问他："昨天做的好诗，但我并未'嫌'你迟，何不用'忧'字？"一番话，吓得钱宰连连磕头谢罪。朱元璋治下，到处布满了"以伺察搏击为事"的"恶犬"，其手下的臣僚怎能不战战兢兢、诚惶诚恐呢？这样，我们就完全可以理解刘基何以要如此谨小慎微了。

洪武四年（1371）八月，朝廷的使臣突然出现在武阳村，并且还带来了朱元璋的亲笔书信，这是刘基所没料到的。信中说：

> 近西蜀悉平，称名者尽俘于京师，我之疆宇比之中国前王所统之地不少也。奈何胡元以宽而失，朕收平中国，非猛不可。然歹人恶严法，喜宽容，谤骂国家，扇惑非非，莫能治。即今大象叠见，且天鸣已及八载，日中黑子又见三年。今秋天鸣震动，日中黑子或二或三或一，日日有之，更不知灾祸自何年月日至。卿山中或有深知历数者、知休咎者，与之共论封来。前者舍人捧表至京，忙，忘问卿安否。今差剋期往卿住所，为天象事。卿年高家处，万峰之中，必有真乐。使者往而回，勿赍以物，菜饭发还。
>
> 洪武四年八月十三日午时书。（卷之一）

年迈多病的刘基，仍然易动感情，收到朱元璋的书信，激动不已。大概此时刘基的第一感觉就是"皇上还没有忘记我"！他又像当年一样，条分缕析，一一详细作答，焚烧草稿，密封以呈。此次朱元璋手书问事，《行状》《碑铭》《明史》本传以及《明史纪事本末》都有记载。本传云："帝尝手书问天象，基条答甚悉而焚其草。大要言霜雪之后，必有阳春，今国威已立，宜少济以宽大。"

听到了西蜀已平的喜讯，刘基还满怀激情地写了一篇《平西蜀颂》，上呈朱元璋，以示庆贺。

这期间，朱元璋和刘基虽身处两地，君臣关系倒还和谐。朱元璋派专使千里求教，也无非是在平静的湖面扔进了一块石子，水波过后，又复宁静。刘基依旧过起了儿孙绕膝、小酌微醉的家居生活，闲来无事，则可策杖户外，看看山野的风景，或与村老下下棋、聊聊天，谈谈一年四季庄稼的收成，听听永远说不完道不尽的乡野趣闻。

这一时期，刘基并没有赋诗作文，倒不是因为眼病发作，而是因为舞文弄墨也会招惹是非。但文人毕竟是文人，总得有事情做，于是就编写了一部书，叫《多能鄙事》。①书名采自《论语》，孔子说："吾少也贱，故多能鄙事"，意谓我出身寒微，所以什么事都会一些，即便是普通百姓所做的。书分12卷，卷一至卷四为饮食类，卷五为器用类，卷六为百药类，卷七为农圃类和收养类，卷八至卷十为阴阳类，卷十一至卷十二为占卜类，大凡日常生活所需，无不备载，也颇为实用。如饮食类当中，就记载了造酒法、造醋法、造酱法、造鲊法、腌藏法、制酥酪法、制饼饵米面食法、制回回女真食品法，等等。农圃类有种水果法、种花果法和催花法等，《钦定佩文斋广群芳谱》一书多有引用。又如百药类中有经效方、理容方等，明朝缪希雍在《神农本草经疏》一书中也有多处引用，李时珍在编撰《本草纲目》时则将其作为重要的参考书目。

此书四库馆臣认为是后人伪托之作。《四库全书总目》卷一三〇云：

> 旧本题明刘基撰。……是书凡饮食、器用、方药、农圃、牧养、阴阳、占卜之法，无不备载，颇适于用。然体近琐碎，若《小儿四季关》《百日关》之类，俱见胪列，殊失雅驯，立名取孔子之言，亦属僭妄，殆托名于基者也。

以"体近琐碎"就认定为伪托之作，理由是不充分的。大概四库馆臣认为像刘

---

① 此书四库馆臣认为是后人伪托之作，目前学术界已基本认定为刘基编定。

基这样的大文豪、大学者是不应该有这类"小儿科"式的读物问世的，一句话，与他的身份不相匹配。其实，像这类"家用大全"式的著作，作者本人如果没有丰富的社会阅历、扎实的生活基础，很难编写。譬如书中关于回回女真食品的烹饪制作法，要不是作者本人走南闯北与各民族官员广有接触，是难以编写好的，也就是说，作者必须是见多识广、社会阅历极为丰富的人。书中用语多用浙南处州、温州一带方言，如"炊饭"（用饭甑将米蒸成熟饭）、百沸汤（滚了又滚的开水）、治净（杀鸡鸭时，把它的羽毛褪光）、捺实（用手把某样物品按得结结实实），等等，这类词汇在其他方言中是没有的，可见作者应是浙南一带的人。书中有阴阳、占卜诸如营造吉凶、八卦活法、麻衣道言之类的记载，说明作者有天文术数方面的造诣。这些条件，刘基都具备。从编写时间上看，刘基一生忙忙碌碌，为事业四处奔波，在元季虽有过几次归隐，并著书立说，但那时的刘基所要研究的是如何治国平天下的大学问，还不可能把精力和时间花在这一类书籍的编写上。但到了晚年，刘基的心境已完全不同，他看破了红尘，远离了喧哗而归隐山中，在相对安静的环境中和充裕的时间里，去编写这么一部普通百姓都用得上的书籍是极有可能的。

奸臣构陷

按刘基的想法，此次致仕还乡可以安度晚年、终老一生了。但平静安逸的生活只过了两年多，就不得不孤身一人"入朝引咎自责"去了，真可谓是天有不测风云，人有旦夕祸福啊！

事情的起因是这样的：青田县南170里处，有一村落叫谈洋（今属文成县朱阳乡），这是处州的边缘地带，与温州接壤，又与福建三魁（今属浙江泰顺）比邻，可谓山高皇帝远，又为官府势力所不及。早在元朝末年，这里的治安就极为混乱，是盐盗聚集之地。他们在这里贩卖私盐、占山为王，并与方国珍勾结，横行乡里，为所欲为，官府拿他不得。方国珍降明后，此处仍"久之不靖"。为保一方水土平安，也为大明江山的统一稳定着想，刘基于洪武五年（1372）秋季，奏请朝廷在谈洋设立巡检司，以加强此处的社会治安。朱元璋准奏，很快就设巡检司于此，并派兵把守。这件事是无可厚非的，有利于朝廷对边远地区的控制。

过后不久，另外一个叫茗洋（今属文成县东头乡）的地方，发生了逃兵周广三反叛事件，当地官吏隐匿不报。刘基得知具体情况后，以为事关国家安定，非同小可，也写了奏章，命长子刘琏送往朝廷，直接向朱元璋汇报。这件事无疑也做得对。

却不料，胡惟庸就在这两件事上做出了一篇构陷文章，险些置刘基于死地。

如前所述，刘基曾在朱元璋面前议论过胡惟庸的不是，认为他就像一头"小牛犊"，让它犁田，"将偾辕而破犁"，根本不宜为相，胡惟庸因此耿耿于怀，总想伺机报复。洪武六年（1373）正月，汪广洋因无建树，被贬谪至广东任参政，胡惟庸以左丞身份主持中书省一应事务，从此他就更加肆无忌惮地为所欲为了。

胡惟庸"独专省事"后，果然没有忘掉已经致仕的刘基。这次刘基让刘琏赴京上表没有经过中书省，他觉得是刘基不把他放在眼里，很是恼怒，遂决意将盘算多时的阴谋马上付诸实施。胡惟庸暗中指使刑部尚书吴云诱引青田县留用的元朝旧吏构陷刘基，说刘基相中了谈洋这个地方，谓此处"踞山海，有王气"，想占为己有，作为墓地，而当地百姓不肯，便以设巡检司之法驱逐百姓，强占民田，致使群情激怒，为寇作乱。这真叫作欲治其罪，何患无辞！原本好端端的两件事情给胡惟庸一搅和，再添上油、加上醋，便成了足以招致掉脑袋的弥天大罪了，胡惟庸这一招实在够狠！

此本一上，朱元璋自然是宁可信其有而不愿信其无。他登上皇位以后，日思夜想的就是朱明王朝怎样才能做到永不变"姓"。刘基的本事朱元璋了如指掌，他若当真踩出一块充满"王气"的风水宝地来，那大明江山岂不是要改为姓"刘"啦！别的人造反事小，你刘基能文能武，又懂天文、识地理、会术数，一旦气候成熟，造起反来可就非同于一般的秀才了，绝对不能等闲视之。他越想越不安，更何况胡惟庸还在一旁不断地火上浇油呢？因此，朱元璋就果断地下令，移文切责刘基，并下旨夺了他的俸禄。不过，朱元璋在如何处置刘基的问题上还是有分寸的，若按照胡惟庸的意图，那不仅仅是要处死刘基，恐怕还要灭其族矣！当时，胡惟庸就想逮捕刘琏，而刘琏已获得朱元璋的准许，正在归途中，朱元璋说："既归矣，免之。"算是网开一面了。对于刘基本人，虽下旨夺了他的俸禄，但并未加罪，诚意伯的爵位也仍然保留着。这事发生在洪武六年（1373）的四月。

朱元璋虽未下旨责令刘基马上回京交代问题，但接到剥夺俸禄的诏书后，刘基自然已经明白了朱元璋的意思，所以就即刻启程返回京师。他知道这次离家，不比往常，是生是死，真难预料。万一朱元璋翻了脸，遭灭族之灾都有可能！所以这次回京，说他是提心吊胆，并不为过。等刘基回到朝廷，已是烈日炎炎的夏季了。他自然要马不停蹄地去谒见皇上，而朱元璋也当然要他把事情说说清楚，至于怎样作进一步的处置，那就要看刘基本人的态度了。刘基也是聪明人，他知道怎么辩白都无济于事，相反可能结局更糟，倒不如老老实实低头认错，或许还有一线生存的希望，所以他见到朱元璋后"唯引咎自责而已"。总算朱元璋还没有完全忘记当年的情分，将此事不了了之。

后来的事实证明，刘基的应对方式是很恰当的。在当时的情形下，要是他头脑发昏、不识时务，四处喊冤、一再辩白，恐怕就难保全尸归里了。洪武八年（1375）三月，朱元璋在赐给刘基的"归老青田"诏书中以赞许的语气回忆了这件事情："当定功行赏之时，朕不忘尔从未定之秋，是用加以显爵，特使垂名于千万年之不朽，敕归老于桑梓，以尽天年。何期祸生于有隙，致是不安。若明以宪章，则轻重有不可恕；若论相从之始，则国有八议。故不夺其名，而夺其禄，此国之大体也。然若愚蠢之徒，必不克己，将谓己是而国非。卿善为忠者，所以不辩而趋朝，一则释他人之余论，况亲君之心甚切，此可谓'不洁其名'者欤？'恶言不出'者欤？"[①]最后这句话是有出处的，叫作"君子交绝，不出恶声；忠臣去国，不洁其名"，乐毅当年想离开燕王之时，就上书说了这句话。意思是说：作为一个正人君子，虽然与人绝交，但分手时绝对不说己是而彼非；作为一个忠臣，哪怕受天大的冤屈，也绝对不会为了自身的清白而去责怪君主。朱元璋引用了这句古话，是说换上别人，也许就根本不可能做到，但

---

① 见成化本《诚意伯刘先生文集》卷之一。

你刘基却做到了。朱元璋在《谕罪人曾秉正》这道诏书中也用了这句古语，但曾秉正的结局则完全不同于刘基。曾秉正犯了弥天之罪，朱元璋怜其才而免其死，让他回归乡里。曾秉正居然为了盘缠，卖了年仅4岁的幼女，朱元璋一气之下便下诏使其受"腐刑"至死。诏书说："昔人有云：'君子绝交，不出恶声；忠臣去国，不洁其名。'尔何如也？今尔既不能为人之父，实难种于世，故阉之，不致生人陷人，是其罚也。"①在朱元璋眼里，曾秉正就属于"愚蠢之徒"，而刘基则是一个"善为忠"的君子，刘基毕竟是识时务者。

最后岁月

朱元璋虽然没有对刘基作进一步的处分，事情过后也没有明白地说不许刘基返回青田老家，但其内心自然早已打定主意，他不想放"虎"归山，要把刘基"养"在眼鼻子底下，这样他就放心多了。朱元璋为什么不明白地说呢？大概是考虑给刘基留点面子吧。你刘基若是个聪明人，自然不会再提回老家；一旦提了，那是你自讨没趣。刘基当然也心里明白，在朱元璋对他越来越不放心的情况下，他是绝对不能再提回家了。所以，他就这么孤身一人在京城度过了风烛残年。

刘基被软禁京师的生活境况，史书没有详细记载，但可以想象，他生活在冷酷的政治环境之中，其内心必然是忧愤、痛苦、孤独和寂寞的。这一时期，他填了许多词，大多是抒发难以名状的孤独感和失落感。其中《尉迟杯·水仙花》是这样写的：

凌波步。怨赤鲤、不与传械素。空将泪滴珠玑，脉脉含情无语。瑶台路永，环佩冷、江皋荻花雨。把清魂、化作孤英，满怀幽恨谁诉？　　长夜送月迎风，多应被、彤闱紫殿人妒。三岛惊涛迷天地，欢会处、都成间阻。凄凉对、冰壶玉井，又还怕、祈〔祁〕寒凋翠羽。盼潇湘、凤香篁枯，

---

① 〔明〕朱元璋：《明太祖文集》卷七。

赏心唯有青女。（卷之十八）

在这首词中，作者巧妙地运用了托物言志、借景抒情的表现手法，以水仙花自况："空将泪滴珠玑，脉脉含情无语"，以此喻效忠明廷的一片诚心。水仙花之"清魂"，则正是词人坦荡、磊落品格的象征。又正因为其"清"而为人妒，以致君臣欢会难以再至。末句暗用娥皇、女英的典故表明心迹。整首词写得如怨如诉，一唱三叹，委婉曲折。而透过"怨"的表层，我们看到了作者内心之"愤"，愤胡惟庸这类小人的诬陷，也愤朱元璋不听己言重用奸佞，以致被无端猜忌而遭软禁。但"满怀幽恨谁诉"？"凤杳篁枯"，赏心唯青女而已。那种无法排遣的孤独感是显而易见的。

软禁京师期间，刘基还是有事可做的。比如朱元璋一时心血来潮要编一部四书五经的通俗读本，名之曰《群经类要》，命孔克表等着手编写，刘基也在其列。宋濂在《恭题御制论语解二章后》中说："洪武六年，乃诏克表及御史中丞臣刘基、秦府纪善臣林温取诸经要言，析为若干类，以恒言释之，使人皆得通其说，而尽圣贤之旨意。又虑一二儒臣未达注释之凡，乃手释二章以赐克表，俾取则而为之。"[①]

此时的刘基虽说已成了朱元璋弃而不用的闲臣，可从有关史料来看，他还得与在职文武百官一样上朝点卯，所有重大的典礼、仪式也得参加，歌功颂德的文章也得去做，如写于是年的《甘露颂并序》即为应制之作，这类作品不愿作也得作。

这年的八月，刘基再一次受辱。《明实录·太祖实录》卷八四载：丁丑日，朝廷遣御史大夫陈宁等人祭奠先师孔子。时丞相胡惟庸、诚意伯刘基、参政冯冕等不陪祭而受胙。上闻之曰："（刘）基等学圣人之道而不陪祀，使勿学者何以劝？"遂决定停发刘基、冯冕俸禄各一月，陈宁坐不举，亦停发俸禄半月，而胡惟庸则没受相应处罚。事虽不大，却关乎面子，在那种情势下，刘基也只好逆来顺受了。

①〔明〕宋濂：《文宪集》卷一二。

因为不要像以往那样为朝廷大事呕心沥血、日夜操劳了，刘基有了更多的闲暇时间，但通常与朋友的交往也不多，说实在也不敢，历经如此多的磨难之后，刘基真正领悟到了"明哲保身"的真谛。但刘基凭其人格的魅力和已有的诗文创作成就，在诗坛上的领袖地位已无人可以撼动，之前以高启为代表的吴中诗派，包括高启本人在内大多进入了以宋濂领衔的《元史》编撰班子，其影响力是无法与刘基相比的。论文章写作，刘基也是好手，但他在朱元璋面前毫不犹豫地把第一把交椅让给好友宋濂坐了，自己甘居其次。这在宋濂所作的《跋张孟兼文稿序后》有详细记载：

> 濂之友御史中丞刘基伯温负气甚豪，恒不可一世士，常以倔强书生自命。一日，侍上于谨身殿，偶以文学之臣为问。伯温对曰："当今文章第一，舆论所属实在翰林学士臣濂，华夷无间言者。次即臣基，不敢他有所让。又次即太常丞臣孟兼。孟兼才甚俊而奇气烨然。"既退，往往以此语诸人，自以为确论。①

刘基推誉宋濂为开国文臣之首，同时又毫不客气地认为第二把交椅他是坐定了，"不敢他有所让"，显得十分自信。事实情况也是如此，综合考虑刘基、宋濂诗文成就，他们的领袖地位是不可动摇的。为此，请刘基作文赋诗的自然不少。这一时期见诸刘基文集的就有《玉兔泉铭》《送张孟兼之山西按察司佥事任》《送黄叔旸归金华觐省序（并诗）》《送黄生莅祀福建》等诗文。

　　当然，这一时期刘基的诗文创作最值得称道的是长诗《二鬼》。②此诗洋洋洒洒一千二百余言，是刘基诗歌中的光辉篇章。诗中以"二鬼"喻他自己和好友宋濂，"天帝"则喻指朱元璋。诗歌通过离奇变幻的神话故事夸张地描述他们要在动乱中重建儒家封建秩序的幻想，也表现了他们受朱元璋牢笼豢养、抱负

---

① 〔明〕宋濂：《文宪集》卷一四。
② 《二鬼》的创作年代学术界观点不一。或以为作于明初，或以为作于元季（周群博士持此说）。同样是主明初之说，徐朔方先生主洪武四年，孙秋克教授、周松芳博士主洪武元年，笔者则以为是创作于洪武六年，详见拙著《刘基考论·二鬼诗创作年代新考》。

无法实现的苦闷。诗分四个层次：第一层言"二鬼"之缘起；第二层叙"二鬼"下凡彼此间无缘相见的相思之苦；第三层说"二鬼"于宇宙变异之际，使尽浑身解数拨乱反正，重整乾坤；第四层谓"二鬼"被天帝错怪拘囚，但其忠心不改，仍耐心等待着天帝的回心转意。兹录结尾部分以飨读者：

> 谋之不能行，不意天帝错怪恚，谓此是我所当为？眇眇末两鬼，何敢越分生思惟？呶呶向瘖盲，泄露造化微。急诏飞天神王与我捉此两鬼拘囚之。勿使在人寰，做出妖怪奇。飞天神王得天帝诏，立召五百夜叉，带金绳，将铁网，寻踪逐迹，莫放两鬼走逸入崄巇。五百夜叉个个口吐火，搜天刮地走不疲。吹风放火烈山谷，不问杉柏樗栎兰艾蒿芷蘅茅茨。燔焱熨灼无余遗。搜到九万九千九百九十九仞幽谷底，捉住两鬼，眼睛光活如琉璃。养在银丝铁栅内，衣以文采食以糜。莫教突出笼络外，踏折地轴倾天维。两鬼亦自相顾笑，但得不寒不馁长乐无忧悲。自可等待天帝息怒解猜恚，依旧天上作伴同游戏。（卷之十四）

解读此诗，绝对不能把它视为游戏之作，刘基、宋濂和朱元璋三人之间在明王朝建立前后的难分难解、恩恩怨怨，可以说都在这首诗中得到了生动形象的反映。刘基的遭遇已如上述，宋濂来到南京后任儒学提举，随侍朱元璋左右，为儒学顾问，并为太子师。他以儒学为宗，为朱元璋平定天下提供了许多收服人心的建议。至正二十五年（1365）归省，后又丁父忧，直到洪武元年（1368）底以诏修《元史》返回京师。次年八月，《元史》修成，除翰林院学士，为正五品官衔。洪武三年二月，儒士欧阳佑等采故元元统以后事迹还朝，朱元璋仍命宋濂等续修《元史》，半年后书成。也就在这个时候，宋濂"以失朝参"，被降为编修（正七品）。洪武四年（1371）调升为国子监司业（正六品），又"坐考祀孔子礼不以时奏"，被贬谪至江西任安远县知县（正七品），可以说也是屡受挫折，境遇堪忧。宋濂在洪武十三年因"长孙慎坐胡惟庸党，帝欲置濂死"，得皇后、太子力救而迁谪茂州，最后客死夔州，这已经是刘基身后之事了，当然不可预知。但宋濂在洪武三年、四年连遭贬谪的事实，也足以说明其境遇并不比刘基好多少，所以刘基在诗中把宋濂引为志同道合的患难知交，成了"二鬼"之一。值得我们注意的是，此诗中"二鬼"对天帝的"错怪恚"并遭拘囚是逆来顺受，但对天帝的回心转意并没失去信心，这都说明了刘基对朱元璋的忠贞不渝。刘基在抒情表意的手法上虽然对屈原的《离骚》和韩愈的《双鸟》多有借鉴，但对现实的深刻理解和结构上的不落窠臼，仍能给人耳目一新之感，这是一首充溢着浪漫主义文学色彩的政治诗篇。

第十六章　巨星陨落　家族盛衰

刘基之死

刘基被软禁京师期间，身体越来越差了，这不仅仅是生理方面的问题，其实还跟他的精神状态密切相关，接二连三的挫折使他在精神上备感压抑，无疑不断加重了他的病情。如洪武六年（1373）七月，当处心积虑多年的胡惟庸终于爬上了右丞相的宝座时，刘基曾颇为激愤地说："使吾言不验，苍生之福也；言而验者，其如苍生何！"（《神道碑铭》）意思是说："要是我刘基看人不准，那真是普天之民的福分了；倘若不幸言中，那老百姓该如何是好呢？"言下之意是胡惟庸当政，老百姓就要遭殃了。《神道碑铭》说他为此而"忧愤增疾"。他在《送宋仲珩还金华序（并诗）》中对自己的身体状况作这样的描绘，"予须发已白过大半，齿落什三四，左手顽不掉，耳聩，足踔不能趋"（卷之十五），可见全身是病。

洪武七年（1374）算是艰难地熬过去了，历史的车轮以它既定的速度进入了朱明王朝的第八个年头（1375）。大年初一这一天，他依然拖着病体上朝，在他的文集当中我们还看到了他写的一首诗，叫作《乙卯岁首早朝奉天殿柬翰林大本堂诸友》，诗是这样写的：

枝上鸣嘤报早春，御沟波澹碧龙鳞。

旗常影动千官肃，环佩声来万国宾。

若乳露从霄汉落，非烟云抱翠华新。

从臣才俊俱扬马，白首无能愧老身。（卷之十六）

己卯岁是洪武八年（1375），这差不多已是他的绝笔诗了，写得很是伤感，诗夸翰林院的文友们一个个风华正茂，才思敏捷有如扬雄和司马相如，转而悲叹自己的"白首无能"，让人唏嘘不已。不久，刘基就卧床不起了。

《行状》记载，是年正月，"胡丞相以医来视疾，饮其药二服，有物积腹中如拳石。公遂白于上，上亦未之省也，自是疾遂笃"。

三月初三日，朱元璋制《御赐归老青田诏书》，派遣使臣奉送刘基归乡。宋濂在《恭题御赐文集后》云："洪武八年岁次乙卯春三月壬辰，皇帝御乾清宫，召臣至。问前御史中丞刘基何日成行，臣以翌日对。继问病势不革否？还可自力至家否？臣复具以闻。时基有霜露之疾，上悯其为开国旧勋，特降手敕，令起居注郭传宣示之，俾还山以便侍养。然圣衷犹念之弗置，于是延臣扣其详。"①

三月初四这一天，刘基终于乞得"骸骨"，在专使的护送下踏上了归途。回家后，还与家人团聚一月有余，但病情非但不见好转，相反愈来愈重。刘基已意识到自己将不久于人世，在弥留之际，他把后事一一作了交代。

他首先想到的还是自己曾付出过心血的大明王朝，他对次子仲璟说："夫为政，宽猛如循环。当今之务，在修德省刑，祈天永命。诸形胜要害之地，宜与京师声势连络。我欲为遗表，惟庸在，无益也。惟庸败后，上必思我，有所问，以是密奏之。"②光从这份遗嘱就可以看出刘基的为人了，这么一位功勋卓著的开国元老，自洪武开国以后，却经受了那么多的挫折和委屈，可在临死之前，仍念念不忘国家大事，真正做到了"国虽负我，我不负国"，无愧于大明王朝的忠臣！

---

① 〔明〕宋濂：《文宪集》卷一三。

② 《明史》卷一二八《刘基传》。

其次是将自己平生所积的天文、术数、兵法方面的著作以及手稿，都交代长子刘琏暂且封存于石室，待发丧后全部上交朱元璋，并告诫子孙后代千万别学这些，因为他非常清楚，自己是"成也此术，败也此术"，若无天文、术数之长，大概也不会有谈洋"王气"之谗，这当然是一种消极的人生领悟。

洪武八年（1375）四月十六日，这位杰出的思想家、军事家、文学家与世长辞。巨星陨落，悄然无声。巨星陨落的原因至今还众说纷纭。一种意见，认为刘基是胡惟庸派人毒死的；另一种意见，胡惟庸派人毒死刘基，是奉旨行事，也就是说朱元璋才是罪魁祸首；第三种意见，认为刘基确属病故。

前两种意见肯定刘基之死乃是被害，区别只在于是胡惟庸主谋还是朱元璋主谋。史书记载千篇一律，皆以为刘基是被胡惟庸下毒致死，包括《明史》刘基本传、黄伯生《行状》、张时彻《神道碑铭》。史书所云大致是根据《诚意伯次子阁门使刘仲璟遇恩录》的如下记载：洪武二十二年（1389）正月十八，刘基次子刘璟于武英殿朝见朱元璋。朱元璋说："这刘伯温是个好秀才，吃胡（惟庸）、陈（宁）蛊了，那胡家吃我杀得光光的了。"次年十二月二十二日，刘璟再次进京朝见，朱元璋又说："后来胡家结党，他（刘基）吃他（胡惟庸）下了蛊，只见一日来和我说：'上位，臣如今肚内一块硬结，怕谅着不好。'我着人送他回去，家里死了。后来宣得他儿子来问，说道：'胀起来，紧紧的，后来泻得鳖鳖的，却死了。'"[1]《明史纪事本末》卷一三谓胡惟庸事发之前不久，朱元璋曾"究故诚意伯死状"，而惟庸惧。洪武十二年十二月，御史中丞涂节状告胡惟庸及御史大夫陈宁等谋反，且言刘基即为胡惟庸所毒害，并认为汪广洋应该了解内情。涂节本为胡惟庸的同党，"见事不成，始上变告"，无疑他是知晓内幕的关键人物。

另一位可能知情的重要人物就是涂节状告胡惟庸时涉及的汪广洋。时汪广洋与胡惟庸共事，任左御史大夫。但当朱元璋责询此事时，汪广洋至死也不承认。朱元璋怒甚，"责广洋朋欺"而将其贬至广南，舟次太平，又追怒其曲庇朱文正、不告发杨宪奸状而诛之。胡惟庸、陈宁、涂节等也于次年正月伏诛。

---

[1] 见四部丛刊本《太师诚意伯刘文成公集》卷一。

看起来，这是铁案一桩，毋庸置疑。所以，后出的史书如徐愚谷《明名臣言行录》、李贽《续藏书》、尹守衡《明史窃》、王鸿绪《明史稿》、钱谦益《列朝诗集小传》等皆持此说。但仔细分析，则仍有可疑之处。《明史》卷三〇八《奸臣传·胡惟庸传》有如下记载："（刘）基病，帝遣惟庸挟医视，遂以毒中之。"也就是说，胡惟庸挟医去给刘基看病，是受朱元璋派遣的。刘基那么聪明的一个人，对胡惟庸自然时刻怀有戒备之心，倘若是胡惟庸所为，刘基则完全有理由拒绝吃他的药，或是想出别的应对措施以防毒害；若是朱元璋所指使，那就另当别论了。君要臣死，臣不得不死，这在历朝历代都是司空见惯的事，刘基只能视死如归了。两相比较，给人的感觉是朱元璋指使胡惟庸毒死刘基这种说法更合乎情理。

不过，说朱元璋暗中操纵要毒死刘基，证据也很不充分。朱元璋的猜忌是出了名的，对刘基常怀有疑忌之心，也是事实。但朱元璋若要除去刘基，则完全可以堂而皇之地找出种种罪名，将他置于死地，欲加其罪，何患无辞？大可不必用此下三流的勾当。再说，刘基当时已年过花甲，原本就是疾病缠身，朱元璋应该清楚那时的刘基已是风烛残年、行将就木，即便有天大的能耐也难以有所作为了，在这个时候对刘基下毒手，似为多此一举。还有一点非常重要，那就是在洪武七年（1374）十二月，朱元璋《高皇帝御制文集》20卷行将付梓，朱元璋让刘基为其文集作了个"后序"。这无疑说明当时朱元璋与刘基之间的君臣关系已趋缓和；再结合朱元璋《御赐归老青田诏书》对刘基一生功业的充分肯定和高度评价，都说明朱元璋在那个时候是不会再对刘基下毒手了。胡惟庸案发问斩之后，问题还不断暴露出来，这时朱元璋才惊异地发现就在自己的眼皮底下居然还有那么大的一个朋党，要不是及时发现并予以根除，其后果实难想象。大概也就是从那时开始，他才感觉到刘基确实是一位不可多得的忠臣，后悔当初没听刘基的忠告，为此他付出的代价恐非"惨重"二字所能形容。所以，当他后来见到刘基次子刘璟时，曾不止一次地表明如下意思："刘伯温他在这里时，满朝都是党，只是他一个不从，他吃他每蛊了。""这起反臣都吃我

废了，坟墓发掘了。"①正如刘基临终遗嘱所云："（胡）惟庸败后，上必思我。"（《神道碑铭》）

我们如果排除了刘基之死的以上两种可能，那么，刘基只能是自然病故了。有人认为，刘基是患肝肺脓肿腹水症去世的。②患何种绝症而致死，笔者不是专家，不敢妄下结论，但我同意刘基是自然病故的说法。刘基自幼体弱多病，四十岁上便已"齿脱头童"，且患足疾，年未六十眼已花，花甲之后百病交攻，身体状况更是每况愈下。洪武六年（1373）为胡惟庸等所构陷，精神上的极度郁闷自然更加重了病情。我以为刘基死于老病的可能性更大一些。当然，若从刘基之病起因于胡惟庸构陷这个角度去看，说他是被害，也是讲得通的。

其实，刘基因何而死并不重要，重要的是他的人生理想最终无由实现。正如周松芳博士所论："刘基原本怀着盛世的理想来佐持季世的庸君，虽不敢奢望如管仲立不世之功，亦希望如陆贽一尽大臣之道，然终不可得；隐忍仕明，希望抱才有所施，不料依然不得其用。"③刘基一生，其志不凡，其才高蹈，其路坎坷，其死可悲，真乃我国历史长河中最富传奇色彩的悲剧人物之一。

洪武八年（1375）四月某日，一代英豪刘基葬于南田石圃山麓之夏山（俗称九龙山）。坟墓正前方是一片平畴，地势较为开阔，俨然像一方书案，四周群山环抱，层林叠翠，左右有九条山脉依附，如蛟龙腾舞，气象万千，即便是外行人看了，也觉得是一块开阔向阳的好墓地，这大概也是刘基生前所指定的。但坟茔造得十分简朴，与平民百姓的坟没有区别，仅一土墓而已。

夏山在武阳村南面15里处，离南田镇10里。不知从什么时候开始，这一带也有了村落，因位于南田镇之西，又有诚意伯陵墓在，所以就叫西陵村。后来，富氏夫人和章氏夫人也都与刘基合葬于夏山，至今仍为土坟。

刘基死后为何仅一抔黄土盖身？据民间传说，刘基的两个儿子原本想把丧事操办得气派些，营造坟墓的图纸都画好了，但刘基不同意，他说："要它做什么！江山才定，元气还未恢复，我们若花这么多钱去造坟墓，岂不被人说闲话！

①《诚意伯次子阁门使刘仲璟遇恩录》，见四部丛刊本《太师诚意伯刘文成公集》卷一。

②郝兆矩：《刘伯温评传》，第189页。

③周松芳：《刘基研究》，中山大学2004年博士学位论文，第43页。

其实，我们也没有这么多钱。唉！人死如灯灭，黄土之中砌上一洞就是了。"刘琏没法，请亲戚友邻前来劝说，刘基又解释说："你们看这'墓'字，上是草，下是土，才能承受阳光雨露。若造石屋，怎么生草？没有百草常青，就不是墓。古人造字，大有讲究。后人为了沽名钓誉，显示豪富权势，不惜巨资，大造坟墓，这就违背了古训。人不能靠造坟墓、立牌坊流芳万世。你们想想，张良、诸葛亮他们的坟墓又在哪里？"一番话说得大家再也开不得口了。①

虽为传说，却编得入情入理，也就是说，坟茔如此简朴，儿子是遵从了父亲的遗愿。若究其原因，恐怕主要还是惧祸。胡惟庸构陷刘基，主要就是在所谓坟茔"王气"上做文章，朱元璋虽未对此事予以深究，但直到刘基死前，也未公开表态是冤案。他在《御赐归老青田诏书》中还说："若明以宪章，则轻重有不可恕"，说明当时朱元璋还是认为刘基在这件事情上是有过失的。更何况胡惟庸正如日中天，权势显赫，在这样的政治背景下，若还铺张操办丧事，那么"夏山王气"之说又将出现，如此一来，刘基虽然入土，却难以为安了，而且很有可能殃及子孙后代。当然，刘基一生清贫也是原因之一。刘基祖上并没留下多少遗产，自身又为官清廉，俸禄也不高（后两年还被夺禄），当了那么多年的大官，故里武阳仍为草屋茅舍。如今在其故里，除了一个残缺的米臼与一口旧井，还有新近出土的一只马槽相传是刘基家族的遗物之外，再也没有别的发现了。至今我们仍未发现武阳村在古代有规模宏大的建筑迹象，可见当年刘基家族没有豪门巨宅。一丘土坟，正是刘基廉洁奉公、清白一生的最好见证。

关于刘基之死，还有如下传说。一说刘基当年是逃回家的。回家后倚柱吞金而死，家人深知朱元璋残忍，很可能派人前来掘坟戮尸枭首，为安全起见，一下子就造了许多坟墓，让人真伪不辨。又说刘基倚柱吞金后，朝廷追兵正好赶到。为了交差邀赏，追兵仍然割了刘基的头去。后来朱元璋痛悔错杀刘基，便赐金头一个，与刘基尸身合葬。刘家怕人盗棺，遂设疑冢若干处。

其实，这些传说都是无稽之谈。之所以会有这样的传说，这跟刘基子孙后代袭爵有关。刘基的诚意伯爵位原本不是世袭的，但长孙刘廌却于洪武二十三

---

① 周文锋等搜集整理：《撕碎坟墓图》，见罗哲文《民间故事选》，1998年印刷，第167—168页。

年（1390）袭封诚意伯。刘廌于袭爵之次年，便"坐事贬秩归里"，卒于永乐年间，其子刘法"停爵"。直到明嘉靖十一年（1532），九世孙刘瑜才得以重新袭封诚意伯爵位，此后，十一世孙刘世延、十二世孙刘荩臣、十三世孙刘孔昭皆世袭，直至明朝灭亡。①所以，在有明一代至少有六位诚意伯，因而就有多座诚意伯墓。这六座陵墓散处于南田山麓，后人不知刘基后代中也有袭封诚意伯的，便将所有的诚意伯墓都认作是刘基墓了，这大概就是"金首九坟"之类传说的由来了。

身后记事

刘基死后的第二年夏天，朱元璋派遣监察御史李铎专程前往刘基故里南田武阳，去取《观象玩占》等书籍。刘琏当即从石室中取出有关书籍，跟随李铎赴京，面见朱元璋并奏曰："臣先臣基临终嘱臣以书戒之曰：'慎勿泄也，丧葬毕，具上之。'臣未及上，重烦使者来取，臣罪当万死。今悉送官矣，唯陛下哀矜！"朱元璋听后很高兴，慰之曰："忠孝哉，其留服事朕。"刘琏顿首乞赐归里持服，朱元璋赐宝钞三十贯，皇太子设宴款待，加赐五十贯。是年秋七月，服甫除，朝廷即以承务郎考功监丞官刘琏，后一月兼试监察御史，风裁凛凛，眷遇尤笃。后二月，朱元璋又委以重任，超拜江西等处承宣布政使司右参政。刘琏感激不已，知恩图报。是时，胡惟庸已升任左丞相，汪广洋为右丞相。同官韩士原贪而苛，沈立本憸邪而不知大体，皆为胡惟庸之党羽。刘琏在任期间，"一以忠信介直自处，临事决议，不为俯仰，虽出语侵之，不变一号一令，忖度利病便不便，而后从违"，政绩卓著。然为沈立本所胁，刘琏愤沈立本专恣致疾，于洪武十二年（1379）六月三十日坠井身亡，时年32岁。"上闻之，嗟悼不已，敕有司护丧返其里，亲为祭文，命国子生陆居敬致奠。"②

洪武十三年（1380）正月，胡惟庸以旧宅井中忽生石笋和祖坟夜间火光烛

---

①《功臣世系表》，《明史》卷一〇五。

②〔明〕苏伯衡：《参政刘公墓碑铭》，《明名臣琬琰录》卷七。

天为异兆，勾结日本和元朝残余势力，图谋不轨，后伏诛，株连党羽凡一万五千余人。①

　　也就在这一年正月，刘基的长短句结集梓行，永嘉儒学训导叶蕃受刘璟之托为《写情集》作序，序文对刘基的文章勋业作了全面评价：

　　《写情集》者，诚意伯括苍刘先生六引三调之清唱，四上九成之至音也。先生生于元季，蚕［蚤］蕴伊吕之志，遭时变更，命世之才沉于下僚，浩然之气阨于不用，因著书立言以俟知者。其经济之大，则垂诸《郁离子》；其诗文之盛，则播为《覆瓿集》；风流文彩英余，阳春白雪雅调，则发泄于长短句也。或愤其言之不听，或郁乎志之弗舒，感四时景物，托风月情怀，皆所以写其忧世拯民之心，故名之曰"写情集"，厘为四卷。其词藻绚烂，慷慨激烈，盎然而春温，肃然而秋清，靡不得其性情之正焉。宜其遇知圣主，君臣同心，拨乱世反之治，以辅成大一统之业，垂宪于万世也。先生当是之时，深知天命之有在，其盖世之姿，雄伟之志，用天下国家之心，得不发为千汇万状之奇，而龙翔虎跃也？呜呼！千载之前，千载之后，英迈挺卓能几人哉？（卷之十七）

　　序文谓刘基有"盖世之姿""伊吕之志""命世之才"，"千载之前，千载之后，英迈挺卓能几人哉？"其时，胡惟庸虽已案发，然开国功臣多数健在，叶蕃对刘基下这样的评价还是需要相当的勇气的。值得玩味的是，叶氏在序言中对刘基生前自行拟定的入明后诗文《犁眉公集》却只字不提，是有意回避还是一时疏忽？

　　同年十二月，刘基好友宋濂因其孙子宋慎坐胡惟庸党被刑，全家籍没，宋濂被械押到京，朱元璋欲杀之，皇后谏曰："民间延一师，尚始终不忘恭敬，宋先生亲教太子、诸王，岂忍杀之？且宋先生家居，宁知朝廷事耶？"朱元璋领皇

————————

①《明史》卷三八〇，《胡惟庸传》。

后情，免宋濂死，发配茂州安置，行至夔州，病卒，年72岁。①

又过了六年，即洪武十九年（1386）冬，刘基门生徐一夔为《郁离子》作序，也对其师的学识、才气予以高度赞扬，谓其"学足以探三才之奥，识足以达万物之情，气足以夺三军之帅，以是自许，卓然立于天地之间，不知自视与古之豪杰何如也"。

洪武二十年（1387）至洪武二十三年，朱元璋出于对已故功臣的怀念，几乎每年年底或年初都接见刘基、章溢、叶琛、胡深的子侄，对他们的父辈赞赏有加，勉励他们学父辈的为人，好学向上，并对他们说："你每父亲便吃些亏呵，如今朝廷也留个好名。"又对刘基次子刘璟说："我也常念他刘伯温，刘伯温他在这里时，满朝都是党，只是他一个不从，他吃他每蛊了。他大的儿子，这小的也厉害，不从，他也吃他每害了。这起反臣都吃我废了，坟墓发掘了。"②

洪武二十三年（1390）五月，赐李善长死。先此，胡惟庸辞连李善长，朱元璋勿问。至是，会有星变，谓大臣当灾。时朱元璋大肆杀戮京民之怨逆者，李善长为亲戚求情，朱元璋大怒，遂赐死。③

十二月二十二日，朱元璋接见刘璟时说："如今把尔袭了老子爵，与他五百担俸。"刘璟回奏："臣出力气事，尽死向前，报本欲在，袭封伯爵的事，哥哥有儿子在。"朱元璋听后高兴地说："他终是秀才人家孩儿，知理熟，大功爵让与哥的儿子，好呵！"遂由刘琏长子刘廌袭爵。

二十四日，拜刘璟为阁门使，实授正六品官。二十五日，刘璟接旨："我考宋制，除尔做阁门使。夜来翰林院考了，这衙门正似如今仪礼司一般，不着你管仪礼司事，只要跟着驾，但是我在处，尔便有着传旨意发放事呵。我如今着你叔侄两个都回家去走一遭，把你老子祭一祭，祖公都祭一祭，便来。"三十日，奉旨回乡祭祖。④

---

①《明史纪事本末》卷一三。

②《诚意伯次子阁门使刘仲璟遇恩录》，见《太师诚意伯刘文成公文集》卷一。

③《明史》卷一二七，《李善长传》。

④《诚意伯次子阁门使刘仲璟遇恩录》，见《太师诚意伯刘文成公集》卷一。

朱元璋让刘廌袭爵，且倍增其禄，这意味着刘基名誉的恢复，可以看作是对刘基的正式平反。刘家重新获宠，刘基当含笑于九泉之下。

但仅过一年，刘廌便"坐事贬秩归里"，洪武末，又"坐事戍甘肃，寻赦还"。建文帝、明成祖都想用刘廌，刘廌则以奉亲守墓力辞，卒于永乐年间。

按规定，刘廌之子刘法可以世袭爵位，但明成祖未允。这与刘璟、刘廌叔侄俩不跟成祖合作的态度有密切关系。

刘璟于洪武二十四年（1391）由阁门使升任谷王府长史。刘璟论说英侃，喜谈兵。初，温州贼叶丁香叛逆，延安侯唐胜宗讨之，即决策于刘璟。破贼还，朱元璋称璟才略，喜曰："璟真伯温儿矣！"刘璟在个性方面也颇类其父亲，史载他曾与朱棣对弈，朱棣说："卿不少让耶？"刘璟正色曰："可让处则让，不可让者不敢让也。"朱棣默然。靖难兵起，刘璟随谷王归京师，献十六策，不听。令参景隆军事。景隆败绩，刘璟夜渡卢沟河，冰裂马陷，冒雪行三十里。其子自大同赴难，遇之良乡，与俱归。上《闻见录》，不省，遂归里。成祖即位，召刘璟入朝，刘璟称疾不至。逮入京，犹称"殿下"，且云："殿下百世后，逃不得一个'篡'字。"下狱，辫发自经身亡。①

永乐年间，刘基家族的日子并不好过。因为刘璟不愿与成祖合作，导致朱元璋生前定下准许刘基后代世袭爵位的成规也被撕毁，稍有不慎，还将遭致满门抄斩。笔者早年梳理刘基文集版本源流时，曾注意到有一个冠名刘基的单行本名《翊运录》，刊行于明永乐二年（1404）。是本由王景作序，所录以御书、诏诰为主，《行状》、《碑铭》、赵天泽赠序、刘琏《自怡集序》、《诚意伯次子阁门使刘仲璟遇恩录》等亦附录其中，而所收刘基作品仅五篇颂表，且此五篇颂表永乐二年王序本极有可能未予收录②。后出的刘基总集除四库本之外，都将此集置于首卷。正如《四库全书总目提要》所言，是集究非刘基所作，却何以要郑重其事结集付梓？盖当时刘廌等人唯恐祸及全家，故以朱元璋的御书、诏诰作"保护伞"，以期在舆论上对永乐帝起到一定的威慑作用，使其对刘基后裔不

---

①《明史》卷一二八。

②详见拙著《刘基考论》，第48页。

敢轻易下手。王景是史官，措辞应该说是比较严谨的，更何况是在刘基家族受压的永乐年间，但他在《翊运录》序言中对刘基的评价仍褒誉有加，称朱元璋"西平江汉，东定吴会……席卷中原，群雄归命，混一四海，大抵皆先生之策也"，较之朱元璋的"卿能言之，朕能审而用之"的评价则要高出许多。

到明景泰三年（1452），七世孙刘禄授世袭五经博士，刘基家族呈现复兴之象。

明成化六年（1470），《诚意伯刘先生文集》20卷梓行，这是今存最早的刘基诗文总集，由翰林侍讲杨守陈作序，序云："汉以降，佐命元勋多崛起草莽甲兵间，谙文墨者殊鲜。子房之策，不见辞章；玄龄之文，仅办符檄。未见树开国之勋业而兼传世之文章如公者，公可谓千古人豪矣！"杨氏从纵向的比较中认为刘基乃是勋业、文章并举之"千古人豪"，评价可谓高矣。

明弘治十三年（1500），刘基九世孙刘瑜诏授处州卫指挥使。

明正德九年（1514），朝廷加赠刘基"太师"称号，并谥"文成"。明武宗称他为"渡江策士无双，开国文臣第一"，这是刘基从官方获得的最高荣誉。国师地位，从此奠定。嗣后，王世贞为其作传，将他列为"明三大功臣"（另两位是于谦和王守仁）。

嘉靖十年（1531），刑部郎中李瑜言刘基宜配祀高庙，封世爵，如中山王徐达。下廷臣议，佥言："高帝收揽贤豪，一时佐命功臣，并轨宣猷。而帷幄奇谋，中原大计，往往属基，故在军有子房之称，剖符发诸葛之喻。基亡之后，孙廌实嗣，太祖召谕再三，铁券丹书，誓言世禄。廌嗣未几，旋即陨世，褫圭裳于末裔，委带砺于空言。或谓后嗣孤贫，弗克负荷；或谓长陵绍统，遂至猜嫌。虽一辱泥涂，传闻多谬，而载书盟府，绩效具存。昔武王兴灭，天下归心；成季无后，君子所叹。基宜侑享太庙，其九世孙瑜宜嗣伯爵，与世袭。"制曰"可。"①

刘瑜死后，其孙刘世延嗣爵。嘉靖末，南京振武营兵变，世延掌右军都督府事，抚定之。数上封事，不报，怂而恣横。万历三十四年（1606），坐罪论

---

① 《明史》卷一二八，《刘基传》。

死，卒。这是刘基家族史上的一个污点。

　　刘世延死后，因其孙子刘莱臣年幼，遂由其庶兄刘荩臣借袭。荩臣卒，莱臣当袭，然荩臣之子刘孔昭复据之。崇祯时，刘孔昭出督南京操江。福王之立，与马士英、阮大铖比，后航海不知所终。①

---

①《明史》卷一二八，《刘基传》。

第十七章　博学长才　多方建树

刘基一生的终极目标在于勋业，学问仅其"余事"而已。但谁都清楚，刘基一生勋业的基础却在于学问。他博学长才，堪称学问大家，在哲学、军事、文学、堪舆乃至书法、绘画等艺术领域都独树一帜，为中国的学术文化发展作出了杰出的贡献。

哲学思想

刘基是一位杰出的哲学家。他的生命价值取向、终极目标关怀在很大程度上都源于其自身的哲学思想。刘基身处浙东之处州，因此在思想上受浙东学派的影响颇深。他在处州读书时，老师郑复初就是一位"精通伊洛性理之学，望重当世"的饱学之士，被四方从之者号为"四经师"。刘基跟他讲濂洛性理之学，还得到了很高的评价。今人侯外庐认为刘基在理学史上享有较高的地位，并把他与宋濂一并列入金华学派。

刘基的理学思想基本上是沿袭程朱一路的。当时思想界的任何一位理学家都回避不了要对世间万物的本原问题作出解释，刘基也不例外。

刘基认为"天，浑浑然气也"，"以其气分而为物，人其一物也"（卷之四《郁离子·神仙》），"人之得气以生，物受天之气以生者也"（卷之十二《天说下》），"天下之物，动者植者……出出而不穷，连连而不绝，莫非天之生也"（卷之三《郁离子·蜾蠃》）。在刘基的笔下，所谓"天"是由浑浑茫茫的"气"

构成的，世间万物林林总总包括人类，皆为气的物化表现形式。但"气"有阴阳、邪正之分，"气"之正者，谓之"元气"，它是"未尝有息"（卷之十二《天说上》）的，元气不坏，则乾坤不死。（卷之十五《苏平仲文集序》）

在中国古代哲学当中，与"气"相对应的一个哲学范畴叫作"理"。程朱理学之"理"，具有鲜明的本体色彩，属形而上之道，乃"生物之本也"。[1]刘基笔下之"理"，则具有了伦理道德的含义。他说："天之质，芒芒然气也，而理为其心，浑浑乎唯善也，善不能自行，载于气以行。"（卷之十二《天说上》）这大概可算是两者之间的一个区别。

从上引论述可见，刘基在理、气关系上是持理寓气中、理气相即之说，朱熹虽然也说过"天下未有无理之气，亦未有无气之理"，"理、气本无先后之可言"的话，但他又说"然必欲推其所从来，则须说先有是理"。[2]在刘基文集中，神与气相通，他说："气形而神寓焉，形灭而神复于气。"（卷之十二《雷说下》）可见在精神性的"理"和物质性"气"的两者关系上，刘基的认识显然要比朱熹进步得多。

值得注意的是，因受浙东事功学派的影响，刘基的理学思想具有明显的形而下取向。[3]这种形而下的实学倾向导致了他很少会从纯理论上对宋元理学作深入的研究，综观刘基文集，罕有专门的性理论述。在天道观这个问题上，刘基就不愿多谈，甚至有些躲闪，他说天道是"六合之外，圣人不言"（卷之三《郁离子·天道》），又说"天道幽微，非可臆也"（卷之四《郁离子·麇虎》），甚而在诗歌中发出"天道幽微谁能诘？"（卷之八《次韵和石末公七月十五夜月蚀诗》）的疑问。即便以"天"命名的《天说》上、下篇，其主旨也并非探讨性理之学，他在《天说上》中论理气，是为了说明"天不能降祸福于人"这个道理，在《天说下》中论理气，是为了论证"天有所不能而人能之"这个观点。他说："有元气乃有天地。天地有坏，元气无息；尧舜汤武立其法，孔子传其

---

① 〔宋〕朱熹：《答黄道夫一》，《晦庵集》卷五八。

② 〔宋〕朱熹：《理气一》，《御纂朱子全书》卷四九。

③ 周松芳：《理实之辨——简论刘基理学思想的特色及其对文学的影响》，见吕立汉、潘玉花主编：《刘基文化论丛》，第46页。

方，方与法不泯也。"（卷之十二《天说下》）刘基认为方与法是可通过学习而掌握的，这是典型的形而下取向。作为配天、地而为三的"人"来说，一旦掌握了"医天"（或曰"补天"）之术，就不怕天灾流行了，所以他得出了"有善医者举而行之"，元气就自然会得以恢复的结论。刘基在天灾频仍的元至正初年如是论说，的确是鼓舞人心的，无疑具有时代的进步意义。

不可否认，刘基早期的思想观念中有着较为严重的唯心主义天道观。他在科举习作《春秋明经》两卷中，有多处"天人感应"理论的阐述。他说："善恶之事作于下，而灾祥之应见于上，此天、人相与之至理也"，"天之于人，各以类应"，"天灾流行必不于有道之国"（卷之十九《公会齐侯伐莱……》），一再强调"天人感应之理不诬"（卷之十九《筑郿大无麦禾……》）。

到中年以后，刘基的天道观渐次发生变化。元至正初年，他在《天说》上、下篇中提出"天不能降祸福于人"，人为雷所霹，并非"获罪于天"而"天戮之"，这在很大程度上已经否定了"天人感应"之说。不过在那个时候，他仍坚持"天之心"是"好善而恶恶"的观点。

直到元季农民大起义风起云涌、元廷统治集团腐败透顶节节败退、刘基在仕途上屡受挫折对元廷绝望之时，其天道观才有了根本的转变。他在《郁离子·天道》中有这样一段对话：

> 盗子问于郁离子曰："天道好善而恶恶，然乎？"曰："然。"曰："然则天下之生，善者宜多，而恶者宜少矣。今天下之飞者，乌鸢多而凤凰少，岂凤凰恶而乌鸢善乎？天下之走者，豺狼多而麒麟少，岂麒麟恶而豺狼善乎？天下之植者，荆棘多而稻粱少，岂稻粱恶而荆棘善乎？天下之火食而竖立者，奸宄多而仁义少，岂仁义恶而奸宄善乎？将人之所谓恶者，天以为善乎？人之所谓善者，天以为恶乎？抑天不能制物之命，而听从其自善恶乎？将善者可欺，恶者可畏，而天亦有所吐茹乎？自古至今，乱日常多而治日常少，君子与小人争，则小人之胜常多，而君子之胜常少。何天道之好善恶恶而若是戾乎？"郁离子不对。盗子退谓其徒曰："甚矣，君子之私于天也！而今也辞穷于予矣。"（卷之三）

针对"天道好善而恶恶"之论，盗子一口气提出了八个问题以表示对天道的怀疑和否定。面对盗子连珠炮般的发问，郁离子无言以对，因为现实便是如此。

中年以后的刘基便有许多惊世骇俗之论，如上述的"天不能降祸福于人"，并认为"天有所不能而人能之"（《天说下》），这是荀子"人定胜天"思想的进一步发挥。更富新意的是，刘基认为不仅人会患病，而气、天亦如人，间或也会得病。人病了须求之于医，天亦然。谁能医天？唯有孔子一类圣人。皇帝乃天之子也，天尚且"有所不能"，何况天之子呢？这就在很大程度上否定了天子的绝对权威，难怪四库馆臣要把它看作是洪水猛兽般的异端邪说而将其删除。[①]

刘基驳斥农夫耕于野，被雷震死，是"获罪于天"的谬论。"一夫有罪，天将自戮之乎？天生民而立之牧，付之以生杀之权，而又自震以讨焉，恶用是司牧者为也？"锋芒所向，又直指封建社会最高统治者，四库馆臣也将它删去。刘基解释说："雷者，天气之郁而激而发也。阳气团于阴必迫，迫极而进，进而声为雷，光为电，犹火之出炮也，而物之当之者，柔必穿，刚必碎。非天之主以此物击人，而人之死适逢之也。不然，雷所震者，大率多于木石，岂木石亦有罪而震以威之耶？"（卷之十二）这无疑是一种朴素的唯物主义自然观。

刘基对宋元理学所恪守的一些清规戒律也作了大胆的否定。比如对妇女"七出"戒律中的"恶疾"和"无子"两条就予以猛烈的抨击。他首先指出"妇有七出"，"是后世薄夫之所云，非圣人意也"，进而认为将妇女身患恶疾和不能生育亦归入"七出"之列，是不人道的。他说："恶疾之与无子，岂人之所欲哉？非所欲而得之，其不幸也大矣，而出之，忍矣哉！夫妇，人伦之一也。妇以夫为天，不矜其不幸而遂弃之，岂天理哉？而以是为典训，是教不仁以贼人道也。"（卷之四《郁离子·羹藿》）

刘基不信佛，所以基本否认鬼的存在。他认为生老病死是不可抗拒的自然法则，"若使有生而无死，则尽天地之间不足以容人矣"；"既死矣，而又皆为

---

①《四库全书》文渊阁本缺文，详见拙著《刘基考论》，第71页。

鬼，则尽天地之间不足以容鬼矣"。他说人是"得气以生其身"，就像火点燃了木柴一样。人的灵魂就像火焰，躯体则如木炭。人死后，"魂复归于气，犹火之灭也，其焰安往哉?"（卷之四《郁离子·神仙》）

刘基反对致斋、焚香、拜鬼神，认为这是一种"欺""媚"行为；他借司马季主之口说："天道何亲? 唯德之亲；鬼神何灵? 因人而灵。"所以他不信占卜，"蓍，枯草也；龟，枯骨也。物也。人灵于物者也，何不自听而听于物乎"?（卷之三《郁离子·天道》）也不信吉兆、凶兆一类迷信，认为"乌鸣之不必有凶，鹊鸣之不必有庆，是人之所识也"（卷之四《郁离子·牧猳》）。

当然，刘基还不是一个彻底的无神论者。他相信道教，所以承认神仙的存在。但在他的心目中，神仙乃"人之变怪者也"，神仙的地位并非至高无上："天者，众物之共父也。神仙，人也，亦子之一也。能超乎其群而不能超乎其父也。"而且，神仙也不永恒，或问："神仙不死乎?"刘基回答得很干脆："死。"（卷之四《郁离子·神仙》）

刘基在认识论与方法论上也有许多唯物的见解。在他的著作中，有时候其所谓"天"则是客观世界的代名词，这种意义上的"天"，刘基以为是可以认知的。他在《郁离子·天道》中说：

> 天之行，圣人以历纪之；天之象，圣人以器验之；天之数，圣人以算穷之；天之理，圣人以《易》究之。凡耳之所可听，目之所可视，心思之所可及者，圣人搜之，不使有毫忽之藏。（卷之三）

刘基也承认尚有未知的世界，"人无术以知"，就是圣人也"不能知耳"。

刘基在认为客观世界是可以认知的前提下，进而主张能动地利用客观世界，善于做"天地之盗"，遵循自然规律，最大限度地向自然界获取人类所需，满足民用。他说：

> 人，天地之盗也。天地善生，盗之者无禁。唯圣人为能知盗，执其权，用其力，攘其功而归诸己，非徒发其藏，取其物而已也。庶人不知焉，不

能执其权，用其力，而遏其机，递其气，暴天其生息，使天地无所施其功，则其出也匮，而盗斯穷矣。（卷之三）

在他的心目当中，上古之时的伏羲、神农氏都是"善盗"的圣人，他们能"教民以盗其力以为吾用。春而种，秋而实，逐其时而利其生"，尽最大可能使自然界为我所用，如此就能做到"曲取之无遗焉"。（卷之三）

其实，刘基呼吁人们要善做"天地之盗"是针对当时执政者一味向老百姓巧取豪夺有感而发的。他在诗歌《感怀三十一首》其四指出："古人盗天地，利源不可穷；今人盗农夫，岁莫山泽空。"（卷之六）正是朝廷的横征暴敛，才导致百姓衣食无着，铤而走险，落草为寇。

刘基认为，认识事物要分清主、次："人之于事也，能辨识其何者为主，何者为客，而不失其权度，则亦庶几乎寡悔矣夫。"（卷之四《郁离子·公孙无人》）他所编的寓言《赵人患鼠》最能说明这一问题：

> 赵人患鼠，乞猫于中山，中山人予之。猫善捕鼠及鸡，月余鼠尽，而其鸡亦尽。其子患之，告其父曰："盍去诸？"其父曰："是非若所知也。吾之患在鼠，不在乎无鸡。夫有鼠，则窃吾食，毁吾衣，穿吾垣墉，坏伤吾器用，吾将饥寒焉，不病于无鸡乎？无鸡者，弗食鸡则已耳，去饥寒犹远，若之何而去夫猫也！"（卷之三《郁离子·枸橼》）

"鼠尽而其鸡亦尽"，这是一对矛盾，在如何对待这一对矛盾，父子俩认识截然不同。其父认为"吾之患在鼠，不在乎无鸡"，不应把猫赶走，这就抓住了矛盾的主要方面。

总之，刘基在认识论和方法论上的见解，有许多可取之处，值得今人借鉴。

最后需要指出的是，刘基哲学思想的某些观点有时会出现自伐现象，这跟他相信道教、阴取佛学，兼综和会、承祧多元又融会不够有关。

文学思想

刘基一生，未给后人留下体系完整的诗文理论专著，却有他自身鲜明的文学主张。在他为诗朋文友所作的序文当中，我们可以洞察其颇具特色的文学思想。这种思想不仅规范其自身的创作实践，而且对明初新一代文风的兴起，在理论上起了先导作用。

有元一代，论诗者大都以温柔敦厚为宗，这种文学观念导致延祐年间的诗文创作内容空泛，而一味追求艺术上的淳正博雅。流风所及，元季诗坛"雅正之音"仍不绝于耳。对此，刘基甚为不满，他在《照玄上人诗集序》中指出：

> 今天下不闻有禁言之律，而目见耳闻之习未变。故为诗者莫不以哦风月、弄花鸟为能事，取则于达官贵人，而不师古，定轻重于众人，而不辨其为玉为石。惜惜恢恢，此唱彼和，更相朋附，转相诋訾，而诗之道，无有能知者矣。（卷之十一）

此即元季诗坛之现状。刘基是一位杰出的文学家，但他不想以诗文名世，人生目标始终定位在治国经邦之上。因此，他与一般文人的不同之处，就在于出处行藏都关注社会，观照人生，坚决反对"诗贵自适"。《项伯高诗序》云：

> 故世有治乱，而声有哀乐，相随以变，皆出乎自然，非有能强之者。是故春禽之音悦以豫，秋虫之音凄以切，物之无情者然也，而况于人哉？予少时读杜少陵诗，颇怪其多忧愁怨抑之气，而说者谓其遭时之乱，而以其怨恨悲愁发为言辞，乌得而和且乐也？然而闻见异情，犹未能尽喻焉。比五六年来，兵戈迭起，民物凋耗，伤心满目，每一形言，则不自觉其凄怆愤惋，虽欲止之而不可，然后知少陵之发于性情，真不得已，而予所怪者，不异夏虫之疑冰矣。（卷之十一）

世有治乱，而声有哀乐，这一古老的诗学命题涉及文学的本质特征和社会功用等问题。刘基认为元季社会已绝非升平盛世，作家应负起时代的使命，更应发挥诗文对社会的干预作用。在创作动机上，认为诗文皆"不得已"而作。此点在《唱和集序》中有更具体的阐述："若其发而为歌诗，流而为咏叹，则必其有所沉埋抑挫，郁不得展，故假是以摅其怀，岂得已哉？"（卷之十一）"不得已"说原非刘基创见。司马迁有"发愤著书"说，韩愈有"不平则鸣"说。在古代文论中，有"文生于不得已"还是"生于有心"之争，刘基则统一之，认为"言生于心而发为声，诗则其声之成章者也"（卷之十一），说到底还是"感于哀乐，缘事而发"的创作观。刘基文论的特点是针对性强，往往三言两语就切中时弊。《项伯高诗序》就是以切身体会呼吁世人要像杜甫那样，去关心民瘼，匡扶时势，发挥文学应有的社会功用。

说到文学的社会功用，刘基则力主讽喻之说："余观诗人之有作也，大抵主于讽喻。盖欲使闻者有所感动，而以兴其懿德，非徒为诵美也。"（卷之十一《送张山长序》）又说："夫诗何为而作哉？情发于中而形于言。国风、二雅，列于六经，美刺风戒，莫不有裨于世教。是故先王以之验风俗，察治忽，以达穷而在下者之情，词章云乎哉？"（卷之十一《照玄上人诗集序》）刘基认为文学须有裨于世教，即对社会有益。怎样才能有裨于世教呢？作者态度非常明确，就是要使诗文起到应有的讽喻作用。若依此而作，"纵不能救当时之失，而亦可以垂戒警于后世"（卷之十四《唱和集序》）。

针对元季清虚纤弱的文风，刘基又力倡理、气并重之说。《潜溪后集序》云："文以明理，而气以行之。气不昌则辞不达，理不明则言乖离而道昧。"[1]入明后，刘基在《苏平仲文集序》中又重申了这一观点："文以理为主，而气以摅之。理不明，为虚文，气不足，则理无所驾。"（卷之十五）理、气本是中国古代哲学的基本范畴，刘基的哲学文章中亦常见之。但上述二序所言之理、气内涵，已非哲学意义上的理、气所能包容，它更多的是继承并发展了此前文论家的理、气之说。

---

[1] 是序刘基文集诸版本皆未收，今录自宣统三年《宋文宪公全集》附录卷四。

我以为刘基的理、气观是源于韩愈"文以明道""气盛言宜"之说。不同处在于韩愈之"道"是孔孟之道，而刘基之"理"指的是众人之"理"（《潜溪后集序》），这正是刘基诗文在较大程度上能为百姓说话、明理的理论基础。故刘基所言"文以理为主"，是强调诗文写作要注重思想内容，"气以摅之"，是指作家应有充分的自信，以沛然之势将思想感情用适当的文辞加以表达。在理、气关系上，他说"理不明，为虚文；气不足，则理无所驾"，提倡理、气并重，这就从理论上阐明了两者之间不可偏废的辩证关系。

刘基理、气说的提出，重要性不在于理论上有多少建树，而在于针对当时"徒托空言""都尚辞华"的纤弱文风而发，即便是老调重弹，也是很有意义的。

在文学与时代的关系上，刘基提出了"文之盛衰，实关时之泰否"（卷之十五《苏平仲文集序》）的观点。这一命题有两层意思："文之盛衰"取决于"时之泰否"；"时之泰否"由"文之盛衰"而见之。

就第一层意思而言，作者认为文学时代风格的形成与社会的治乱兴衰密切相关。"三代之文，浑浑灏灏，当是时也，王泽一施于天下，仁厚之气钟于人而发为言，安得不硕大而宏博也哉？"（卷之十《王师鲁尚书文集序》）杜少陵"遭时之乱，而以其怨恨悲愁发为言辞，乌得而和且乐也？"（卷之十一《项伯高诗序》）作者从正反两方面说明了社会的盛衰影响乃至决定着文风的走向。

其第二层意思是说文学对社会具有反作用。此点，以前的文论家都未曾论及。刘基则看到了文学作品一旦问世，便不可避免地要对社会心理产生影响。这种影响可能是积极的，也可能是消极的；可能是一般性的，也可能是十分严重的：

> 武帝英雄之才，气盖宇宙，而司马相如又以夸逞之文侈之，以启其夜郎筇筰、通天桂馆、泰山梁甫之役，与秦始皇帝无异……文不主理之害一至于斯，不亦甚哉！（卷之十五《苏平仲文集序》）

此之所言即文学对社会心理的负面影响。刘基把文学提到"经国之大业"的高度加以认识，看到了文学这种"更高地悬浮于空中的思想领域"对现实社会的反作用，或许就是"文之盛衰，实关时之泰否"的精粹所在。

诗文成就

刘基诗文大率皆言志抒怀、感时述事之作，且始终贯彻其经世致用、理气并重的诗学主张，故其诗不仅具有丰富的思想内涵，还充溢着偾张兴起的飞扬之气。从刘基的诗歌当中，我们可以看到他对生命价值的高标定位，也可寻觅到他生命观念的嬗变过程。

刘基的诗歌体现了极具社会责任感的仁人志士情怀。这种志士情怀首先表现在对时局艰危的深切忧虑上。面对元季群雄逐鹿江淮、官军节节败退、城池频频告陷、处处蓬蒿废井的战乱景象，他不胜忧虑，多次发问："一自中原万马奔，江淮今有几州存？"（卷之八《次韵和谦上人秋兴七首》其一）"群盗纵横半九州，干戈满目几时休？"（卷之九《忧怀》）即便是革职避地绍兴期间，刘基亦未能忘怀世事，反而愈加密切地关注时局的变化和发展。如前所述，当官军大败张士诚于高邮之时，他是那样地欣喜若狂，而闻说苏州城池失守，又是如此地担忧，在诗中我们看到的是另一个杜甫。

强大的军事力量本是元朝统治赖以维系的主要支柱，至元季却如此不堪一击，其原因何在？关键在于朝中无人，在于吏治、军政的腐败，在于朝廷的姑息养奸。刘基避地绍兴期间，曾作《感时述事十首》，对元季朝廷诸如吏治、军政、农政、刑法、盐法、钞法等种种弊端予以逐一剖析，究其原因，寻其症结，并提出了拯救时局的对策。比如军政之腐败，他一针见血地指出其症结在于将帅的世袭，"将官用世袭，生长值时雍……积弊有根源，终成肠肺痈"（卷之七《感时述事十首》其三），这些世袭的将官一不懂谋略，二不会武功，又怎能带兵打仗？

诗人的志士情怀还体现在对民生劳艰的同情和悲悯上。在战乱连年、神州板荡的艰难岁月，他首先想到的是苍生无辜罹难："平民避乱入山谷，编蓬作屋无环堵。回看故里尽荆榛，野乌争食声怒嗔。"（卷之六《雨雪曲》）面对千村萧瑟万户悲歌的荒凉景象，诗人发问："黎民亦何辜，骨肉散草莱？"（卷之七

《感时述事十首》其七）"满地蓬蒿无旧陌，几家桑柘有新烟。战场开尽是何年。"（卷之十七《浣溪沙》）他体察戍卒之苦而委婉讽谏："愿得驰光照明主，莫遣边人望乡苦。"（卷之五《关山月》）他深知田家寸丝粒黍得之不易而苦苦奉劝："租税所从来，官府宜爱惜。"（卷之七《田家》）他有感于"高堂一笑粲，白屋千眉颦"（卷之十一《悦茂堂诗》）这种贫富悬殊的社会现实，期盼"明主"能勤于王政，顺天行道。总之，像《畦桑词》《买马词》这些新题乐府都寄寓了诗人对乱离之世生灵涂炭的无限悲慨。

必须指出：刘基的忧国忧民与忠君思想密不可分。他悲悯苍生，揭露时弊，其本旨归根到底还是想挽狂澜于既倒，使风雨飘摇中的元朝统治得以维持。这就无怪乎元朝"忽喇喇似大厦倾"，迅速归于灭亡矣。而刘基的忧时之泣无异于为元朝覆亡所唱的一曲挽歌。

关于刘基的诗歌风格的概括，我以为须顾及以下几点：首先，就创作历程而言，刘诗明显地分为前后两个阶段，因其前后处境不同，从而导致风格的显著差异。对此，前人评论多所忽视，唯钱谦益能重视之，故评判亦较为客观。钱氏谓刘基前期诗作"魁垒顿挫"，具有"飞扬磊砢之气"；后期则"咨嗟幽忧""哀惋衰飒"[1]，显见其诗风的前后异致。其次，诗人对诗歌艺术的不断探索，因转益多师而呈现多样化的风格特征。沈德潜云："刘伯温独标骨干，时能规抚杜、韩。"[2]沈氏虽未明言刘诗究为何种风格，却从渊源关系上指出刘诗熔铸杜、韩的特征。就此而言，正可见出刘诗风格的摇曳多姿。我们从"似陶""似韦""似坡翁笔"[3]等众多个案评语中，亦可窥见此点。再次，各种诗体皆具有自身独特的表意功能和审美特征，诗人会根据表意所需而寻求最佳的诗歌体式作载体。刘诗虽兼备众体，但最常用的是乐府古题、五古和七律。其古乐府寄托深远，几近魏晋；五古最为擅长，以之感时述事、言志抒怀，无不得心应手，诗风苍深；七律纯师杜甫，故多伤时悯乱之作，诗风沉郁顿挫，然成就不及五古。七古和歌行数量不多，却十分醒目，从中足见其深受韩愈诗风的影响，风格奇

---

① 〔清〕钱谦益：《列朝诗集·甲集前编第一》。

② 〔清〕沈德潜：《说诗晬语》卷下。

③ 明崇祯丁丑朱葵刻本《刘文成公集》20卷，卷一〇、卷一四墨批。

崛险怪。故沈氏"规抚杜、韩"之说，正是从宏观上把握了刘诗的主体风格特征。要言之，刘基诗风既有沉郁悲怆的一面，又具奇崛豪放的特征，后期诗作则归于哀婉悲凉。

刘基散文 300 余篇，序、记、跋、说、铭、颂、箴、寓言、文赋、拟连珠等，可谓无体不备，且不乏脍炙人口的名篇佳作，如《卖柑者言》《松风阁记》《活水源记》等皆为世人所称颂。内容包罗万象，或说古论今，或直陈时弊，或明理言志，皆能做到有感而发，很好地贯彻了经世致用的文学主张。刘基散文成就以《郁离子》为标志。这在前面有关章节中已作专题论述，不赘。兹就其散文创作的整体风格作一简要的阐述。

刘基散文风格特征之一在于其文之"气"。《明史·刘基传》称其"气昌而奇"，《四库全书总目》谓"（刘）基文锋四出，如千金骏足，飞腾飘瞥，蓦涧注坡"。①四库馆臣之论与《明史》观点相同，称赏的是刘基散文犹如天马行空、独往独来的沛然文势以及学识渊博、立意新颖、架构宏肆的特点，所论精当，为后人所接受。

纵观刘基散文，一如其文论所言，皆给人以理正、气昌而辞达的深刻印象。以"气"而论，刘文充溢着一股阳刚之气，又倾泻满腹的怨抑之气，从而揭示出元季社会无可救药的衰飒之气。

首先，刘文充溢着一腔浩然的阳刚之气。这种阳刚之美源于作者自身的道德、学力，源于其光明磊落、坦坦荡荡的一身正气。观刘基文章，其纵横古今的论说，皆义正词严、大气包举，自有一股束缚不住的浩然正气喷薄而出。如《郁离子·公孙无人》篇，谓盼子因齐宣王恩泽不施于民，而循循善诱、层层诘难，最后盼子理直气壮、侃侃陈词，连用七个排比句式，以逻辑上的归谬法，使齐宣王恩泽遍于禽兽而无施于庶民的荒唐暴露无遗。行文"词气沛然，一泻千里"②，具有咄咄逼人之势。

刘基的论说文章，大都开篇擒题，堂堂正正地亮明观点，然后演绎论证，

---

①《宋学士全集三十六卷提要》。

②〔明〕钟惺辑评本：《刘文成公全集》点评。

很少用归纳推理的方法去说明事理。这种议论方式正得力于作者对立论的充分自信以及对论证的成竹在胸。如《天说》上、下篇，《雷说》上、下篇皆采用这种议论方式，议论风发，酣畅淋漓，诚如明钟惺所评，其文"排山倒海，笔势尽锐"！①

其次，刘文常倾泻满腹的怨抑之气。刘基评郭子明诗，谓其"忧愁抑郁，放旷愤发，欢愉游佚，凡气有所不平，皆于诗乎平之"（卷之十《郭子明诗集序》）。其实，刘基自己作文亦然。他常借他人之酒杯浇己之块垒，以抒"志郁而弗伸，谋浚而孔忤，才积而困于无施"②的不平之情和怨抑之气。如赋作《吊祖豫州赋》，刘基对东晋名将祖逖虽有恢复中原之志，然终因朝廷腐败、壮志未酬、忧愤病死而深感惋惜。其结尾云："龙嘘而云兮，夫岂不能自翔？鸿鹄举翮而千里兮，又何必怀此乡。鱼游思故渊兮，鸟栖思故林。吾固知将军之不忍兮，惜庸夫之无心……匪将军之不能兮，惜不幸而逢此时也。"（卷之五）与其说是惜祖豫州之不幸，倒不如说是悲自身之不遇。他如《吊诸葛武侯赋》《吊岳将军赋》，皆可作如是解。

刘基于元季文坛不同凡响地以文章展现命世之士的雄才大略、阳刚之气，抒发英才不遇的悲愁激愤、怨抑之气，且于述志感怀之同时，阐天地之隐，发物理之微，究人事之变，以小喻大，以古证今，亦虚亦实，亦幻亦真，用出人意表的手法洞释群疑、刺世疾邪，如尸体解剖般地将元季朝政的黑暗与污浊昭然若揭，暴露无遗，呈现于读者面前的是一片末世光景的衰飒之气。"上痈蔽而不昭兮，下贪婪而不贞"（卷之五《吊泰不华元帅赋》）；"日暧暧以西倾兮，时靡靡而就逝。"（卷之五《吊祖豫州赋》）真所谓乱世之音怨以怒，亡国之音哀以思也。

刘基散文风格特征之二在于一个"奇"字。刘文不落俗套的奇思妙论直接承绪于庄子、韩愈诸大家。

刘文之奇，奇在立意。在刘基散文当中，时常可见惊世骇俗之论。如前所

①〔明〕钟惺辑评本：《刘文成公全集》点评。
②〔明〕林富：《重锓诚意伯刘公文集序》。

述的"圣人善盗"即为一例。钟惺点评："夺天地之权以作君，则自为盗；曲取天地之时利，则又教民为盗。大奇！"①在常人看来，圣人乃德行超群之人，怎么也不可能与"盗"连在一起，岂敢谓其"善盗"？真乃发人之所不敢发也。然细品文意，又觉句句在理，所谓"圣人善盗"，是说聪明之人懂得如何合理利用自然，从自然界获取人类所需。他如"鬼神何灵，因人而灵"（卷之三《郁离子·天道》），"知贪者，其唯圣人乎"（卷之四《郁离子·神仙》），"处江湖而乘秋涛"之鱼倒不如轩池之鱼"有乐而无忧"（卷之十二《鱼乐轩记》），如此等等，皆为立论新奇之作。

刘文之奇，奇在构思。其文操纵开阖，为所欲为，或寓言指事，或重言论今，或小题大做，或凭空发论，奇思异构常出人意表。最能体现构思新颖奇巧的作品当数《愁鬼言》和《答郑子享问齿》。前者谓一"饥无以为食，渴无以为浆"的愁鬼受上帝之命游弋人间择主而栖，终于千百人中相中"华发半秃，发言迟滞，举趾局促……肤凋槁木，忧容不霁，痴气可掬"（卷之十二）的岑峰先生，愿托身其所。岑峰先生乃作者自谓，其自笑自嘲，真堪绝倒。后者的奇思异构则更见精妙。作者以其丰富的想象、大胆的夸张，虚构了一段主人公与齿神、牙虫之间的精彩对话，读来令人拍案叫绝。所谓嬉笑怒骂皆成文章，于此可见一斑。

刘文风格之三在于文锋犀利。作者总是以政治家的眼光审视世间发生的一切。形诸笔端即是匕首和投枪，这一特征在元季作品中表现得尤为突出。如《卖柑者言》，作者将"佩虎符，坐皋比""峨大冠，拖长绅"的武将文臣直比作"金玉其外，败絮其中"的过时之柑，尖锐、泼辣的文风给读者留下了深刻的印象。类似之作在《郁离子》中最为常见：《千里马》将楚太子宠荣"狗偷鼠窃无赖之人"比作"以梧桐之实养枭"（卷之二）；《灵丘丈人》将奴颜婢膝、阿谀奉承之辈斥之为"依人以食"、抶之不去的狗（卷之二），都显示出刘文泼辣的批判锋芒。

要讨论刘基的文学地位，还得从《四库全书诚意伯文集提要》谈起。《提要》云："其诗沉郁顿挫，自成一家，足与高启相抗。其文闳深肃括，亦宋濂、王祎之亚。"通俗地说，四库馆臣认为刘基的诗歌可跟高启较量一番，散文则只

①〔明〕钟惺辑评本：《刘文成公全集》点评。

能列在宋濂、王袆之后。

关于刘诗的成就、地位，王世贞认为，明初"立赤帜者两家而已。才情之美，无过季迪；声气之雄，次及伯温"[①]。沈德潜则独尊刘诗，以为高诗"才调有余，蹊径未化，故一变元风，未能直追大雅"[②]，《四库全书总目》观点类似，谓高诗"未能熔铸变化自成一家"。此后，围绕刘、高诗歌之高低、优劣时有口舌之争。对刘诗推崇者有之，贬之者亦不乏其人。

我以为，刘、高两家各有千秋，未可轩轾。同处在两家皆转益多师，诗风呈多样化；彼此都具师古之心，力图以自身的创作实践扫荡元季纤弱浮靡的诗风，为一代新诗风的展现起了驺骐开道的作用；刘基是越诗派的领袖，高启是吴诗派的盟主，两人在各自的地域都有举足轻重的影响力。异处在刘基重在言志，故其诗更关注现实，高启重于缘情，而多性灵抒写；刘诗以理气取胜，高诗以才情见长；刘诗充满自我，具有强烈的主观感情色彩，高诗较为平和，诗风更趋雅正含蓄。两人诗风之所以有以上区别，盖因人生价值取向不同，文学主张有异，社会阅历和生活接触面亦有深浅、宽窄之分。要之，刘诗是士君子言志之诗，高诗乃诗人之诗也。

对刘基散文的成就地位，《明史·刘基传》比四库馆臣的评价要高，认为刘基与宋濂"并为一代之宗"。宋濂有"开国文臣之首"的美誉。其文立足于道德、学力，渊深宏博，恣肆多姿，以传、记诸文体写作见长。后世学者一般也以宋濂为古文一脉正宗的承传人，盖因宋濂以宗经明道为主旨的文章写作更符合官方的教化意旨及正统文人所信奉的文道合一的传统观念。刘基作文与赋诗属同一风格，主张经世致用，强调美刺风戒，其指斥时弊的犀利笔锋较之诗歌有过之而无不及。如此的行文风格与"雅正"传统是不很合拍的，故四库馆臣崇宋抑刘就不足为奇了。

然以今之眼光去审视两家成就，恐刘基当在宋濂之上。宋濂散文中类似于《郁离子》《卖柑者言》这种匕首、投枪式的作品实不多见，而正在此点上，刘

①〔明〕王世贞：《艺苑卮言》，见《弇州山人四部稿》卷一四八。
②〔清〕沈德潜：《明诗别裁集》。

基为晚明讽刺小品的勃兴起了先导作用，其影响是深远的，称其为一代之宗，并不为过。

艺术造诣

刘基是个天才，史载其不仅擅文、工诗，且琴棋书画无所不通。

刘基有书法作品传世，今存《春兴八首诗卷》①《唐法藏尺牍跋》②《苏轼乐地帖跋》③《陆柬之文赋跋》④《龙池竞渡图题跋》⑤《元故处士陶君墓表》（黄溍撰文，刘基书并篆额，阮茂林镌）⑥等作品。又《钦定续通志》卷一六九谓"《横山仁济庙碑》，宋濂撰，刘基书，正书"，洪武八年（1375）书于永嘉。今不存。

刘基书法，结字严谨，点画爽健，"笔势往来，宕逸不羁，好比淡烟笼月，轻风拂柳"⑦。从其擅长的真、行、草诸体来看，主要以晋、唐书法为主。明《续书史会要》有"诚意伯善行草"的评价。明丰坊《书诀》则称其"书学智永"。其实不唯智永，像王羲之、虞世南等大家法帖，刘基大致都精习过，同时也不可避免地受到了当朝书法大家赵孟頫书风的浸染。

徐文平先生认为，从刘基书风渊源考察，可见的脉络有三。一是少年时代在处州郡学读书期间，接触了赵孟頫书法。赵氏乃当朝书法泰斗，元延祐七年（1320）为处州括城之西万象山上崇福寺书并篆额《处州万象山崇福寺记碑》。赵体圆润俊美、矫健洒脱，对少年刘基的影响必然是深刻的，并几乎决定了他

---

① 上海图书馆藏，墨迹，纸本，行楷书，纵34.2厘米，横76厘米。

② 元至正十四年夏四月书，为今存刘基最早的书法作品，载于沙孟海编：《中国书法史图录》（二），上海人民美术出版社1991年版。

③ 上海博物馆藏，纸本，行书，凡17行，150字，高25.1厘米，刊于《中国古代书画目录》（二），文物出版社1985年版。

④ 台北故宫博物院藏，《石渠宝笈初编》著录，刊于台湾《故宫历代法书全集》（一），载入《故宫书画录》卷一。

⑤ 温州图书馆藏，行草。清《石渠宝笈》卷三三有详细记载。

⑥ 临海市博物馆藏，楷书。

⑦《中国书法家鉴赏大辞典》（下），（台北）大地出版社1989年版，第863页。

一生书风的走向。二是还有可能受到揭傒斯书法的影响。元元统元年（1333），刘基赴大都中进士，并得到名流揭傒斯的赏识。揭傒斯"学艺渊博而能以静致治，正、行书师晋人，苍古有力"①，是赵氏书法复古派的干将，上海图书馆至今尚存他所临摹的智永《千字文》，从中可见其书学智永的功力相当深厚。刘基"书学智永"或许就从此时开始。三是系统学习书法，自智永而上溯至二王，又下逮唐代诸大家，当在避地绍兴期间。刘基书风最终形成也可能在这一时期。绍兴乃人文荟萃之地，王羲之曾在此生活，虞世南的故里也在附近，王冕、柯九思等书画名家都是他的好友；此外，避地绍兴期间也相对闲暇，有较多的时间去钻研书法。刘基《题王右军兰亭帖》一文就作于这一时期，说明他对王羲之书法的研究是下过功夫的。②

刘基虽未有传世之画，但从下面几条史料记载可知他亦擅长丹青：

> 铁岭于氏藏刘伯温写梅一帧，似工细而不为绳尺所拘。其妙处非专门名家，而一花一蕊并秀色可餐，殊可珍宝。于氏欲钩泐上石，乞余临抚，恐仅得形似耳。③

> 曲阿孙氏藏刘青田《蜀川图》，然则不独花卉，兼工山水也。④

> 诚意伯青田刘公作《蜀川图》，为暨阳本中使君西行饯者。图为丹阳孙氏所得，徐兼山馆于孙，亲见之，对余说。夫暨阳乃余邑旧称也，本中使君竟无从考，姑以俟知者。然刘诚意勋名盛矣，亦孰知其余事之精如此。⑤

刘基朋友当中，不乏工画者，如王冕即以擅长画梅享誉于世、柯九思擅画

---

① 〔明〕陶宗仪：《书史会要》。

② 徐永平：《从刘基〈春兴八首诗卷〉看刘基的书法艺术》，载吕立汉、潘玉花主编：《刘基文化论丛》，第201—203页。

③ 〔清〕钱杜：《松壶画忆》，转引自刘耀东《刘文成公年谱》附录。

④ 姜二酉：《无声诗史》。

⑤ 〔明〕李诩：《刘诚意丹青》，《戒庵老人漫笔》卷二。

墨竹，在这样的环境中，刘基擅长丹青自在情理之中。

刘基文集当中有大量的题画诗，笔者曾就此作过专题研究，从中发现其题画诗的诗题大致可分为四类：一是诗题标明所题之画为何人所作，如《题赵学士色竹图》；二是诗题标明所题之画为何人所藏，如《题富好礼所畜村乐图》；三是同时标明所题之画为何人所作、何人所藏，如《为丘彦良题牧溪和尚千雁图》；四是诗题中既不标明所题之画为何人所作，也不标明为何人所藏，如《题老翁骑牛图》《枯树图歌》等，而且这一类题画诗的数量占了很大的比重。我以为这最后一类题画诗所题之画的作者很可能就是刘基本人，否则又何以会出现上述之不同呢？

除书、画之外，刘基还会音律，刘耀东所著刘基《刘文成公年谱》搜集了这方面的史料，谓《太古遗音琴谱·客窗夜话曲序》云："是曲（《客窗夜话曲》）乃诚意伯刘公伯温所作。运策定鼎，功成身退，希迹赤松之游，悠涣蓬窗之下，日与同志之士怀今忆古，以伤英雄之图王霸业者，皆如是寥寥矣。因作是曲，附之音律，以畅其怀。"又谓吴之振《德音堂琴谱·历代圣贤名录》云："诚意能琴，有《客窗夜话曲》。"郝兆矩《增订刘伯温年谱》也援引了以上史料。从与冷起敬交往的情况来看（本书有关章节已作介绍），刘基有音乐方面的造诣是极有可能的。

象纬建树

这个问题不太好谈，但又非谈不可。我在一些有关刘基研究的学术会议上曾不止一次地说过这样的话：刘基具有两面性，首先，他是一个活生生的、有血有肉的、充满传奇色彩的"人"，他叫刘基；其次，他在老百姓的心目当中是一个能前知五百年后知五百年，上通天文下知地理，阴阳术数无所不会的"神"，他叫刘伯温，而且在民间"刘伯温"的名气要比"刘基"大得多。

作为"神"的刘基，恐怕也并非朱元璋为了证明自己是"君命天授"以及后世为了神化刘基"炒"出来的。

首先，刘基精通象纬之学有家学渊源和师承关系。其祖父刘庭槐即"穷极天文地理，阴阳医卜诸书"。①刘基任高安县丞后，"有进贤邓祥甫者，精于天文术数，乃以其学授基焉"。②

其次，有关史料记载说明刘基从小就开始接触、研习这方面的学问。黄伯生《行状》谓刘基年少读书时，"凡天文、兵法诸书，过目洞识其要"；刘辰《国初事迹》说他"于书无所不读，凡天文、地理、阴阳、卜筮，诸子百家之言，莫不涉猎"③，《明史·刘基传》称他"尤精象纬之学"。《行状》还有如下细节记载，说他"在燕京时，间阅书肆有天文书一帙，因阅之，翊日，即背诵如流"。从中可见刘基对这方面的学问十分爱好。

我赞成索宝祥、牛金刚他们的看法，刘基文集《拙逸解》一文中的耀华公子就是以他自己为原型的④："五岁诵《诗》，七岁诵《书》，上贯三坟，下通百家。晨兴习礼，宵坐肄乐，射御星历，隶首所作，方程勾股，卜筮农圃，孙吴申韩，扁鹊俞跗，九流六艺，靡不究极。"（卷之十二）

再次，《明史·艺文志》和《处州府志》在卜筮类、阴阳类、星象类、堪舆类中把一大批著作归至刘基的名下，如《清类天文分野之书》（24卷）、《天文秘录》、《观象玩占》（10卷）、《白猿经风雨占侯》、《玉洞金书》、《注灵棋经》（2卷）、《解皇极经世稽览图》（18卷）、《三命奇谈滴天髓》、《演禽图诀》、《一粒粟》、《地理漫兴》）（3卷）、《灵城精义》（2卷）、《注玉尺经》（4卷）、《佐元直指图解》（10卷）、《多能鄙事》（12卷）等。《四库全书总目》认为上述之书"百无一真"，皆为后世伪托之作，周群博士在《刘基评传》中亦作专题考辨。我以为对这方面著作的认定，态度一定要审慎，但也不能过于绝对化。比如《注灵棋经》（2卷），《诚意伯文集》卷一〇即录《灵棋经解序》，完全可以肯定刘基为《灵棋经》作注解。再如《多能鄙事》，我已在有关章节作了介绍，也基本可以认定是刘基所编著。至于《清类天文分野之书》（24卷），是书专测分

---

① 《两浙名贤录》卷九。
② 〔明〕廖道南：《弘文馆学士封诚意伯刘基》，《殿阁词林记》卷六。
③ 〔明〕邓士龙辑：《国朝典故》，北京大学出版社1993年版，第72页。
④ 索宝祥、牛金刚：《铺路石·护身符·夺命索》，见吕立汉、潘玉花主编：《刘基文化论丛》，第154页。

野，而不载占验，可以说是一部治学严谨的天文地理方面的著作，清朝的许多方志都予以引用，于明洪武十七年（1384）编定，时刘基已去世多年。《明史》未标明何人所撰，然后世援引此书时则多冠名刘基。我以为是书虽为明初太史院"奉敕修撰"，属集体之作，但完全可以认定其中贯穿着刘基的学术思想。

从实践角度看，入明之后，刘基所精通的天文地理、象纬堪舆之学，在辅佐朱元璋打江山、治天下的过程中，至少在朱元璋看来，是起了很大的作用。诸如鄱阳湖大战，刘基定决战时机为"金、木相犯"之日，这在朱元璋所赐的诏诰中屡有提及；明王朝建立之后，朱元璋让刘基出任太史监的首任太史令，并主持《戊申大统历》的编撰；至正二十六年（1366），刘基运用堪舆术为新皇宫选址；后来刘基又多次利用这方面的知识救人于危难之中，如此等等，都是不争的事实。在某种程度上可以说，刘基是因此而建立勋业，也因此而招来不测。所以，刘基临终告诫子孙后代别去学这方面的知识，也说明刘基本人是精通这方面的学问。这在有关章节都有论述，不赘。

然而，从内心来说，刘基对阴阳术数并不服膺，"不过是要借此显示其政治才能，实现其政治理想"①而已。他在《郁离子》"楚巫"篇中就借寓言故事揭穿了阴阳先生的骗术。文中谓楚地巫风大盛，巫言威望高于王令。楚王欲灭巫，熊蛰父献言"因而亢之"，"亢而后昭其诈"（《郁离子·牧犵》卷之四），遂令其不攻自破，恢复了百姓对王令的信任。刘基认为，卜者所用之物没有任何实际意义："夫蓍，枯草也；龟，枯骨也，物也。人灵于物者也，何不自听而听于物乎？"（《郁离子·天道》卷之三）朱元璋当年请刘基出山，或许在一定程度上是看中了他精通象纬之学；但刘基当年投奔朱元璋时肯定不会炫耀这方面的学问，他所进献的"时务十八策"也肯定不会妄谈阴阳术数对于治国平天下能起怎样的作用。这一点，是必须加以说明的。

---

① 索宝祥、牛金刚：《铺路石·护身符·夺命索》，见吕立汉、潘玉花主编：《刘基文化论丛》，第155页。

大事年表

1311年（元至大四年辛亥）　1岁

夏历六月十五日，刘基出生于江浙行省处州路（今浙江丽水）青田县九都南田山武阳村（今属浙江文成）。父刘爚，字如晦，曾官遂昌教谕。刘爚共三子，刘基为次子。刘基自幼博闻强志，张时彻《神道碑铭》称"神知迥绝，读书能七行俱下"。

1324年（泰定元年）　14岁

入处州郡庠。黄伯生《行状》："年十四，入郡庠，从师受《春秋经》，人未尝见其执经诵读，而默识无遗。习举业，为文有奇气；决疑义，皆出人意表。凡天文、兵法诸书，过目洞识其要。"从师郑复初习性理之学，郑谓其父曰："君祖德厚，此子必高君之门矣。"

1325年（泰定二年）　15岁

在处州郡庠读书。

1326年（泰定三年）　16岁

应乡试得中。光绪《青田县志》谓刘基是年"举于乡"。其他史料均认为刘基是22岁中举，故所谓"举于乡"应属于秀才试。

1328年（泰定五年，致和元年） 18岁

约于是年开始在青田石门书院读书。《春秋明经》即作于在此读书期间。

1329年（天历二年） 19岁

石门书院读书。

1330年（至顺元年） 20岁

石门书院读书。

1331年（至顺二年） 21岁

石门书院读书。

1332年（至顺三年） 22岁

赴杭州参加乡试，中第十四名举人（中举名次据《元统元年进士录》）。

1333年（至顺四年，元统元年） 23岁

赴大都会试，中三甲第二十名进士。初露锋芒，得揭傒斯赏识。《行状》："后应进士举，授高安县丞。揭文安公曼硕（揭傒斯）见公，谓人曰：'此魏征之流，而英特过之，将来济时器也。'"

1336年（至元二年） 26岁

赴江西任高安县丞。《神道碑铭》："甫弱冠，举元进士，授江西高安县丞。"刘基《季山甫文集序》："至正丙子之岁，予宦游他方。"作《官箴》自勉。

1337年（至元三年） 27岁

任高安县丞。

1338年（至元四年）　28岁

任高安县丞。

1339年（至元五年）　29岁

任高安县丞。《神道碑铭》："以廉洁著名，发奸摘伏，不避强御，为政严而有惠，小民咸慈父戴之，而豪右数欲陷焉。时上下信其廉平，卒莫能害也。"

1340年（至元六年）　30岁

任高安县丞。《行状》："新昌州有人命狱，府委公复检，案核得其故杀状，初检官得罢职罪，其家众倚蒙古根脚，欲害公以复仇。江西行省大臣素知公，遂辟为职官掾史，以说直闻。"

1341年（至正元年）　31岁

任江西行省职官掾史。

1342年（至正二年）　32岁

任江西行省职官掾史，已而投劾去。《行状》："后与幕官议事不合，遂投劾去。"秋，经兰溪至桐庐，归隐于桐江。刘基《赠桐江临溪西庄华氏宗谱序》云："予为中原不靖，遨游海内，寄迹于桐江晦冈李氏之家。"（《桐江华氏宗谱》卷二）

1343年（至正三年）　33岁

此后数年在桐庐、富阳、湖州、丹徒、金陵等地隐居力学。《行状》："隐居力学，至是而道益明。"《吴兴旧闻录》卷一引《西吴里语》："刘伯温元季馆于花城沈氏"，结交沈梦麟。光绪《丹徒县志》卷七："元蛟溪书屋在巨村欧阳氏之西，元末刘基初隐此，后归青田应聘。"

1346年（至正六年）　36岁

北上大都，作有《丙戌岁，将赴京师，途中送徐明德归镇江》诗。

1348年（至正八年）　38岁

是年始寓居杭州。长子琏（字孟藻）生。十二月，台州方国珍起事。刘基《刘显仁墓志铭》："至正八年，予初寓临安。"

1349年（至正九年）　39岁

任江浙行省儒学副提举。《行状》："后为江浙儒学副提举，为行省考试官。"刘基《句曲外史张雨墓志铭》："至正乙［己］丑，基以提举儒学备员江浙，始获与外史一见，即如平生欢。明年七月，而外史卒。"（朱存理《珊瑚木难》卷五）张雨卒于至正十年，故知刘基于是年提举儒学。

1350年（至正十年）　40岁

任儒学副提举，次子璟（字仲景）生。

1351年（至正十一年）　41岁

托病辞职，寓居杭州。《行状》："顷之，建言监察御史失职事，为台宪所沮，遂移文决去。"刘基《送三宝柱郎中之徐州兵马指挥序》："儒学副提举刘基作而言曰……至正辛卯二月日序。"时徐寿辉兵锋直指饶州、信州，刘基虑时局有变，自杭归里。

1352年（至正十二年）　42岁

省檄为浙东元帅府都事，自里返杭。复又从杭赴庆元、台州、温州一带参与戎事。《行状》："方国珍反海上，省宪复举公为浙东元帅府都事，公即元帅纳琳哈喇谋筑庆元等城，贼不敢犯。"三月，作《庆元路新城碑》。四月赴台州，刘基《赠柯遂卿一首并序》："今年夏四月，余至台。"八月，作永嘉之行，刘基诗《壬辰岁八月自台州之永嘉度苍岭》。

1353年（至正十三年）　43岁

正月自台州赴杭，由浙东元帅府都事改任江浙行省都事，刘基诗《癸巳正月在杭州作》。十月因建议诏捕方国珍，为上官所驳，革职避地绍兴。《行状》："及特哩特穆尔左丞招谕方寇，复辟公为行省都事，议收复。公建议招捕，以为方氏首乱，掠平民，杀官吏，是兄弟者宜捕而斩之……方氏乃悉其贿，使人浮海至燕京。省院台俱纳之，准招安，授国珍以官。乃驳公所议，以为伤朝廷好生之仁，且擅作威福，罢特哩特穆尔左丞辈，羁管公于绍兴。"

1354年（至正十四年）　44岁

是年春二月开始，避地于绍兴。刘基《游云门记》："甲午之岁，始至越。"刘基《牡丹会诗序》："甲午之春，予避地会稽。"刘基《棣萼轩记》："至正十四年春二月，予以事至萧山……明日，予还居越。"

1355年（至正十五年）　45岁

《行状》："公在绍兴，放浪山水，以诗文自娱。时与好事者游云门诸山，皆有记。"

1356年（至正十六年）　46岁

年初仍在绍兴。二月赴杭，省檄复为江浙行省都事。《行状》："行省复以都事起公，招安山寇吴成七等，使自募义兵。贼拒命不服者，辄擒诛之，略定其地。"三月，从杭州赴处州，与石抹宜孙共谋"括寇"。《唱和集序》："予至正十六年，以承省檄与元帅石抹公谋括寇。"

1357年（至正十七年）　47岁

石抹宜孙升任行枢密院判官，总制处州分院，刘基改任行枢密院经历。《元史·石抹宜孙传》："至正十七年，江浙行省左丞相达实特穆尔承制，升宜孙行枢密院判官，总制处州分院，治于处。"《神道碑铭》："复以为枢密院经历，与行院判石抹宜孙守处州。"

1358 年（至正十八年） 48 岁

升任江浙行省郎中。年底，由于执政抑基军功，仅以儒学副提举格授处州路总管府判，乃愤而辞官归里。《神道碑铭》："安集之后，受行省郎中。时经略使李国凤奏守臣功绩，而执政者皆右方氏，遂抑公功，仅由儒学副提举格授处州路府判。诸将莫不解体，公拜敕曰：'臣不敢负国，今无所宣力矣。'遂弃官归。"按《元史·石抹宜孙传》："十八年十二月……时经略使李国凤至浙东，承制拜宜孙江浙行省参知政事，阶中奉大夫。"故知刘基愤而弃官当在是年。是年年底，朱元璋亲率大军克婺州。

1359 年（至正十九年） 49 岁

隐居家乡南田山武阳村，著《郁离子》。朱元璋在宁越府（今金华）开郡学，延宋濂为五经师。四月，朱元璋部将耿再成占领处州缙云黄龙寨。十一月，胡大海、耿再成克处州。处州总制孙炎奉朱元璋之命召刘基等。

1360 年（至正二十年） 50 岁

三月，应朱元璋之聘，刘基与宋濂、章溢、叶琛赴应天，刘基献"时务十八策"，遂留帷幄，参与军机，并为朱元璋定下先灭陈友谅后灭张士诚的征讨大计。闰五月，陈友谅攻应天，刘基坚决主战。《续资治通鉴》卷二一五："刘基曰：'天道后举者胜，吾以逸待劳，何患不克？莫若倾府库，开至诚，以固士心。伏兵伺隙击之，取威制胜，以成王业，在此举也。'"《行状》："帝遂用公策，乘东风发，伏击之，斩获凡若干万。"

1361 年（至正二十一年） 51 岁

参与军机。力劝朱元璋摆脱小明王韩林儿自立。在刘基的谋划下，朱元璋克江州，降洪都。母富氏卒，值兵事，未能返里。

1362 年（至正二十二年） 52 岁

二月，回乡葬母。回乡途中，协助地方守将平定金华、处州的苗军之乱。

《行状》说，朱元璋数以书访基军国事。《明史·刘基传》："太祖数以书及家，访军国事，基条答悉中机宜。"

1363年（至正二十三年）　53岁

春，丁母忧毕。奉召回应天，仍参与军机。回京途中协助建德守将击退张士诚军。二月，张士诚围安丰，刘福通请兵救援，刘基谏不可轻出，朱元璋不听。四月，陈友谅乘隙围洪都，朱元璋自帅将救洪都，与陈友谅大战鄱阳湖，灭之。

1364年（至正二十四年）　54岁

正月，朱元璋自立为吴王，建百官司属。刘基仍参于军机。朱元璋于是年与刘基密谋取张士诚，北定中原及拓西北事宜。《行状》："上还京定计取张士诚，因定中原，拓土西北，公密谋居多。上或时至公所，屏人语，移时乃去，虽至亲密，莫知其由。"

1365年（至正二十五年）　55岁

在应天，仍参与军机。七月，吴置太史监，以基为太史令。《明实录·太祖实录》卷十七：乙巳秋七月壬午，"置太史监，设太史令……寻以刘基为太史令"。

1366年（至正二十六年）　56岁

在应天，仍为太史令。八月，承朱元璋命，卜地筑新宫于钟山之阳。

1367年（至正二十七年，吴元年）　57岁

仍为太史令。正月，朱元璋称吴元年。十月，吴改太史监为院，以太史监令刘基为院使。同月，吴置御史台，以刘基为御史中丞，仍兼太史院使，与李善长等共定律令。十一月，刘基上《戊申大统历》，下旨颁行。十二月律令成。朱元璋命去繁就简，减重从轻者居多，准唐之旧增损之，命有司刊行中外。

1368年（明太祖洪武元年即元至正二十八年）　58岁

正月，朱元璋即皇帝位，国号大明，建元洪武。刘基仍为太史院使、御史中丞。复兼太子率更令。奏定天下卫所兵制。《明史·刘基传》："太祖即皇帝位，基奏定军卫法。"朱元璋特令青田粮税按宋制起科，较处州其他县低，曰："使伯温乡里子孙世世为美谈也。"四月，朱元璋发京师赴汴梁，命李善长、刘基留守建康。基奏斩中书省都事李彬，触忤李善长。八月大旱，刘基祈雨不成，朱元璋怒甚，刘基被遣返还乡。十一月奉命还京，月底，追封刘基的祖父、父亲为"永嘉郡公"，刘基的祖母、母亲、妻子富氏为"永嘉郡夫人"。

1369年（洪武二年）　59岁

在京，仍为御史中丞。十月，因与朱元璋讨论宰相人选，触忤胡惟庸。

1370年（洪武三年）　60岁

在京，仍为御史中丞。四月，置弘文馆，以刘基兼学士。七月，任命刘基为弘文馆学士。与朱元璋商定恢复科举制度。八月，任京师乡试主考官。十一月，晋封开国翊运守正文臣、资善大夫、护军、诚意伯。

1371年（洪武四年）　61岁

正月，告老归乡。《行状》："四年正月，赐归老乡里。二月至家，遣长子琏捧表，诣阙谢恩。八月，朱元璋致书刘基问天象事，以基所上书付史馆。"《明史·刘基传》："帝尝手书问天象，基条答甚悉而焚其草。大要言霜雪之后，必有阳春，今国威已立，宜少济以宽大。"复遣长子琏进《平西蜀颂》。

1372年（洪武五年）　62岁

隐居家乡，不预人事。《明史·刘基传》："还隐山中，唯饮酒弈棋，口不言功。邑令求见不得，微服为野人谒基。基方濯足，令从子引入茅舍，炊黍饭令。令告曰：'某青田知县也。'基惊起称民，谢去，终不复见。其韬迹如此。"

1373年（洪武六年）　63岁

四月，遭胡惟庸等诬陷，朱元璋下旨夺刘基禄。六月，刘基入朝引咎自责，乃留京不敢归。详见《行状》《明史·刘基传》。年底，作长诗《二鬼》。

1374年（洪武七年）　64岁

仍留京，衰颓已甚。是年作《送宋仲珩还金华序》，有"予须发已白过大半，齿落什三四，左手顽不掉，耳聩，足踔不能趋"之语。

1375年（洪武八年）　65岁

在京，病重。正月，胡惟庸遣医来视刘基疾。《行状》："正月，胡丞相以医来视疾，饮其药二服，有物积腹中如拳石。公遂白于上，上亦未之省也，自是疾遂笃。"三月，朱元璋制《御赐归老青田诏书》，遣使护送刘基归乡。四月十六日，卒。临终前曾立有遗嘱。《明史·刘基传》："抵家，疾笃，以天文书授予子琏曰：'亟上之，毋令后人习也。'又谓次子璟曰：'夫为政，宽猛如循环。当今之务，在修德省刑，祈天永命。诸形胜要害之地，宜与京师声势连络。我欲为遗表，惟庸在，无益也。惟庸败后，上必思我，有所问，以是密奏之。'居一月而卒，年六十五。六月，葬于夏山。

参考文献

一、刘基文集

《诚意伯刘先生文集》（20卷），成化本。

《诚意伯刘先生文集》（20卷），正德本。

《诚意伯文集》（20卷），四库全书本。

《太师诚意伯刘文成公集》，乾隆十一年南田果育堂刊本。

《太师诚意伯刘文成公集》，四部丛刊本。

《刘文成公集》（20卷），明崇祯丁丑朱葵刻本。

《刘文成公全集》，〔明〕钟惺辑评本，明末刻本。

《刘文成先生集》，〔清〕张汝瑚辑评本，康熙二十一年温陵书林刊本。

《刘宋二子》，嘉靖三十五年何镗刻本。

《诚意伯文集》（上、下），商务印书馆民国25年（1936）版。

《刘基集》，林家骊编，浙江古籍出版社1999年版。

二、历代史志

《建炎以来系年要录》，四库全书本。

《元史》，〔明〕宋濂等撰，四库全书本。

《元史纪事本末》，四库全书本。

《明史》，〔清〕张廷玉等撰，四库全书本。

《明史纪事本末》，四库全书本。

《资治通鉴后编》，四库全书本。

《续资治通鉴》，四库全书本。

《国初事迹》，〔明〕刘辰撰，丛书集成初编本。

《明实录·太祖实录》，台湾中央研究院史语所校印本。

《草木子》，〔明〕叶子奇撰，中华书局1959年版。

《平吴录》，〔明〕吴宽撰。

《名臣经济录》，〔明〕黄训撰，四库全书本。

《元明事类钞》，〔清〕姚之骃撰，四库全书本。

《钦定续文献通考》，四库全书本。

《廿二史札记》，〔清〕赵翼撰，辽宁教育出版社2000年版。

《两浙名贤录》，清光绪刊本。

《明一统志》，四库全书本。

《大清一统志》，四库全书本。

乾隆《江南通志》，四库全书本。

乾隆《浙江通志》，四库全书本。

乾隆《江西通志》，四库全书本。

乾隆《山东通志》，四库全书本。

嘉靖《瑞安县志》。

光绪《青田县志》。

光绪《缙云县志》。

成化《处州府志》，赵治中点校，方志出版社2020年版。

光绪《处州府志》。

同治《湖州府志》。

同治《高安县志》。

光绪《丹徒县志》。

万历《绍兴府志》。

万历《湖州府志》。

光绪《台州府志》。

嘉靖《萧山县志》。

乾隆《萧山县志》。

光绪《桐庐县志》。

道光《会稽县志稿》。

《南田山志》，刘耀东撰，民国24年（1935）启后亭刻本。

《石门洞古迹志略》，陈六琦撰。

三、刘基研究专题文献

《刘文成公年谱》，刘耀东编撰，南田山启后亭，1936年刊印。

《刘伯温年谱》，王馨一著，商务印书馆1939年版。

《增订刘伯温年谱》，郝兆矩著，中州古籍出版社1990年版。

《刘基评传》，周群著，南京大学出版社1995年版。

《刘伯温评传》，郝兆矩著，作家出版社1998年版。

《刘基研究》，周松芳著，中山大学2004年博士学位论文。

《刘基考论》，吕立汉著，中州古籍出版社2000年版。

《刘基文化论丛》，吕立汉、潘玉花主编，延边大学出版社2003年版。

《刘基文化论丛》（2），吕立汉、李飞林主编，延边大学出版社2007年版。

四、历代文人别集

《涑水纪闻》，〔宋〕司马光撰，四库全书本。

《传家集》，〔宋〕司马光撰，四库全书本。

《雁门集》，〔元〕萨都剌撰，四库全书本。

《青阳集》，〔元〕余阕撰，四库全书本。

《伊滨集》，〔元〕王沂撰，四库全书本。

《滋溪文稿》，〔元〕苏天爵撰，四库全书本。

《花溪集》，〔元〕沈梦麟撰，四库全书本。

《东维子集》，〔元〕杨维桢撰，四库全书本。

《玉山名胜集》，〔元〕顾瑛编撰，四库全书本。

《至正集》，〔元〕许有壬撰，四库全书本。

《句曲外史集》〔元〕张雨撰，四库全书本。

《竹斋集》，〔元〕王冕撰，四库全书本。

《文宪集》，〔明〕宋濂撰，四库全书本。

《宋学士文粹》，〔明〕宋濂撰，明郑济刻本，国家图书馆藏。

《宋文宪公全集》，〔明〕宋濂撰，清宣统三年刊本。

《东山存稿》，〔元〕赵汸撰，四库全书本。

《逊志斋集》，〔明〕方孝孺撰，四库全书本。

《珊瑚木难》，〔明〕朱存理编撰，四库全书本。

《苏平仲文集》，〔明〕苏伯衡撰，四库全书本。

《王忠文集》，〔明〕王祎撰，四库全书本。

《弇州山人四部稿续稿》，〔明〕王世贞撰，四库全书本。

《弇山堂别集》，〔明〕王世贞撰，四库全书本。

五、谱牒

《彭城郡（丽水长濑）刘氏宗谱》，民国7年（1918）刊本。

《永嘉郡刘氏族谱》，民国7年（1918）重修本。

《桐江华氏宗谱》，绍义皇刊本。

《缙云颖川（梅溪）陈氏宗谱》，民国重修本。

《五云郑氏宗谱》，民国甲子年（1924）刊本。

六、历代总集

《皇明名公文隽》，〔明〕袁宏道编。

《御选宋金元明四朝诗》，四库全书本。

《明诗选》，〔明〕李于鳞、陈卧子编选。

《列朝诗集》，钱谦益编选。

《石门题咏录》，刘耀东编。

七、诗文评

《静志居诗话》，〔清〕朱彝尊撰。

《历代词话》，〔清〕王奕清。

《说诗晬语》，〔清〕沈德潜。

八、其他

《朱元璋评传》，黄冕堂等著，南京大学出版社1998年版。

《中国古建筑二十讲》，楼庆西著，三联书店2001年版。

《中国历史地图集》（元、明时期），谭其骧主编，中国地图出版社1982年版。

后　记

我从事刘基研究是从1998年开始的。

当时我去北京中国社会科学院文学研究所访学进修，在著名学者刘世德先生的指导下，花了整整一年的时间，对刘基文集的版本源流进行梳理考证，同时对刘基文本进行了较为系统、全面、深入地研究，先后在《文学评论》《文学遗产》上发表《刘基论》《刘基文集版本源流考述》两篇文章。

访学结束回到单位，又利用一年的业余时间写成《刘基考论》一书，并于2000年正式出版。拙著《刘基考论》主要是研究刘基在诗文创作上的艺术成就，从而评定他在历史上的文学地位。虽说对刘基的生平研究也有涉及，但毕竟是不全面的。

关于刘基的生平研究，前人已有不少研究成果问世，年谱方面有刘基后裔刘耀东所撰的《刘文成公年谱》（1936年南田山启后亭刊印）、王馨一先生所撰的《刘伯温年谱》（1939年商务印书馆出版），温州师范学院郝兆矩先生又对王馨一先生《刘伯温年谱》作了修订，出版了《增订刘伯温年谱》（1990年中州古籍出版社出版）；评传方面有南京大学周群博士的《刘基评传》（1995年南京大学出版社出版）和郝兆矩先生的《刘伯温评传》（1998年作家出版社出版）。随着刘基研究的不断深入，近些年来又发现了不少史料，我总想对刘基的生平行状作一次更为全面、深入的研究。

2002年年底，浙江省社会科学院希望我能承担起"浙江文化名人传记丛书"选题之一《刘基传》的撰写任务，我欣然接受，却不料是一个难产的"婴儿"。我记得很清楚，是在2003年元月3日开始进入本课题的研究。当时是想用一年的时间完成此项工作，万没想到花了两年多的时间才写成现在这部书稿。其主要原因在于行政事务繁忙，工作性质决定了我连假期也没得空闲，加上每学年还得承担一定的教学任务，没有一块相对完整的时间容我静下心来做学问。可以这么说，写这部书稿的时间完全是挤出来的，这两年多来，除了工作、教学之外，我把绝大部分的业余时间都花在这部书稿上了。说起这个，于心总觉有愧，那就是这两年多来没能为我妻蓝于仙分担多少家庭重担。岳母身患重症，要尽一份孝心；孩子面临高考，要充当好"后勤部长"，这一切她都包了。所以，这部书稿的完成，我首先得感谢妻子的大力支持。

写作过程当中，不乏借鉴诸位学者、专家已有的研究成果，尤其是周群博士的《刘基评传》、郝兆矩先生的《刘伯温评传》使我获益良多，谨此一并予以感谢！当然，我更要感谢浙江省社会科学院万斌先生、卢敦基学兄对我的信任！没有他们给我创造的这个机会，此课题研究或许还得拖上几年。也要感谢浙江大学周明初教授，他在百忙当中认真审阅拙稿，并提出了很好的修改意见。

书稿算是草草完成，留下的遗憾自然也是不少。有些章节，我真想推倒重写，可惜没有时间。真诚希望此书付梓问世之后，诸位同仁、广大读者能不吝赐教，这是我的心里话。

吕立汉

2005年5月9日

再版后记

拙著出版已经过去了整整 18 个年头，这期间学界又有许多相关科研成果问世。我自己在持续的研究过程中，也不断地发现了一些问题。这次浙江省社科联将"浙江文化名人传记丛书"部分专著重新立项，修改完善，正遂吾愿。得知此事，即行资料搜集，进而修改原著，前后历时将近一年。

这次修改，大框架基本没变，只是按照刘基行状以元至正二十年春三月为界分为上、下两编。上编冠名为"坎坷仕元路"，下编冠名为"王佐帝师业"。内容上，基于现有科研成果，作了局部增删修改。对第四章刘基归隐桐江、第七章与王冕交游、第八章处州平"寇"、第十四章君臣生隙的史实予以补充。对第二章科举考试、第三章初入仕途、第十七章艺术造诣等，原书的舛误之处予以纠正。此外，全书刘基原著引文出处一律改为明成化五年戴用、张僖刻本《诚意伯刘先生文集》（20卷）。

拙著修改过程当中，与学界同仁陈胜华、高明辉、刘晓宾诸位先生就相关问题进行了有益的探讨，从中获益匪浅，谨此表示感谢。书中采纳了一些学界同仁的科研成果，都已一一注明，谨此一并致谢。还要特别鸣谢出版社刘华编辑，她认真细致地审读文稿，提出修改建议，为拙著增色不少。拙著虽经修改，但限于自身水平，舛误处定然仍有，期待方家指正。

吕立汉

2023 年 7 月

修订后记

这次修订，主要在以下几个方面：

一、框架结构

大框架基本没变，只是按照刘基行状以元至正二十年春三月为界分为上、下两编。上编冠名为"坎坷仕元路"，下编冠名为"王佐帝师业"。个别章节的名称也作了改动，如：第十四章君臣生隙，功成身退之下的第一个小标题"妻丧告归"，根据具体内容修改为"触怒龙颜"，这样更能突出本章主题。

二、增补史实，纠正谬误

1. 补充第四章刘基归隐桐江的史实。

2. 补充第八章刘基回归处州，平定山"寇"的史实。

3. 第一章"南田故里 家世溯源"的"家世谱系"中将刘绍能之子刘永年与另一位刘永年混淆，今予以纠正。

4. 删除第三章初入仕途，不避强御中"为官高安"中所引余阙《送刘伯温之江西廉访使（得云字）》全诗。经考，诗题中的刘伯温并非青田刘伯温，而是张掖刘伯温，今予以纠正。

三、修正观点

1. 第二章"颖异少年 进士及第"之下的"科举连捷"，原书根据成化《处州府志》，将叶岘和徐祖德作为刘基同榜进士写入本传。今查《衢州府志》，发现是错的。叶岘，字有道，系元泰定元年（1324）进士。据改。

2. 原书于第二章颖异少年，进士及第之下的"科举连捷"中，全文转录刘基的两篇科举程文——《龙虎台赋》《荆人来聘〇时楚屈完来盟于师〇时楚使宜申来献捷〇时楚使椒来聘》。这两篇科举程文，各种版本的刘基文集都将它们归至"至顺癸西会试"。《新刊类编历举三场文选》刊定于至正元年，收录了后至元元年罢科举之前的前八科乡试与前七科会试程文（刘基为第七科）。此书庚编卷七古赋第七科江浙乡试条下载是科第五名举人衢州江孚程文即为《龙虎台赋》，且录有考官叶岘等评语三则，可见《龙虎台赋》是江浙乡试程文而非次年之"至顺癸西会试"程文。据改。

3. 原书第八章处州平"寇"，愤然辞官，分析刘基因官职不升反降而愤然辞官之原因时，认为完全是方国珍从中作梗所致。今据林彬祖《处州学卫道碑》、宋濂《故朝列大夫浙江行省左右司都事苏公墓志铭（有序）》等相关文献史料分析，刘基愤然辞官跟石抹宜孙也有很大关系。也就是说，刘基在处州平"寇"的后期，因石抹宜孙的刚愎自用，彼此间隔阂很深，后者在关键时刻踩了刘基一脚，起了较大的反作用。因此，对相关论述作了修订。

4. 原书第十四章君臣生隙，功成身退中的"妻丧告归"，除更换小标题为"触怒龙颜"之外，采信刘辰《国初事迹》，在措辞上更为明了，观点更为鲜明。

四、刘基文集版本更换

刘基文集版本众多，原书刘基原著引文基本上采用四库全书文渊阁本《诚意伯文集》20卷，修订时更换为国图藏明成化本《诚意伯刘先生文集》20卷。

五、其他

原书存在个别错别字，还有个别不妥的措辞，等等，这次都一一予以纠正。

吕立汉

2023 年 6 月 15 日